职业教育工业互联网人才培养系列教材

工业数据处理与分析

| 湖南三一工业职业技术学院 | 组编 |
| 树根互联股份有限公司 | |

主　编　陈　丹　王建平　赵丽微
副主编　贾　骁　高　波　宋　楠
参　编　文成香　李　锦　陈立峰　李　琦　郑志喜　蔡广池

本书以工业企业数字化转型过程中典型的工业数据应用场景为载体，按照项目任务式编写而成，将数据处理技术由浅入深、层层递进地融入各个实践项目中。

本书首先对工业数据的概念、内涵、主要技术到发展历程等方面进行了系统的介绍；然后以工业设备能效指标计算、工业设备健康运维分析和生产能耗管理分析三大典型应用场景为实践项目载体，介绍了相应的知识和实操技能。

本书配套资源丰富，配有课程标准、教学计划、电子课件、习题库等教学资源，重点任务配有操作视频，扫描书中二维码即可观看。凡选用本书作为授课教材的教师，可登录机械工业出版社教育服务网（http://www.cmpedu.com），注册后可免费下载。咨询电话：010-88379375。

本书可作为高等职业院校工业互联网相关专业的教材，还可供从事工业互联网相关工作的工程技术人员参考。

图书在版编目（CIP）数据

工业数据处理与分析 / 陈丹，王建平，赵丽微主编. 北京：机械工业出版社，2024.12. --（职业教育工业互联网人才培养系列教材）. -- ISBN 978-7-111-77311-5

I. F407.4

中国国家版本馆 CIP 数据核字第 202514895R 号

机械工业出版社（北京市百万庄大街22号　邮政编码100037）
策划编辑：陈　宾　　　　责任编辑：陈　宾
责任校对：郑　婕　张亚楠　封面设计：王　旭
责任印制：邓　博
北京盛通数码印刷有限公司印刷
2025年2月第1版第1次印刷
184mm×260mm · 15.75印张 · 398千字
标准书号：ISBN 978-7-111-77311-5
定价：49.80元

电话服务　　　　　　　　网络服务
客服电话：010-88361066　机　工　官　网：www.cmpbook.com
　　　　　010-88379833　机　工　官　博：weibo.com/cmp1952
　　　　　010-68326294　金　书　网：www.golden-book.com
封底无防伪标均为盗版　机工教育服务网：www.cmpedu.com

职业教育工业互联网人才培养系列教材
编审委员会

顾问	
三一集团有限公司	胡江学
金川集团股份有限公司	吕苏环
浙江大学	贺诗波
天津职业技术师范大学	李士心

委员					
树根互联股份有限公司	贺东东	叶 菲	梁敬锋	陈立峰	韩玉春
湖南三一工业职业技术学院	贺 良	徐作栋			
广东轻工职业技术学院	桂元龙	廖永红	伏 波		
广州番禺职业技术学院	卢飞跃	甘庆军			
深圳信息职业技术学院	高 波				
湖南工业职业技术学院	李德尧	段义隆			
湖南信息职业技术学院	李 斌	左光群			
长沙职业技术学院	傅子霞	沈 建			
长沙民政职业技术学院	雷翔霄	陈 英			
河南机电职业学院	张 艳	耿美娟	赵冬玲		
惠州城市职业学院	张方阳				
广州城市职业学院	温炜坚	唐万鹏			
广东科学职业技术学院	吴积军	余正泓			
广州科技贸易职业学院	田 钧				
东莞职业技术学院	郭 轩				
塔城职业技术学院	何清飞				
长春职业技术学院	宋 楠				
沈阳职业技术学院	赵新亚				
山东劳动职业技术学院	张雅美				
济南职业学院	罗小妮				
烟台汽车工程职业技术学院	张 萍				
烟台工程职业技术学院	苏慧伟				
山东信息职业技术学院	韩敬东				
济宁职业技术学院	孟凡文				
山东理工职业技术学院	杨明印				
平凉职业技术学院	靳江伟	惠小军			
新疆能源职业技术学院	殷 杰				
伊犁职业技术学院	陈辉江				

序

工业互联网是新一代网络信息技术与制造业深度融合的产物，是赋能企业进行数字化转型的重要抓手之一，是实现产业数字化、网络化、智能化发展的重要基础设施。我国将工业互联网纳入新型基础设施建设范畴，希望把握住新一轮的科技革命和产业革命，推进工业领域实体经济数字化、网络化、智能化转型，赋能中国工业经济实现高质量发展。

工业企业通过工业互联网技术迈向数字化、智能化已经成为其转型升级的必经之路。而企业数字化转型中的任何业务环节都需要依赖技术能力的支撑，因此需要大量的技术人员基于各类业务场景将工业互联网技术与业务融合，如研发创新、生产制造管理、数字化供应链管理、售后服务运维等。工业互联网人才需要在各种工业应用场景中做到既熟悉业务又具备专业技术知识，才能成为企业数字化转型急需的复合型人才。而随着工业互联网的快速发展和产业应用的深入，这类复合型人才匮乏的问题逐渐凸显。目前，我国工业互联网行业人才培养缺乏体系化的教材和课程等资源，且人才分类培养体系尚未形成，如何让人才不再成为发展工业互联网的瓶颈是当下亟待解决的问题。

在此背景下，由三一集团有限公司、金川集团股份有限公司、树根互联股份有限公司、湖南三一工业职业技术学院、浙江大学、天津职业技术师范大学等企业和高校组成的编审委员会，深入学习理解党的二十大精神，针对工业互联网人才培养和发展现状进行梳理和研究，围绕工业互联网技术技能人才的培养目标编写了"职业教育工业互联网人才培养系列教材"。本套教材包含《工业互联网技术基础》《工业数字孪生建模与应用》《工业数据采集技术与应用》《工业互联网平台综合应用》《工业边缘计算应用》《工业互联网安全项目实践》《工业数据处理与分析》《工业可视化应用》《设备数字化运维工业 App 的开发与应用》《工业管理软件应用》《工业标识解析应用》等。希望本套教材可以为职业院校工业互联网新赛道的人才培养提供有价值的教学资源，充分贯彻党的二十大报告中关于实施科教兴国战略、推进新型工业化的要求。

编审委员会

前　言

为加大工业领域数字化人才培养力度，贯彻《关于深化现代职业教育体系建设改革的意见》中关于开发专业核心课程与实践能力项目的指导思想，本书以工业企业数字化转型为主线，以典型工业数据应用场景为载体，将与工业数据处理相关的基础知识和技术融合在一起。遵循"从行业实践来，到人才赋能去"的原则，设计了工业设备能效指标计算、工业设备健康运维分析、生产能耗管理分析3个项目，每个项目都基于树根互联股份有限公司的真实企业案例进行经验提炼、转化，融合了企业多年积累的工业数据分析、工程实践等方面的经验以及代码规范，旨在全方面适配并促进企业对人才的需求与培养。

本书紧跟国家政策，充分结合行业内外最新动态，强调技术创新、数据驱动；通过实践导向的教学模式，运用数据计算工具，基于设备IoT数据完成计算任务和报告分析，旨在培养学生的数据敏感性、数据思维与数据分析能力，以充分适应并引领数字化时代的变革浪潮。

本书由湖南三一工业职业技术学院陈丹（编写任务3.1和任务3.2）、绵阳职业技术学院王建平（编写任务2.1和任务2.2）和树根互联股份有限公司赵丽微（编写任务1.1~任务1.3）任主编，湖南三一工业职业技术学院贾骁（编写任务3.3）、深圳信息职业技术学院高波（编写任务1.4）、长春职业技术学院宋楠（编写任务3.4）任副主编，参与编写的还有湖南三一工业职业技术学院文成香（编写任务2.3）、湖南第一师范学院李锦（编写任务2.4），树根互联股份有限公司陈立峰（编写绪论）、李琦（编写附录）、郑志喜（编写拓展资料）、蔡广池（编写任务训练）。全书由陈丹、王建平和赵丽微统稿。

由于编者水平有限，书中难免存在疏漏或不足之处，敬请广大读者批评指正！

编　者

二维码索引

名称	二维码	页码	名称	二维码	页码
1. 创建设备物模型		32	拓展资料1—设备模拟器操作步骤		43
2. 批量添加设备原始属性		34	拓展资料2—采集模拟器操作步骤		45
3.1 添加"设备状态"属性		36	6. 创建设备复合物模型		55
3.2 添加"今日开机时长"属性		38	7.1 添加复合物属性		57
3.3 添加"设备今日开机率"属性		39	7.2 添加"设备工作总数"属性		57
3.4 添加"设备工作状态"属性		40	7.3 添加"所有设备今日开机时长"属性		59
4. 重新发布物模型		40	7.4 添加"所有设备当日开机率"属性		61
5. 创建多台设备物实例		41	8. 发布复合物模型		62

（续）

名称	二维码	页码	名称	二维码	页码
9. 创建复合物实例		62	15.4 添加"今日主电动机报警次数"属性		112
10. 复合物实例运行工况数据		63	15.5 添加"今日主电动机报警时长得分"属性		114
11. 新建数据库用户及添加数据源		71	15.6 添加"今日主电动机报警次数得分"属性		114
12. 创建实时数据开发，编辑输入节点和处理节点		74	15.7 添加"今日主电动机健康度"属性		115
13. 编辑输出节点及数据查询		77	16.1 "主电动机温度报警标识"调试		116
14. 创建设备物模型		103	16.2 "主电动机报警"调试		117
15.1 添加"主电动机报警标识"属性		108	16.3 "今日主电动机报警时长"调试		117
15.2 添加"主电动机报警"属性		110	17. 创建设备物实例		118
15.3 添加"今日主电动机报警时长"属性		111	拓展资料3—设备模拟器操作步骤		120

VII

（续）

名称	二维码	页码	名称	二维码	页码
拓展资料4—采集模拟器操作步骤		122	24.1 添加数据源		176
18.1 添加"主电动机温度报警"属性		134	24.2 建立实时数据开发任务		177
18.2 添加"主电动机转速报警"属性		135	25. 数据计算—每小时能耗数据		182
18.3 添加"主电动机电流报警"属性		136	拓展资料5—设备模拟器操作步骤		184
19. 查看设备报警		137	拓展任务6—采集模拟器操作步骤		185
20. 设备故障次数		142	26. 创建离线数据任务		197
21. 冲压机报警分析、设备健康度分析		144	27. 每小时费用、能耗数据计算		198
22. 创建网关物模型和物实例		172	28. 综合业务指标计算		204
23. 创建设备物模型和物实例		173			

目 录

序

前言

二维码索引

绪论 ··· 1
 0.1 工业数据处理与分析概述 ·· 1
 0.2 工业数据处理与分析的应用场景 ··· 7

项目 1　工业设备能效指标计算 ·· 10
 任务 1.1　工业设备能效指标体系搭建 ·· 12
 任务 1.2　单设备能效指标计算 ··· 22
 任务 1.3　多设备能效指标计算 ··· 52
 任务 1.4　工业设备实时数据存储 ·· 67

项目 2　工业设备健康运维分析 ·· 82
 任务 2.1　设备运维指标体系搭建 ·· 84
 任务 2.2　设备运维指标计算 ·· 95
 任务 2.3　设备报警定义和计算 ··· 130
 任务 2.4　设备运维数据分析 ·· 139

项目 3　生产能耗管理分析 ·· 153
 任务 3.1　设备能耗指标体系搭建 ·· 154
 任务 3.2　能耗管理实时数据计算 ·· 164
 任务 3.3　IT 和 OT 数据融合计算 ·· 190
 任务 3.4　能耗数据分析报告 ·· 211

附录 ·· 222
 附录 A　概念术语 ··· 222

附录 B　平台内置函数一览表 …………………………………………………… 226
附录 C　机器人复合物属性计算规则 …………………………………………… 232
附录 D　冲压机属性计算规则 …………………………………………………… 234
附录 E　Navicat 软件安装 ………………………………………………………… 237

参考文献 ………………………………………………………………………………… **241**

绪 论

0.1 工业数据处理与分析概述

工业是国民经济的重要组成部分,对社会生产起着巨大的推动作用。制造业高质量发展是我国经济高质量发展的重中之重,"工业 4.0"的来临,推动了物联网、大数据、人工智能与工业制造技术的深度融合。

党的十九届四中全会首次提出将"数据"作为生产要素参与分配,赋予了"数据"新的历史使命。工业数据作为一种新的生产要素,带动资金、设备、技术、人才等资源的优化配置,从而促进了制造业数字化转型和智能化升级。近年来,工业数据作为一种新兴企业资源,受到了研究者和企业的广泛关注。工业领域门类众多,产品形态和工艺之间存在显著差异,行业之间的差异很大,企业面临的问题不尽相同。但是,从宏观上看,成本、质量、效率、效益等是实体企业经济转型的永恒主题,这些主题与工业领域中不同行业的特征结合,形成了若干工业数据的应用场景。

0.1.1 工业数据的相关概念

工业数据经历了快速发展变化的过程,其主要内容和来源不断演变,类型逐渐丰富,相关概念逐渐完善,工业数据已经成为经济社会发展的重要基础性资源和生产要素。

狭义的工业数据主要指在工业产品使用过程中由传感器采集的以时空序列为主要类型的机器数据,包括设备状态参数、工况负载和作业环境等信息。目前普遍认可的工业数据概念可概括界定为工业领域产品和服务全生命周期产生和应用的数据,包括不同性质、不同状态、不同形式、不同来源、不同用途及不同大小的数据。从产业链角度看,工业数据包括企业信息化数据、工业物联网数据及外部跨界数据。工业数据不仅存在于企业内部,还存在于产业链和跨产业链的经营主体中。首先,企业资源规划、制造执行系统、产品生命周期管理、能源管理系统、供应链管理和客户关系管理等企业管理信息系统中,存储了高价值密度的核心业务数据,是工业数据资产;其次,随着物联网技术的快速发展,企业能够实时采集生产设备上的各种产量/质量/能耗数据和智能装备产品的运维状态数据,并对它们实施远程实时监控,这类数据量增长最快;最后,互联网促进了工业企业之间及工业与经济社会各个领域的深度融合,与其他主体共享的数据及环境数据、市场数据、竞品数据等外部跨界数据也日益成为工业数据不可忽视的来源。

工业生产过程中,随着设备和工艺的运行,数据会源源不断地产生。为了保证生产的顺利进行，企业不仅需要持续收集这些数据，还要在生产的各个环节中加以有效利用。然而，在传统的工业环境中，完成从数据采集到数据应用的过程往往需要高昂的成本。微型传感器的出现使便捷、低成本地记录这些数据变为现实。随着工业4.0的推进，工业大数据的概念出现，并成为现代工业发展的重要支柱。

工业和信息化部发布的《关于工业大数据发展的指导意见》将工业大数据定义为工业领域产品和服务全生命周期数据的总称，包括工业企业在研发设计、生产制造、经营管理、运维服务等环节中生成和使用的数据，以及工业互联网平台中的数据等。《工业大数据白皮书（2019）》将工业大数据定义为：工业大数据是指在工业领域中，围绕典型智能制造模式，从客户需求到销售、订单、计划、研发、设计、工艺、制造、采购、供应、库存、发货和交付、售后服务、运维、报废或回收再制造等整个产品全生命周期各个环节所产生的各类数据及相关技术和应用的总称。从上述定义中可以看出，工业大数据具有丰富的内涵，很难用一两句话概括清楚。从狭义角度来讲，工业大数据是指在工业领域生产服务全环节产生、处理、传递、使用的各类海量数据的集合；从广义角度来讲，工业大数据是包括以上数据及与之相关的全部技术和应用的总称，除了"数据"内涵外还有"技术与应用"内涵。工业大数据的概念又有其共通之处，一是覆盖工业生产与服务全生命周期过程，二是强调对数据和信息处理的重要性，这是工业大数据的两个关键核心。工业大数据呈现容量大、更新快、类型丰富、价值高的特点，推动着技术变革和优化转型。工业大数据逐渐演变成一种不可或缺的新型服务类型。

0.1.2 工业数据处理技术

工业数据自身并不能为企业的业务发展提供直接帮助，数据所包含的技术也不能直接推动制造业智能化水平的提升。但是，如果能够将大量的数据收集起来，将其转换成制造企业的生产和运营活动所需要的信息，就可以真正地实现其价值。这些技术是以工业数据为基础的，对工业生产和新能源的发展起着至关重要的作用。工业数据具有复杂性和多样性的显著特点。通过对各类数据类型的相互关系的分析，可以为企业提供更多有用的信息，以便更好地进行经营决策。在经济快速发展的过程中，工业大数据与互联网大数据相比，更加具有专业性、流程性、关联性、解析性以及时序性等特点。在我国现有的工业领域，传统的互联网数据分析方法已不能满足工业智能化发展的需要，对工业数据的处理和分析具有十分重要的现实意义。

图0-1-1所示为工业数据处理与分析多领域交叉示意图。工业数据处理与分析采用计算机科学、统计学、工业工程科学等多种技术手段，基于工业互联网对人、机、物的全面互联和数据采集，通过对工业生产和服务过程中产生的数据进行处理、计算、分析，提取出有价值的信息，加速向研发、生产、管理、服务等各个环节的渗透，有效地解决企业经营管理过程中信息不透明和不对称的问题，实现降本增效。

工业数据处理技术体系如图0-1-2所示，自下向上的分析步骤如下。

第一步：数据采集。数据采集是工业互联网流程的开端，通过多样化的联网设备，可以实现各类数据的数字化转变，涵盖温度、湿度、甲醛含量、图像、振幅、液位等数据。采集设备种类丰富，不仅涉及传统的嵌入式系统，更聚焦于关键元器件——传感器。传感器技术具有一定的技术门槛，其性能提升高度依赖于材料科学的进步。完成数据采集后，利用高效的网络将这些数据迅速传输至云服务器，为后续的分析和处理做好准备。

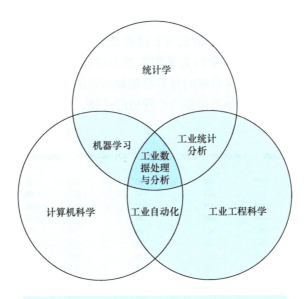

图 0-1-1 工业数据处理与分析多领域交叉示意图

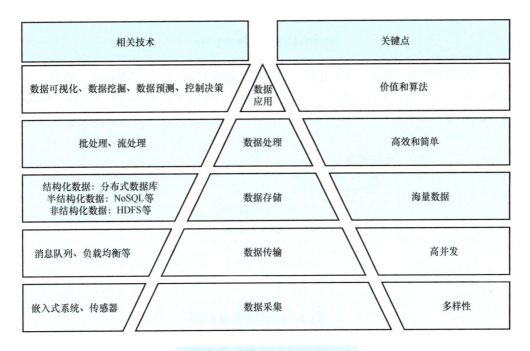

图 0-1-2 工业数据处理技术体系

第二步：数据传输。数据传输是确保工业互联网平台能够实时、准确地获取前端设备数据的关键环节。面对物联网设备数量的快速增长和持续生成的海量数据，工业互联网平台必须拥有出色的高并发处理能力，以应对这一性能挑战。为实现高并发，可采用分布式架构设计，并结合消息队列、负载均衡和缓存等先进技术，确保数据能够迅速、稳定地传输到平台，为后续的数据分析和业务应用提供有力支撑。

第三步：数据存储。数据存储是处理海量数据的重要环节。完成数据传输后，数据需要被妥善存储，以支持后续的分析和应用。根据数据结构的不同，数据的存储手段也有所区别。

1）结构化数据，如图 0-1-3 所示，结构化数据也称为行数据，是由二维表结构来逻辑表达和实现的数据，严格地遵循数据格式与长度规范，如设备保修信息、用户和设备的关系、用户信息、设备参数等数据通常与关系型数据库结构相匹配。为了应对海量数据的挑战，可以采用分布式数据库来确保数据的可靠存储和高效访问。同时，考虑到物联网中传感器设备持续产生的新数据，时序数据库是一个理想的选择，它能够提供更高的读写和查询性能，满足实时数据处理的需求。

日期 ⏱ date	保内设备数 # int(10)	保外设备数 # int(10)	即将过保设备数 # int(10)	本月续保设备数 # int(10)	设备总数 # int(10)	保内设备数占比 # int(10)
2020-01-31	2681	525	160	192	3206	83
2020-02-29	2511	877	101	271	3388	74
2020-03-31	2974	624	107	251	3598	82
2020-04-30	3193	606	189	227	3799	84
2020-05-31	3086	911	79	279	3997	77
2020-06-30	3398	786	83	334	4184	81
2020-07-31	3499	865	130	305	4364	80
2020-08-31	3744	802	136	363	4546	82
2020-09-30	3881	859	142	237	4740	81
2020-10-31	3657	1279	197	345	4936	74
2020-11-30	4355	771	153	358	5126	84
2020-12-31	4329	1005	213	373	5334	81
2021-01-31	4294	1229	220	276	5523	77

图 0-1-3　结构化数据示例

2）半结构化数据。如图 0-1-4 所示，半结构化数据包括 JSON、XML 等，例如，车间内某设备的名称、生产地、生产日期等描述信息。常见的存储产品有 Redis、Hbase、MongoDB、Oracle NoSQL 等。

```
{
    "device":{
        "设备名称":"冲床A",
        "设备code":"cgA",
        "设备详情信息":[
            {
                "生产日期":"20220202",
                "生产商":"rootcloud",
                "产品序列号":"61dc06b1fbe4014744cc625a",
                "生产地":"广东省广州市"
            }
        ]
    }
}
```

图 0-1-4　半结构化数据示例

3）非结构化数据。如图 0-1-5 所示，非结构化数据包括视频、音频等多媒体数据等，通常采用文件形式进行存储。Hadoop 体系中的分布式文件系统 HDFS 是一个广泛应用的存储解决方案，它能够高效地处理大量非结构化数据的存储和访问需求。

第四步：数据处理。数据处理阶段要求在面对复杂、多样的海量数据时，其处理过程能够保持高效、简单。高效意味着数据处理系统必须能够快速响应和处理大规模的数据请求，最大化资源利用，确保性能；简单则强调数据处理框架和流程的易用性和可维护性，尽量降低运维成本并提高扩展性。大数据的处理，依据应用场景的不同，主要可归纳为以下两大类。

1）批处理。这是一种针对批量数据进行统一处理的方法。例如，当需要统计一个月内

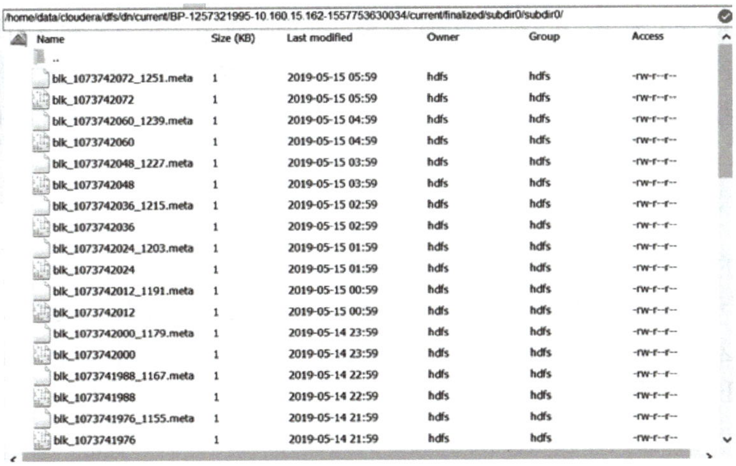

图 0-1-5　非结构化数据示例

共享单车的总骑行时长、距离以及骑行最远的单车等信息时，就需要采用批处理的方式，对全部单车数据进行汇总计算，得出所需结果。但值得注意的是，批处理的计算过程可能相对耗时，根据数据量的大小，可能需要几分钟、几小时，甚至几天的时间。

2）流处理。它是对数据流进行实时处理计算的方法。与批处理相比，流处理具有显著的低延时特性，其延时通常可以达到毫秒甚至微秒级别，从而满足了海量数据对高吞吐量的处理需求。例如，在需要基于高、低阈值实时判断温度、湿度数据时，流处理就显得尤为重要。值得注意的是，批处理之所以存在较高的延时，主要是因为处理过程中涉及大量数据从低速磁盘进行存取的操作。

第五步：数据应用。总体来说，数据产生价值的方法可以分为 4 类，①数据可视化；②数据挖掘；③数据预测；④控制决策。

数据可视化是最直接且有效的数据应用手段，可通过图表分析直观地展示数据的含义。例如，在共享单车应用场景中，仅提供经纬度坐标对用户而言意义不大；而在地图上以光标形式展示单车位置，便能使用户迅速了解单车与自己的相对方位和距离。此外，曲线图、柱状图可展示数据变化趋势，饼状图呈现百分比数据，而网络图则揭示事物间的复杂关系。这些可视化手段为原始数据和分析结果提供了理想的展示方式。

数据挖掘是图表分析的进阶应用，它基于各种算法深入剖析数据的规律和关联关系。通过运用现成的模型或自定义模型，可以从数据中提炼出人工分析难以察觉的隐藏规律和联系，从而揭示数据背后的深层含义。

数据预测是另一种高级应用方式。随着数据的不断积累和经验的丰富，人们可以利用算法构建预测模型。当将新数据输入模型时，便能预测未来的状况。以设备运行为例，物联网平台能够实时显示设备的运行状态，并通过计算得出开机率、作业率等关键指标，甚至分析员工操作设备的效率，为未来的决策提供有力支持。

控制决策是数据应用的最高层次。物联网设备通常配备执行器，物联网系统可以根据业务目标控制这些执行器。控制决策的依据是基于算法对采集数据的计算分析。以智慧农业为例，传统种植依赖经验判断施肥和灌溉的时机；而智慧农业则通过系统将这些经验转化为专家系统，根据光照强度、水分、土壤成分等数据，自动控制水泵和卷帘等设备，实现精准农业管理。

> **说明**：本书涉及数据处理和数据存储技术，数据传输和数据采集技术相关知识在职业教育工业互联网人才培养系列教材中的《工业数据采集技术与应用》一书中有详细介绍，数据应用中可视化相关知识在该系列教材中的《工业可视化应用》一书中有详细介绍。

0.1.3 工业数据处理与分析的发展

1. 从数据的范围看工业数据处理与分析的发展

图 0-1-6 所示为工业数据处理与分析演化图。18 世纪 60 年代，人类从手工劳动进入"蒸汽时代"，这个阶段的工业数据是以纸为记录媒介的"纸质数据"，它只是原始地记录数据源，未采用任何处理技术和分析手段。

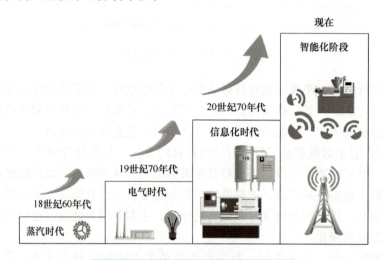

图 0-1-6　工业数据处理与分析演化图

19 世纪 70 年代，以德国人西门子研制成发电机为标志，人类从"蒸汽时代"进入"电气时代"，电气化阶段的工业设备不断普及，电气系统自动记录的电子工业数据也不断产生。这一阶段工业数据作为操作经验不断被实践，人们会花大量时间不断实践最优数据处理，但没有结合业务进行分析。

从 20 世纪 70 年代开始到现在的信息化时代，由于电子和信息技术的广泛应用，使得工业生产过程中的自动化程度有了显著提升。在此阶段，工业领域大量使用计算机、可编程控制器（Programmable Logic Controller，PLC）等电子设备，应用技术进行生产，使得机器接管了大部分"体力劳动"。信息化阶段的工业数据也随着企业信息化的发展而迅速累积，成为企业的数据资产。但是，工业数据处理与分析技术并未展现，更多的是离散化的单机数据。

随着全球制造业的数字化、网络化和智能化的深入发展，工业数据处理与分析逐渐成为制造业和互联网大数据技术深度融合的关键技术之一，在应用场景、关键技术、产业发展等各个方面取得了相应的进展。智能化阶段是实体物理世界与虚拟网络世界融合的时代。我国目前处于智能化的初期阶段，仍需要借助工业互联网平台将生产中的供应、制造和销售信息进行数据化、智能化，最终实现快速、高效、个性化的产品供应，实现人、机、料、法、环的全面连接，实现"万物互联"。

2. 从数据处理技术看工业数据处理与分析的发展

工业数据处理与分析贯穿于制造的设计、工艺规划、生产工程、制造、使用和服务等各个环节。

工业数据促进了企业的业务场景交互，为传统的制造业企业转型发展提供了技术支撑。首先，高级运算和存储技术为处理海量数据提供了框架。随着各行业数据量的爆发式增长，大量的计算技术如批量计算、迭代计算以及 NoSQL、NewSQL 等先进的数据存储技术在各行各业中得到广泛应用，降低了企业掌握能力的门槛。通过对海量数据的存储、管理和处理，企业可以借助开源框架构建自身的海量数据分析能力。其次，各种云服务模型降低了大规模应用数据分析的成本。随着云计算技术的逐渐成熟，公有云、私有云、混合云等云服务为各行业提供廉价的计算、网络和存储资源，避免了昂贵的软件、硬件和人力投入。

工业数据在新能源、智慧交通、航空航天、装备制造等行业的深入应用，使其成为工业资源的集聚、管理与再配置的载体，成为实现产业上下游跨领域广泛互联的基础设施。工业互联网平台是一个面向工业数字化、网络化、智能化需求的开放式服务平台。一方面，工业互联网平台具备与设备、系统和智能产品互联互通的能力，可以获得各种历史数据和实时数据，保证企业采集和汇聚多源设备、异构的信息系统、运行环境、人员等要素的实时安全；另一方面，工业互联网平台是一个由数据存储、数据共享、数据分析和行业模型组成的完整的工业数据服务链，汇集了各种传统的专业处理方法和前沿的智能分析工具，可以帮助企业快速进行工业数据处理与分析，重新定义产业架构和重塑工业生产体系，并引领工业的未来。

0.2 工业数据处理与分析的应用场景

0.2.1 研发设计

通过对产品零件精密堆叠组装、测试、用户体验等产品全生命周期数字化信息进行采集、建模与分析，结合物理检测与实验，可以实现设计参数验证与优化，从而调整工厂生产工艺流程和设备参数。这一系列措施旨在不断提升工厂整体工作效率和生产产品品质，同时提高用户满意度。

在研发设计过程中，存在结构化数据和非结构化数据。结构化数据的分析模型有判定树、聚类、神经网络、多元回归等。非结构化数据主要来源于设计资料，这些资料通常出自传统工业设计和制造类软件，如 CAD、CAM、CAE、CAPP、PDM（产品数据管理）等。此类数据主要包括各类产品模型及相关的图样或电子文档。这类数据的采集对时效性要求不高，只需定期批量导入大数据系统即可。图 0-2-1 所示为研发设计过程中产生的工业数据。对这些工业软件产生的非结构化数据，处理方法一般

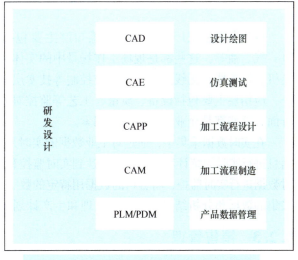

图 0-2-1　研发设计过程中产生的工业数据

有图像识别、图像分割、点检测等。

工业互联网的应用场景之一就是智能研发,即产品研发人员通过远程采集的设备工况数据了解设备真实的使用工况和环境,然后通过分析设备各个部件的实际使用情况,如超负荷使用率、使用频率、故障率等,来针对性地进行产品升级改良。

0.2.2 生产制造

生产制造中会产生各种各样的工业数据,包含工业控制系统数据、生产监控数据和各类传感器数据。工业控制系统数据来源主要包括分布式控制系统(DCS)和可编程控制器(PLC),生产监控数据主要来源于以 SCADA(数据采集与监视控制)为代表的监视控制系统。生产车间的很多生产设备并不能进行生产数据的采集和上传,因此需要外接传感器来完成生产数据的采集。

随着信息技术的飞速发展,数字化工厂的发展道路具有广阔的前景,数字化工厂的相关软件也随之应运而生,并在市场中崭露头角。从企业应用层、智造中台和现场层三个层次进行研究得出的数字化工厂模型如图 0-2-2 所示。

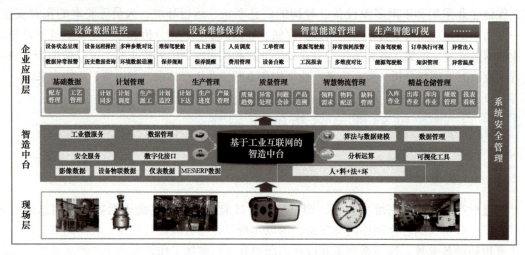

图 0-2-2 数字化工厂模型

以汽车制造工厂为实例,其感知层主要包括人、机器、原料、质量、工厂环境、水、电、气、油等,这些都是现场工作场景中的实体或指标,是信息的来源;传输层主要包括交换机、服务器、无线路由器、感应控制等技术层面的支持,用来获取现场信息或发出控制指令;应用层主要包括设备、质量、工艺等监控对象和制造执行、可视化工厂等应用领域多个方面,这些都是企业决策的重要因素。

在实时数据采集中,通过对工业数据的实时采集和分析,可以对车辆的状态、工作环境等信息进行实时的统计和分析,从而达到实时监控和综合评价的目的。为了方便设备监控管理者对数据进行实时监控,将分析的数据用特定的数字、符号或模型表示。在此基础上,利用实时采集的数据和分析结果,对生产管理和生产计划调度进行优化,从而提高企业的竞争能力。

0.2.3 销售管理

从销售管理方面来看,工业数据主要来自订单中的业务信息。从订单到交付的过程涉

CRM（客户管理）、BPM（业务流程管理）、PLM（产品生命周期管理）、APS（高级计划与排程）、MES（制造执行系统）等多个核心业务 IT 系统，各种设备和仪器对应的订单类型的处理流程各不相同，统一管控非常困难。面对不同营销模式和渠道，内外部上万人参与，人员能力参次不齐，流程合规性差。

例如，在大型制造设备订单的财务存货管控过程中，借助信息化手段、分门别类、分单位从多个维度逐步分解存货，实现存货业务全面可视化；根据不同存货，建立存货异常监控模型，从资金占用、存货时间等维度实现异常存货自动预警；通过计划执行的历史数据，建立存货计划执行的准确性分析模型，自动评估产销存计划的匹配性。

对于销售端，精准销售的客户画像必不可少，按分类、分级方式设计出指标体系，划分多种主题，如客户、交易、设备、活动、服务等。总结描述客户价值的维度有贡献度、复购度、忠诚度。销售部门基于数据质量的改善，能更快定位潜在高价值客户。

0.2.4 运营服务

在信息化不断深入应用的过程中，ERP（企业资源计划）、SCM（软件配置管理）、PLM、CRM 等信息化系统和数字化平台的应用也不断加强，在生产运营一体化、能源优化调度、设备预测性维护、全过程质量追溯、异常智能追溯等场景都有典型的案例支持，为智能工厂快速落地提供了可能性。

例如，在钢铁行业的生产过程中，生产、经营、管理等各个环节都会产生大量的信息，通过这些信息，可以对整个行业的生产、经营、管理等进行有效的监控和评价，对于钢铁行业的发展具有重要的作用。基于数据的来源进行分析，钢铁企业数据主要分为来自自动化控制与信息化系统的信息系统管理数据，来自互联网、市场、客户、政府等的外部数据，以及由设备仪器仪表、传感器采集得到的机器设备数据，如图 0-2-3 所示。

钢铁企业等大型制造业普遍存在信息化的基础，但数据系统众多，数据散落在各个业务系统中，无法统一进行数据管理和价值挖掘，

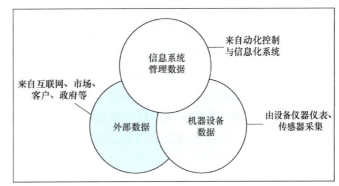

图 0-2-3 钢铁企业数据来源图

可通过互联网平台搭建数据平台，将散落在各个业务系统中的数据进行整合，并统一在平台中进行数据规范化管理，最终通过一个统一门户实现数据的标准化。在建立数据整合平台时，使企业与财务进行连接，业财整合并自动产生财务报表，以供管理者进行决策，降低了生产成本，提高了决策效率，同时提高了报表统计效率。

在数字化管理下，减少了电工抄表员工作量、生产统计工作量；实现了能源数字化精益运营分析，指导了企业错峰用电，提高了设备产能，降低了产品单耗；在监控变压器、电弧炉、精炼炉等重点设备上，实现了报警信息推送，缩短了事故响应时间。通过对"碳足迹"进行量化、跟踪、分析，可为高耗能企业提供有效的能源解决方案，促进企业节能减排，降低成本。

在大数据时代，经验决策的弊端逐渐显现，以数据为基，可为企业高速建设提供科学决策之路。

项目 1
工业设备能效指标计算

【项目背景】

  2022 年 12 月 19 日，中共中央国务院发布《关于构建数据基础制度更好发挥数据要素作用的意见》，我国正式进入数字化转型的新阶段。在这一背景下，中小型企业面临着数字化转型的巨大挑战和机遇。这些挑战主要集中在三个方面："不想转""不敢转""不会转"。政策的出台旨在引导和支持有基础、有条件、有能力的中小型企业加速其传统制造装备的数字化改造过程。

  从 2022 年到 2025 年，中央财政计划分三批支持地方开展中小企业数字化转型试点，提升数字化公共服务平台服务中小企业能力，打造一批小型化、快速化、轻量化、精准化的数字化系统解决方案和产品，形成一批可复制、可推广的数字化转型典型模式，打造"小灯塔"企业作为数字化转型样本，带动广大中小企业"看样学样"，加快数字化转型步伐。其中，制造业关键领域和产业链关键环节的中小企业则是数字化转型试点的重点方向。

  在政策引导和市场需求的双重推动下，W 公司，一家中小型企业，决定委托 R 公司对其生产加工部的两台机器人进行数字化运营改造。这标志着 W 公司在数字化转型道路上迈出了坚实的一步，旨在通过技术创新提升生产率和竞争力。

【项目要求】

  R 公司负责派遣项目经理和实施工程师前往 W 公司的生产加工部，执行项目的实施和详细调研工作。在调研过程中，R 公司的项目经理与 W 公司的生产工人、车间经理等人进行了深入地沟通，记录了生产部门面临的各项工作难题。基于这些讨论，生产加工部经理明确提出了四项具有技术性的详细要求。

  （1）指标体系搭建　要求建立一个清晰、科学的指标体系，能够全面反映生产加工过程中的关键性能指标（KPI），包括但不限于单设备开机率、多设备的作业率和设备运行状态等。

  （2）单台设备能效指标计算　开发一套能准确计算单台设备能效的方法，重点关注单台设备的核心指标，包括"设备状态""今日开机时长""设备今日开机率"等其他相关的性能指标，以评估每台设备的能耗表现和优化潜力。

  （3）多台设备能效指标计算　制定一种方法，用于计算和比较多台设备的综合能效。这将涉及跨设备的数据整合、分析与比较，旨在识别能效提升机会，优化整个生产线的能源使用效率。

（4）实时数据存储　设计并实施一个高效、安全的数据存储方案，确保所有相关的生产数据和能效指标能够被准确记录、存储和访问。

【项目计划】

1. 项目设计

为响应 W 公司提出的四项核心需求，项目团队细化了具体的设计方案，确保能够有效地实施并达到预期目标。以下是对每项需求的具体设计方案。

1）针对建立一个科学的指标体系的需求，基于指标建设的理论基础和业务目标，项目团队计划开展指标体系的细化工作。包括为单台设备和多设备场景分别构建专门的指标体系，确保能够精准反映设备运行效率和能效水平。这一过程将涵盖指标的定义、分类、计算方法和应用场景等多个维度。

2）针对单台设备能效指标计算的需求，项目团队计划在工业互联网平台上开发一个专用模型。该模型将采用 Groovy 语言进行编程，以确保能够灵活、准确地计算出单台设备的能效指标，包括其开机时长和开机率等关键指标。

3）针对多台设备能效指标计算的需求，项目经理给出的方案是在工业互联网平台上建立复合物模型，同时采用 Groovy 语言计算多台设备的综合能效。

4）针对实时数据存储的需求，项目经理给出的方案是在工业互联网平台上建立实时数据开发任务流，将数据实时存储在数据库。

2. 人员分工

该项目的实施人员分布以及实施路径如图 1-0-1 所示，安排 1 位实施工程师，在调研期间，实施工程师将机器人接入网关，并使机器人与工业互联网平台成功通信；1 位数据分析师，梳理设备数据和制定设备指标体系；1 位开发工程师，负责设备建模、数据的处理与计算。除此之外，每个项目都需要安排 1 位项目经理，主要负责协调人员和其他具体实施工作。

阶段	角色	任务	输出	完成情况
企业调研、实施数据采集	 实施工程师	安装网关、采集数据	完成所有设备的接入和数据采集	已完成
指标体系的搭建	 数据分析师	1.梳理设备数据、确定数据类型和特点 2.搭建设备能效指标	1.单台设备能效指标体系 2.多台设备能效指标体系	未完成
单台设备建模	 开发工程师	1.在工业互联网平台上搭建物模型 2.计算能效指标	1.单台设备物模型、物实例 2.单台设备能效指标	未完成
多台设备建模	开发工程师	1.建立复合物模型、物实例 2.计算多台设备指标	1.复合物模型、物实例 2.多台设备能效指标	未完成
实时数据存储		建立实时数据存储	数据存储到数据库	未完成

图 1-0-1　项目实施人员分布以及实施路径

任务 1.1　工业设备能效指标体系搭建

1.1.1　任务说明

建立一套科学合理的指标体系是企业数字化转型的前提条件。在开始数字化转型之前，企业应先明确业务发展方向，然后通过分析与业务目标相关的指标来建立相应的指标体系。

在实施工程师成功完成将机器人接入平台后，R公司安排数据分析师调研设备能采集到的数据，进而规划企业所有设备的能效指标体系。数据分析师需要完成以下两项任务。

1）与项目经理沟通，了解企业能够采集到的设备原始数据，确定设备的数据类型和特点。

2）与企业各级员工沟通，了解企业业务目标，根据业务需求搭建设备能效指标体系。

本任务的学习导图和任务目标如图 1-1-1 所示。

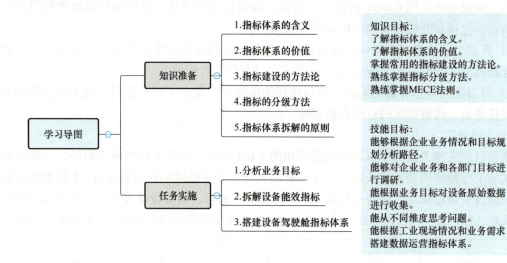

图 1-1-1　学习导图和任务目标

1.1.2　知识准备

1. 指标体系的含义

在实际工作中，准确表达是很重要的。例如，在日常工作对话中，可能会听到诸如"大约200台设备已经起动""还有许多设备未起动"或"设备经常停机"的表述，这类非正式的对话在同事之间可能无碍，但在向管理层汇报或回答业务部门的问题时，这种模糊的描述是不够的，应该使用精确的数据和指标来清晰地表述情况。可以将上述的对话转化为以下形式：

"公司共有设备200台，其中190台正在正常运行，10台已报废。"

"6月6日，有100台设备在运行中，100台设备停机，设备的在线率为50%。"

上面通过一个指标"设备在线率"说清楚了设备在线的情况。但是实际工作中，往往一个指标没办法解决复杂的业务问题，这就需要使用多个指标从不同维度来评估业务，也就是使用指标体系。

指标体系是把各个独立的、具有相互联系的指标系统地组织起来，从一个角度观察全局，从整体上解决单个问题，其内容包括两个方面：一是指标，二是体系。

（1）指标　指标是对业务单元进行分解和量化的度量值，它使得业务目标具有可描述性、可度量性、可拆解性，是业务和数据的有机结合，是统计的基础，也是量化效果的重要依据。指标主要分为结果型指标和过程型指标。

1）结果型指标：用于衡量用户发生某个动作后所产生的结果，通常是延后知道的，很难进行干预。结果型指标能监控数据异常，或者是监控某个场景下用户需求是否被满足。

2）过程型指标：用户在做某个动作时所产生的指标，可以通过某些运营策略来影响这个过程指标，从而影响最终的结果。过程型指标更加关注用户的需求为什么被满足或没被满足。

（2）体系　体系由不同的维度组成，而维度是指用户观察、思考与表述某事物的"思维角度"，是指标体系的核心，没有维度，单纯说指标是没有任何意义的。

2. 指标体系的价值

当讨论个人健康时，会参考体温、血压、体脂率等多个健康指标来综合评估一个人的健康状态。企业也可通过建立指标体系来监控公司的运营状态，从而判断其"健康状况"。一旦业务出现异常，这个体系能够帮助企业迅速发现并分析问题，采取措施以尽可能减少损失。因此，建立一个有效的数据指标体系对于企业实现数据转型和快速响应业务挑战至关重要。指标体系的价值主要体现在以下几个方面。

1）指标体系支撑企业决策。建立企业运营指标体系主要是为了掌握企业经营状况，并为未来的决策提供依据。一个全面的指标体系可以让决策者从数据角度客观地了解企业的经营状况，这样在制定商业决策时就能保持相对理智。同时，新的业务评估也可以与现有评价指标结合，丰富整个指标体系，为未来的发展提供参考。

2）指导业务日常运营。指标体系会分解出许多细分指标，这些细分指标为运营人员反映了最新的运营状况，运营人员可以通过解析这些细分指标来确定当前的业务问题。

3）发现新的业务增长点。在构建指标体系的过程中，可以深入理解设备运行模式。在分析和研究设备运行的过程中，可能会发现新的业务增长点。

4）统一数据统计口径，避免数据冗余。从技术角度来看，指标体系的一个显著优势在于可以对所有指标进行统一管理，实现统一的统计口径，避免各种数据混乱，影响决策质量。此外，拥有一个完备的指标体系可以避免指标重复，从而避免数据冗余和重复分析的情况。

3. 指标建设的方法论

一般采用 OSM 模型（Objective、Strategy、Measurement，分别代表业务目标、业务策略、业务度量）来构建指标体系。

在建立数据指标体系之前，要清楚地理解业务目标，也就是模型中的"O"。这通常是企业的经营目标或业务的核心 KPI。了解这些核心 KPI 可以帮助用户快速地确定指标体系的方向。

一旦用户理解了业务目标，接下来就需要制定与之对应的行动策略，也就是模型中的"S"。用户可以根据产品生命周期或用户行为路径来制定行动策略。

最后，用户需要制定精细的评估指标，即模型中的"M"。在制定评估指标时，用户需要深入考察产品链路或用户行为路径中的每一个核心 KPI，并进行详细的下钻分析。

4. 指标的分级方法

在进行指标体系分级时，首先要考虑的是，一级指标（T1）和二级指标（T2）是否能反映设备当前的运营状态；而三级指标（T3）和四级指标（T4）应能帮助一线人员定位问题并指导运营工作。

T1 指标指的是企业战略层面的指标，用于衡量企业整体目标达成情况。这些指标通常与业务紧密相关，并且对所有员工都具有指导意义。例如，工厂设备常见的一级指标可能包括开机率、作业率、维修率、产量和能源等。

T2 指标则关注业务策略层面，通常与实现一级指标的策略有关。简单来说，这些指标可以看作是一级指标的实现路径，用于更快地定位一级指标的问题。例如，如果一家企业的一级指标是产量，那么它的二级指标可能是不同产品的产量，这样一旦一级指标出现问题，企业就可以快速定位具体问题所在。

T3 和 T4 指标主要针对业务执行层面，用于解析二级指标的路径并定位其问题。这些指标通常能指导一线人员开展工作。例如，如果一家企业的二级指标是不同产品的产量，那么其三级指标可能是生产节拍、各工序的工作时长和完成率等。通过观察这些数据，一线人员可以进行针对性的调节，如增加某个工序的人力以降低其工作时长。

5. 指标体系拆解的原则（MECE 法则）

MECE 法则是麦肯锡公司在《金字塔原理》中提出的一个重要法则。MECE（Mutually Exclusive Collectively Exhaustive）的中文翻译是"相互独立，完全穷尽"。

按照 MECE 法则将某个整体划分为不同部分时，必须保证划分后的各个部分符合以下要求：①各个部分之间相互独立，在同一维度上有明确区别且不可重复；②所有部分完全穷尽，也就是全面、完整、没有遗漏或缺失。如图 1-1-2 所示，把学生分为男生和女生，做到了"相互独立，完全穷尽"，符合 MECE 法则，其他两个分类就不符合 MECE 法则，有遗漏和重叠。

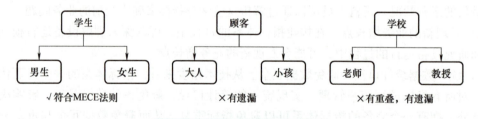

图 1-1-2　MECE 法则应用实例

MECE 法则常用的四种分类方法分别为二分法、流程法、要素法和公式法。

1）二分法。将事物分为 A 部分和非 A 部分，例如"白天、黑夜""男人、女人""内部、外部"。

2）流程法。按照事情发展的时间、流程、程序，对过程进行逐一的拆解。例如，汽车车身覆盖件成形的流程如图 1-1-3 所示。

图 1-1-3　汽车车身覆盖件成形的流程

3）要素法，主要用于把一个整体划分成不同的构成部分，但是在拆解要素时要保持维度的一致性，否则会出现重叠和遗漏的问题。

4）公式法，按照公式设计的要素进行分类，公式成立，则要素的分类符合 MECE 法则，例如，电费＝能源×电费系数。

在应用 MECE 法则进行问题分类的过程中，应遵循以下四个步骤，以确保分析的全面性和精确性。

1）确定范围与边界。在开始使用 MECE 法则之前，首要任务是明确问题的范围和边界。这一步骤要准确理解待解决的问题及其目标，为"完全穷尽"所有可能的情况奠定基础。在 MECE 法则中，"完全穷尽"意味着在确定的边界内尽可能覆盖所有情形。

2）寻找合适的切入点。选择一个合适的角度或维度来对问题进行分析至关重要。切入点应基于某些共有属性，例如，根据地点、功能或结构序列进行分类。选择不同的切入点会导致不同的分类结果，因此在选择切入点时必须考虑其对达成目标的影响。

3）分析与细分元素。在确定了切入点后，接下来的任务是根据 MECE 法则继续细化和拆解各个要素。这一步骤是为了更好地理解问题和寻找解决方案，而不仅仅是为了细分本身。

4）检验分类结果。最后，通过逻辑树或结构图来检验拆解和分类的结果，确保没有遗漏或重复的部分。如果发现无法归类的重要元素，虽然可以设置一个"其他"类别，但这通常指示需要进一步的思考和分析，因为"其他"分类可能意味着分析不够深入。

通过这四个步骤，可以系统地应用 MECE 法则，确保对问题的分类既全面又精确，从而为解决问题和制定策略提供坚实的基础。

1.1.3 任务实施

1. 分析业务目标

传统制造企业面临的 70% 以上的问题主要与数据的获取、整合和应用有关。这些问题主要体现在对人工数据采集和逐层数据整合的过度依赖上，这导致了效率低下，效果平平，而且收益往往不尽如人意。

在本任务中，首先要确定问题，再进行分析，得到问题结论，确定解决思路。明确业务目标是将设备数据透明化，通过对现场全部数据的分析，挖掘出改善点。

1）了解企业的业务需求和处理流程。例如，7 月份的业务需求是订单激增，机器人部门的业务目标是每天完成 300 件订单。企业内部的申请审批流程如图 1-1-4 所示。

2）业务分析的第一步是明确问题，包括时间（指定时间段或时间点）、地点（具体到哪个车间的哪台设备）以及事件（确定是某一台机器人无法完成任务，还是所有机器人都无法完成任务）。

3）业务分析的第二步是得出问题的结论。例如，某月，某车间的机器人完成率低。计算机器人的完成率的方法是：实际折弯数量÷计划折弯数量。机器人的完成率是一个重要的指标，用于反映工厂操作方法的准确性。

4）业务分析的第三步是分析原因。如图 1-1-5 所示，需要找出机器人完成率低的原因，并确定分析思路。

5）确定设备能效指标的明细表，并列出设备关键指标，见表 1-1-1。

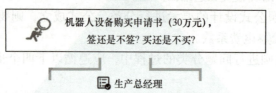

图 1-1-4 企业内部申请审批流程

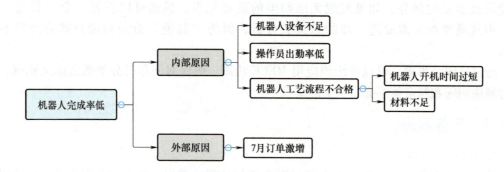

图 1-1-5 机器人完成率低的原因

表 1-1-1 设备关键指标

设备维度	关键指标	设备维度	关键指标
单台设备	今日开机率	所有设备	所有设备今日开机率
	今日作业率		所有设备今日作业率
	今日待机率		所有设备今日待机率
	今日故障率		所有设备今日故障率
	今日开机时长		设备开机总数
	今日作业时长		设备待机总数
	今日待机时长		设备故障总数
	今日故障时长		设备停机总数
			设备工作总数

2. 拆解设备能效指标

设备数据透明化系统，以实时数据为基础，对设备的能效指标建模和统计分析，从而建立一个科学、成熟的设备指标体系,拆解能效指标的方法——OSM 模型,以及和企业各个层级的领导员工进行沟通,实现对数据的直观呈现与深度洞察。

1)第一步,了解业务的核心目标,也就是 KPI。根据项目背景,明确企业领导想对设备进行实时监控,并得到一些基础分析。确定核心指标有开机率、作业率、停机率、故障率,且这些指标需要支持从各种类型的维度下钻,如从工艺维度、事业部维度、工作中心、时间维度等。确定企业组织架构下的设备包含机器人 A(一台)和机器人 B(一台)。

2)第二步,确定行动策略。先从设备的各组织维度来拆解开机率等指标;确定开机率等指标的计算原则为:所有设备今日开机率=所有设备今日开机时长之和÷(自然时间×N)(N 为设备数);开机时长等指标的相关三级指标为设备状态。

3)第三步,确定评估指标,需保证每个细分指标是完全独立且相互穷尽的。单台设备今日开机率拆解如图 1-1-6 所示,数据分析师通过现场设备调研得知,设备状态与开机信号、作业信号、当前温度、当前电流相关,且当开机信号启动时,作业信号未启动,设备处于待机状态;当开机信号启动,作业信号也启动时,设备处于作业状态;当温度大于 60℃ 或电流大于 5A 时,设备处于故障状态。由此,设备开机时,有作业、待机、故障三种状态。三种状态完全独立且相互穷尽的。

> **说明**:对不同的用户或不同的项目,指标拆解公式会存在一定的偏差,例如,所有设备今日开机率=所有设备今日开机时长之和÷(自然时间×N),而有的项目,所有设备今日开机率=所有设备今日开机时长之和÷(8N),但任何指标的拆解逻辑必须遵循 MECE 法则。

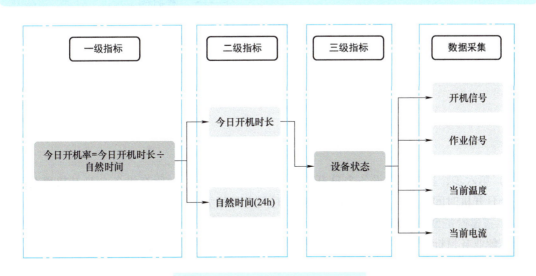

图 1-1-6 单台设备今日开机率拆解

4)第四步,单台设备的今日作业率拆解,如图 1-1-7 所示,单台设备今日作业率与单台设备今日作业时长、今日开机时长有关联,今日开机时长和今日作业时长由设备状态决定。

5)第五步,为了统计所有设备的"状态"(包含开机、待机、作业、故障、停机)总数,需要单台设备呈现其各种"状态"的数值(1 表示启动,0 表示未启动)。本书示例的单台设备"设备工作状态"指标拆解如图 1-1-8 所示,单台设备工作状态由设备状态决定。

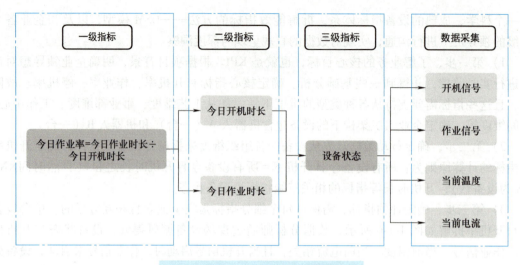

图 1-1-7　单台设备的今日作业率拆解

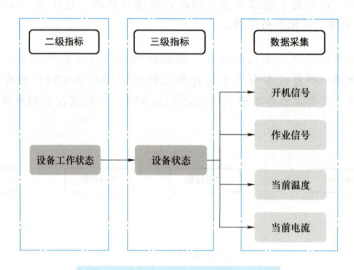

图 1-1-8　单台设备工作状态指标拆解

6）第六步，拆解所有设备今日开机率，如图 1-1-9 所示，所有设备今日开机率与所有设备今日开机时间之和、所有设备总的自然时间之和相关。

3. 搭建设备驾驶舱指标体系

了解业务目标后，搭建整个设备驾驶舱所有组织下的指标体系。

（1）搭建单台设备指标体系

1）根据能够直接从设备采集上来的数据，梳理设备的属性点表，见表 1-1-2。其中，直接从设备采集上来的电流采集值并非设备的实际电流，温度采集值也并非设备的实际温度，需要基于温度传感器属性和互感器属性的值进一步计算得出当前设备温度和当前设备电流。

表 1-1-2　数据属性点表

数据采集项	设备属性名称
设备开机信号	开机信号
设备作业信号	作业信号

（续）

数据采集项	设备属性名称
温度采集值	温度传感器
电流采集值	互感器
—	当前设备温度
—	当前设备电流

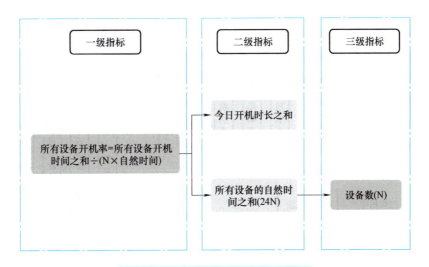

图 1-1-9　所有设备今日开机率拆解

2）根据设备能效指标拆解和设备属性，得出三级指标体系，如图 1-1-10 所示。

3）根据设备能效指标拆解，得出二级指标体系，如图 1-1-11 所示。

4）根据设备能效指标，得出一级指标体系，如图 1-1-12 所示。

（2）搭建多台设备指标体系

1）根据单台设备指标体系，得出多台设备的三级指标体系，如图 1-1-13 所示。

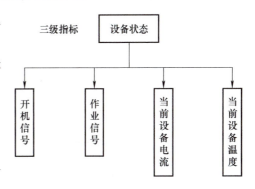

图 1-1-10　单设备的三级指标体系

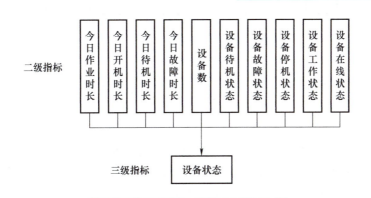

图 1-1-11　单台设备的二级指标体系

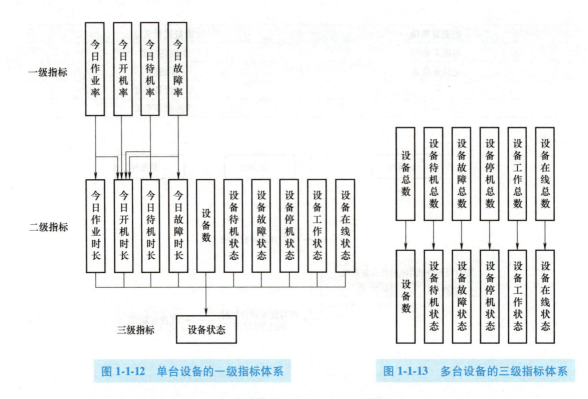

图 1-1-12　单台设备的一级指标体系　　　　图 1-1-13　多台设备的三级指标体系

2）根据设备能效指标体系拆解，得出多台设备的二级指标体系，如图 1-1-14 所示。

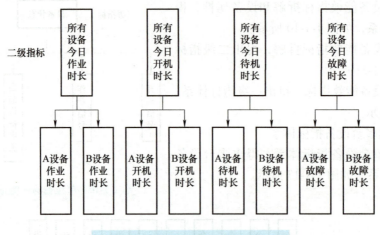

图 1-1-14　多台设备的二级指标体系

3）根据设备能效指标体系，得出多台设备的一级指标体系，如图 1-1-15 所示。

1.1.4　拓展资料

在企业的数据管理过程中，由于各部门的业务需求不同、业务认识存在差异等原因，造成各部门存在统计指标的口径大相径庭、过分重视局部数据、统计数据缺乏重点等问题，不利于企业进行整体的数据管理，在指标构建的过程中存在以下六个主要问题。

项目1 工业设备能效指标计算

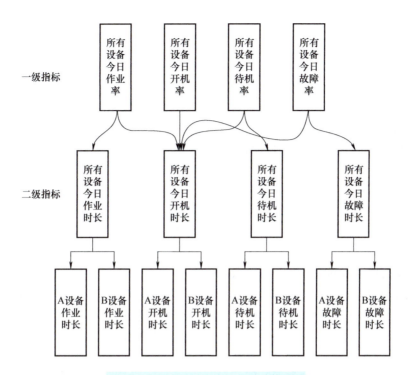

图 1-1-15　多台设备的一级指标体系

1）指标建设过程中缺乏重点和思路。企业经常把意识层面上的一些有价值的指标结合起来，形成一套指标集合或数据集合，以此来衡量指标的建设效果。在指标建设过程中，从单个指标或某几个指标来看，这些指标可以获取一定的信息量，但从整体上来看，得到的却是一组无法解读的数据，使用者在使用过程中充满疑惑，不知所云。

2）建设的指标空洞。从表层来看，指标建设有模型、逻辑和分类，但从指标的建设细节来看，指标建设过程中缺乏具体的指标，导致建设的指标无法落地，这类指标只能在理论层次进行讨论，很难在实际应用中实现。

3）指标缺乏数据。由于数据的缺乏，在构建指标的过程中会忽略某一些因素的影响，导致在业务上线后获取到新的数据时，需要进行添加指标、增加维度等操作，最后可能使得报表变得臃肿，数据参差不齐，影响工作推进。

4）指标的口径不统一。由于企业的不同业务部门对指标的需求不同，因此各个部门构建的指标也千差万别，甚至存在数据指标名称相同但定义和计算不同的现象，也可能存在指标的定义和计算完全相同但名称不同的现象。这些现象会造成各部门沟通困难，难以进行数据管理和分析等问题。

5）指标体系不完整。各业务部门根据对业务需求的理解，建立了相应的指标体系，但构建的指标体系不够全面，缺乏适当的方法。不完整的指标体系会使得在使用过程中片面地强调某些指标的重要性，而忽略了综合分析、长期跟踪、定期对比指标的重要性，导致从局部的角度产生错误的结论，从而影响企业做出正确的决策。

6）指标问题难追溯。指标的构建可能是经过一系列的计算得到的，如果指标不能被追溯，那么一旦指标出现问题，很难发现所在，导致指标的一致性、完整性和准确性不能保证，甚至造成指标的报废。

【任务训练】

1. 单选题

（1）建设指标体系的目的是什么？（ ）
A. 提高生产率
B. 监控数据异常
C. 解决复杂的业务问题
D. 提高市场竞争力

（2）维度在指标体系中扮演的角色是什么？（ ）
A. 数据收集工具
B. 思维角度和分析方法
C. 数据存储机制
D. 技术实施策略

（3）在指标体系中，细分指标的主要作用是什么？（ ）
A. 提高数据存储效率
B. 指导业务日常运营
C. 增加业务收入
D. 提升客户满意度

（4）构建指标体系的最终目的是什么？（ ）
A. 提高企业竞争力
B. 支撑企业决策
C. 优化产品设计
D. 增强客户体验

（5）OSM 模型中的"O"代表什么？（ ）
A. 业务目标
B. 业务策略
C. 业务度量
D. 数据更新

2. 多选题

（1）指标主要分为哪两种类型？（ ）
A. 结果型指标
B. 过程型指标
C. 财务指标
D. 客户满意度指标

（2）在构建指标体系时，需要考虑哪些方面？（ ）
A. 指标的定义
B. 指标的可度量性
C. 指标的拆解性
D. 指标的实时监控能力

（3）建立指标体系的价值主要体现在哪些方面？（ ）
A. 支撑企业决策
B. 指导业务日常运营
C. 发现新的业务增长点
D. 统一数据统计口径，避免数据冗余

（4）以下哪些元素是构建良好指标体系的关键要素？（ ）
A. 全面性
B. 可操作性
C. 实时性
D. 准确性

（5）通过哪些方法可以确保指标体系的 MECE 性？（ ）
A. 二分法
B. 流程法
C. 要素法
D. 公式法

3. 实操训练

1）根据单台设备"今日开机率"指标的拆解逻辑，写出"今日待机率""今日故障率"的拆解步骤。

2）根据多台设备"多设备今日开机率"指标的拆解逻辑，写出"所有设备今日待机率""所有设备今日故障率""所有设备今日作业率"的拆解步骤。

任务 1.2 单设备能效指标计算

1.2.1 任务说明

数据分析师已经对企业的业务需求和现场设备进行了详细调研，并根据调研结果搭建了设备能效指标体系。

数据分析师需要在工业互联网平台上搭建物理模型，针对单台设备的核心指标"设备状态""今日开机时长""设备今日开机率"等，使用 Groovy 语言计算单台设备能效指标。因此，本任务的学习导图和任务目标如图 1-2-1 所示。数据分析师需要完成以下三项任务。

图 1-2-1　学习导图和任务目标

1）梳理物模型"连接变量"和"规则指定"属性点表。
2）梳理能效指标计算的逻辑，并使用 Groovy 语言进行编程。
3）创建模型并创建多台设备物实例。

说明：设备连接与数据采集相关知识在职业教育工业互联网人才培养系列教材中的《工业数据采集技术与应用》一书中有详细介绍。

1.2.2　知识准备

1. 接入与建模的相关概念

设备接入与建模，旨在实现物理设备在工业互联网平台的数字化映射和管理，这主要包括四个功能部分：边缘侧、设备接入、设备建模和数据管理。边缘侧主要处理工业设备数据采集协议的复杂问题；设备接入负责建立设备端和云端的双向通信数据通道；设备建模则定义设备的属性、计算脚本及报警等内部逻辑；而数据管理则负责完成设备数据的冷热温存储、查询接口以及分析展示。

本书采用的工业互联网平台——"根云平台"，其建模能力是将物理空间的实体进行数字化，按业务需要和设备共性构建该实体的数据模型，用以描述设备统一的物理信息与可上报数据,作为设备数据处理与使用的标准。如图 1-2-2 所示,物模型是物理设备的共性数据模型,定义了设备可上报数据、数据处理规则、业务信息、可下发指令和可视化能力。

图 1-2-2 物模型能力

2. 物模型属性的基本信息

物模型属性的基本信息包含属性名称、属性 ID、数据类型和读写操作设置,见表 1-2-1。

表 1-2-1 物模型属性的基本信息

参数	说明
属性名称	用户自定义,如速度
属性 ID	用户自定义,如 io_sta
数据类型	属性值的数据类型如下 String:由字母、数字、标点符号和空格组成的字符串类型 Number:整数或小数据类型 Boolean:只能是 true 或 false Integer:整数数据类型 Binary:由 0 和 1 组成的二进制数据串,如 0101 JSON:序列化的对象或数组,如 {"name":"shugen","age":6}
读写操作设置	读写:可在设备实例运行工况处查看数据变化,也可以在实例指令处对数据进行改值处理 只读:只可以在设备实例运行工况处查看数据变化 只写:不可查看运行工况,只可以在实例指令处对数据进行改值处理 说明:若某属性是指令的受控属性,当属性操作由读写改为只读后,该属性会从指令中删除

3. 物模型属性值来源

根据设备数据采集方式不同,选择不同的物模型属性值来源。属性值来源有连接变量、规则指定、手动写值三种方式。

(1)连接变量 连接变量直接显示终端设备采集点上报的数据。例如,如果终端设备上有一个温湿度传感器,其中湿度采集点对应的本地属性为 humidity,那么就需要在该模型中创建一个名为湿度的属性。模型中的属性名称和 ID 可以自定义,然后将其连接到 humidity

变量。配置完成后，根据终端设备采集点所采集到的数据，物实例将会呈现相应的工况。如图 1-2-3 所示，连接变量可以对上报的数据设置倍率和基数，属性＝倍率×连接变量+基数，默认倍率为 1，基数为 0。

图 1-2-3 连接变量

（2）规则指定 规则指定用于需要对终端设备采集点的数据进行复杂计算，或需要结合其他属性数据进行计算的属性。如图 1-2-4 所示，需要按照 Groovy 语法编写函数表达式。

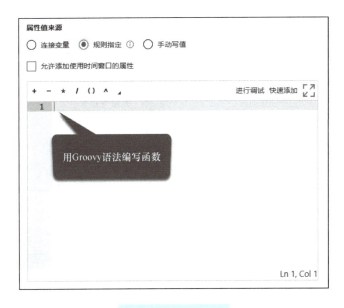

图 1-2-4 规则指定

（3）手动写值 手动写值方式不支持设备侧上报到平台，也不支持下发到设备，多用于辅助报警规则实现灵活配置。如图 1-2-5 所示，创建该类型属性时，先输入该属性的默认值，然后在物实例的运行工况中手动修改值。

4. Groovy 运算符

运算符是一个符号，通知编译器执行特定的数学或逻辑操作。Groovy 中有 5 种运算符：算术运算符、关系运算符、逻辑运算符、位运算符和赋值运算符。

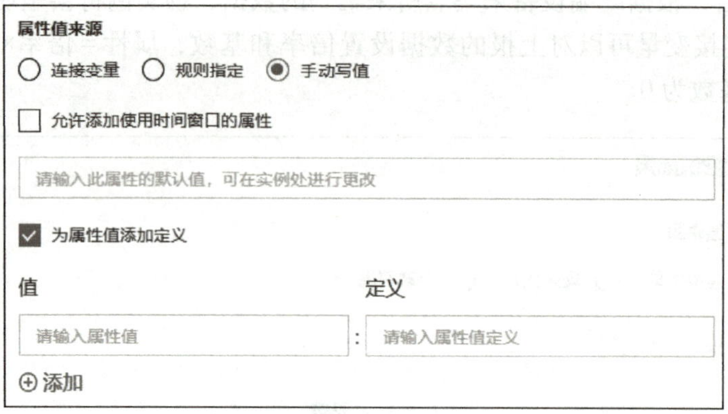

图 1-2-5 手动写值

算术运算符见表 1-2-2。

表 1-2-2 算术运算符

运算符	说明	例子
+	两个操作数的加法	1+2 将得到 3
-	第一、第二操作数相减	2-1 将得到 1
*	两个操作数的乘法	2*2 将得到 4
/	两个操作数的除法	3/2 将得到 1.5
++	自增运算，在自身值的基础上加 1	INT X=5; X++; X 将得到 6
--	自减运算，在自身值的基础上减 1	INT X=5; X--; X 将得到 4

关系运算符允许对象的比较，见表 1-2-3。

表 1-2-3 关系运算符

运算符	说明	例子
==	测试两个对象之间是否相等	2==2 将得到 true
!=	测试两个对象之间是否不等	3!=2 将得到 true
<	检查是否左边的对象小于右边的对象	2<3 将得到 true
<=	检查是否左边的对象小于或等于右边的对象	2<=3 将得到 true
>	检查是否左边的对象比右边的对象大	3>2 将得到 true
>=	检查是否左边的对象大于或等于右边的对象	3>=2 将得到 true

逻辑运算符用于计算布尔表达式，见表 1-2-4。

表 1-2-4 逻辑运算符

运算符	说明	例子
&&	逻辑"与"运算	true && true 得到 true
||	逻辑"或"运算	true || true 得到 true
!	逻辑"非"运算	! true 得到 false

Groovy 中提供了四个位运算符。表 1-2-5 所示为在 Groovy 中可用的位运算符。

表 1-2-5 位运算符

运算符	说明
&	位"与"运算
|	按位"或"运算
^	按位"异或"运算
~	按位"反"运算

位运算符的真值表见表 1-2-6。

表 1-2-6 位运算符的真值表

p	q	p&Q	p|q	p^Q
0	0	0	0	0
0	1	0	1	1
1	1	1	1	0
1	0	0	1	1

赋值运算符见表 1-2-7。

表 1-2-7 赋值运算符

运算符	说明	例子
+=	A+=B 等价于 A=A+B	DEF A=5 A+=3 输出将是 8
-=	A-=B 等价于 A=A-B	DEF A=5 A-=3 输出将是 2
*=	A*=B 等价于 A=A*B	DEF A=5 A*=3 输出将是 15
/=	A/=B 等价于 A=A/B	DEF A=6 A/=3 输出将是 2
(%)=	A(%)=B 等价于 A=A%B	DEF A=5 A%=3 输出将是 2

5. 平台支持的控制语句

平台支持的控制语句见表 1-2-8。

表 1-2-8　平台支持的控制语句

语句	语法	示例

if	if(条件){
	语句 #1
	...
	} else {
	语句 #3
	...
	}
		if (myAttribute > 0) {
		return "value1"
		} else {
		return "value2"
		}

A?B: C	（三目运算符） 先求解 A，若其值为真（非 0）则将 B 的值作为整个表达式的取值，否则（A 的值为 0）将 C 的值作为整个表达式的取值	max=(a>b)?a: b 含义：先比较 a 和 b 的大小，如果 a 大于 b，则将 a 的值赋给 max，如果 a 小于 b，则将 b 的值赋给 max

说明：示例中的控制语句为本任务的重点控制语句。

6. 平台支持的内置函数

平台支持的内置函数见表 1-2-9。

表 1-2-9　平台支持的内置函数

函数名	语法	示例	描述

$connect()	$connect(String fieldName)	$connected("online")
		返回：当前设备为直接连接的设备且工况中包含 online 的连接变量
		{
		　"connected":"true"
		　"directlyLinked":"true"
		}
			参考当前计算上下文计算设备在线状态，若工况中包含参数中的属性，认为设备在线
			参数列表：
			fieldName 表示设备是否在线的属性名，通常为 online

$recent()	$recent(String... fieldName)	$recent("speed") 返回：speed 属性的当前有效值	返回目标属性的当前有效值，参数为目标属性名。如果目标属性的当前工况有值上报，则取上报值，反之则取目标属性上一个非空值；如果目标属性从未被赋值，则返回 null
$lastState()	$lastState(String... fieldName)	$lastState("speed") 返回：speed 属性的上一次上数的有效值	返回目标属性的上一个有效值，参数为目标属性名。无论目标属性当前工况是否有值，都取目标属性上一个非空值；如果目标属性从未被赋值，则返回 null
$lastStamp()	$lastStamp()	$lastStamp() 返回：设备上一次上数的时间，例如，1599475541447 表示 2020-09-07 T1 0: 45: 41.447Z	获取设备上一次上数的时间，返回值为以长整型表示的时间戳

> 说明：示例中的内置函数为本任务的重点学习函数，平台全部内置函数详见附录B。

1.2.3 任务实施

1. 梳理物模型属性

1）根据搭建的指标体系，梳理设备物模型的属性，其中包含属性名称、属性ID、数据类型、读写操作设置、属性值来源等。单台设备原始属性见表1-2-10。

表1-2-10 单台设备原始属性

属性名称	属性ID	数据类型	读写操作设置	属性值来源
温度传感器	io4_adc	Number	读写	连接变量
互感器	io5_adc	Number	读写	连接变量
开机信号	io1_sta	Integer	读写	连接变量
作业信号	io2_sta	Integer	读写	连接变量

2）通过拆解指标体系，整理出单台设备能效指标属性的名称、属性ID、数据类型以及计算规则，见表1-2-11。

表1-2-11 单台设备能效指标属性

属性名称	属性ID	数据类型	计算规则
当前设备电流	temp_Current	Number	(io5_adc-4)*3.1
当前设备温度	temp_T	Number	(io4_adc-4)*12.5
设备状态	working_sta	Integer	0：停机 1：工作 2：待机 3：工作状态不等于0，且温度大于60℃或电流大于5A，判定设备故障
今日作业时长	running_hour	Number	单台设备今日作业时长
今日开机时长	open_hour	Number	单台设备今日开机时长
今日待机时长	waiting_hour	Number	单台设备今日待机时长
今日故障时长	fault_hour	Number	单台设备今日故障时长
设备今日作业率	eqp_working_rt	Number	今日作业时长/今日开机时长
设备今日开机率	eqp_ope_rt	Number	今日开机时长/自然时间
设备今日故障率	failure_rate	Number	今日故障时长/今日开机时长
设备今日待机率	eqp_waiting_rt	Number	今日待机时长/今日开机时长
设备数	device_count	Integer	单台设备的数量为1
设备待机状态	waiting_status	Integer	设备状态的数值为2，即为待机，设备待机状态的数值为1，否则，设备待机状态的数值为0
设备故障状态	fault_status	Integer	设备状态的数值为3，即为故障，设备故障状态的数值为1，否则，设备故障状态的数值为0
设备停机状态	stop_status	Integer	设备状态的数值为0，即为停机，设备停机状态的数值为1，否则，设备停机状态的数值为0

(续)

属性名称	属性 ID	数据类型	计算规则
设备工作状态	work_status	Integer	设备状态为作业时,设备工作状态的数值为1,否则为0
设备在线状态	online_status	Integer	设备状态为状态时,设备在线状态的数值为1,否则为0

工业小知识:工业上普遍需要测量各类非电物理量,如温度、压力、速度等,这些都需要转换成模拟量信号才能传输到几百米远的控制室或显示设备上。工业上广泛采用4~20mA的电流来传输模拟量。因此,本任务中的"当前设备电流"和"当前设备温度"是通过4~20mA模拟量转换公式计算得到的。模拟量值与A/D转换值是成线性关系的,模拟量的标准信号是4~20mA的电流。

4~20mA模拟量转换为温度的转换公式:设模拟量为I,A/D转换后的相应数值是实际温度,为T,一般温度量程为-20~80℃。其函数关系为

$$T = \frac{I-4}{20-4} \times (80-(-20)) + (-20)$$

函数解释:温度=(模拟量-电流低端)/(电流高端-电流低端)×(温度量程高端-温度量程低端)+温度量程低端,模拟量与温度的线性关系图如图1-2-6所示。

4~20mA模拟量转换为电流的转换公式:设模拟量为I,A/D转换后的相应数值是实际电流,为C,一般电流量程为0~50A。其函数关系为

$$C = \frac{I-4}{20-4} \times (50-(-0))$$

函数解释:电流=(模拟量-电流低端)÷(电流高端-电流低端)×(电流量程高端-电流量程低端),模拟量与电流的线性关系图如图1-2-7所示。

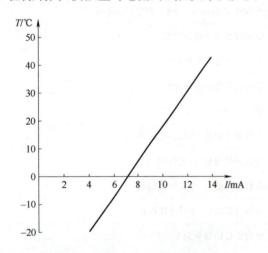

图1-2-6 模拟量与温度的线性关系图

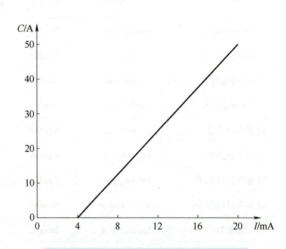

图1-2-7 模拟量与电流的线性关系图

2. 高级表达式逻辑梳理

根据指标拆解,工程师们将针对设备运行状态的不同指标代码逻辑进行详细梳理。本任务实施的主要步骤包括:①整理设备状态的计算逻辑;②梳理单台设备今日开机时长的计算逻辑;③整理计算单台设备今日开机率的逻辑。

1）根据设备状态分析，将各种采集信号集合到一个属性上，如图 1-2-8 所示，计算设备状态逻辑的步骤如下。

① 获取当前的开机信号（0 表示停机，1 表示开机）以及当前的作业信号（0 表示待机，1 表示作业），同时获取当前设备的温度和电流。

② 如果开机信号为 1（即设备处于开机状态），且设备温度超过 60℃或电流超过 5A，则判断设备出现故障，返回数值 3。

③ 当设备处于开机并且正在作业的状态时，返回数值 1，表示设备正在作业。

④ 当设备处于开机但处于待机状态时，返回数值 2，表示设备正在待机。

⑤ 如果以上条件都不满足，则返回数值 0，表示设备处于停机状态。

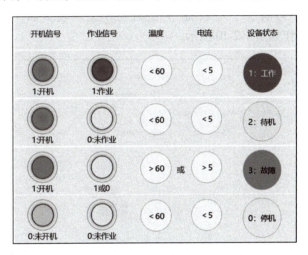

图 1-2-8　设备状态演示图

2）根据图 1-2-9 所示的今日开机率指标拆解步骤，梳理出今日开机时长计算逻辑拆解如下。

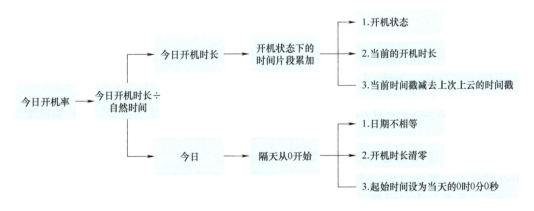

图 1-2-9　今日开机率指标拆解

① 首先获取当前的开机时长，如果当前属性值为空值，则默认为 0。

② 获取当前开机状态的值，如果为空值，则默认为停机。

③ 获取当前时间戳和上一次上云的时间戳。

④ 判断当前时间的日期和上一次上云的时间的日期是否相等，如果日期不相等，则开

机时长清零，将上一次上云的时间戳设置为当天的 0 时 0 分 0 秒，并将其转化为数值格式。

⑤ 根据设备的运行状态，计算出当前时间戳与上一记录时间戳的时间差，并将此时间片段累加到开机时长。

3）计算今日开机率逻辑的步骤为：①首先获取当前的开机时长，如果当前属性值为空，默认为 0；②依据今日开机率＝今日开机时长÷自然时间，再乘以 100%，将其转化为百分比。

3. 创建设备物模型

工程师需要在根云平台建立对应的工业机器人物模型和物实例，以及网关的物模型和物实例。

1）单击"物"→"物模型"→"设备"，进入物模型列表页面，单击"创建"按钮，具体操作如图 1-2-10 所示。

1.创建设备物模型

图 1-2-10　进入物模型列表页面

> **说明：** 本书所使用的工业互联网平台是树根互联股份有限公司开发的根云平台，地址：https://console.rootcloud.com。

2）弹出页面如图 1-2-11 所示，有"直接创建"和"引用抽象物模型"两种物模型创建方式。

3）单击"直接创建"按钮，如图 1-2-12 所示，跳转至创建物模型页面，设置"类型"为"设备"，自定义模型名称为"机器人模型"，选择对应分类，然后单击"创建"按钮，完成物模型的创建。

4）创建完成后，进入物模型详情页面，如图 1-2-13 所示，单击"发布"按钮，完成发布操作。

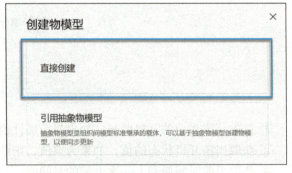

图 1-2-11　创建物模型方式

项目 1　工业设备能效指标计算

图 1-2-12　创建物模型页面

图 1-2-13　发布物模型

5）创建对应的网关物模型和物实例，详见表 1-2-12。

表 1-2-12　创建网关物模型和物实例

内容	图示
物模型基本信息如下 类型：网关 模型名称：工业机器人 A 网关模型	

（续）

内容	图示
物实例基本信息如下 类型：网关 实例名称：工业机器人 A 网关物实例 物标识：GY0000001	
物联信息如下 物模型：工业机器人 A 网关模型 连接信息认证标识：MZRX7kXPFfX 连接信息认证密钥：3oNFNE2f9u2	

4. 批量添加设备原始属性

1）需要根据设备物模型的属性点表，添加设备原始属性。

2）打开"机器人模型"的物模型详情页，单击"修改模型"按钮，如图 1-2-14 所示。

3）物模型此时变为草稿状态，支持"手动添加"和"批量添加"两种添加方式，如图 1-2-15 所示。

2.批量添加设备原始属性

图 1-2-14　修改物模型

项目 1　工业设备能效指标计算

图 1-2-15　草稿状态

4）本任务支持批量导入物模型的模型信息以及模型的属性、指令、报警等数据。若导入的物模型的模型名称已存在，将会对该名称对应的物模型进行更新，请谨慎使用。单击"批量添加"按钮，弹出"批量添加属性"对话框，如图 1-2-16 所示。

5）有两种批量添加方式，第一种：单击"从本地选择文件"按钮，找到本书配套资源中的"机器人模型原始属性.xlsx"，单击"确定"按钮上传；第二种：直接将"机器人模型原始属性.xlsx"拖拽到"从本地选择文件"处，单击"确定"按钮，如图 1-2-17 所示，进入详情页，编辑完成便可发布模型。

图 1-2-16　"批量添加属性"对话框　　　　图 1-2-17　确认批量添加属性

6）若导入失败，可以单击"消息中心"按钮，查看导入错误详情，如图 1-2-18 所示，单击"前往查看"下载错误文件，按照提示修改文件后重新上传。

7）除了"批量添加"物模型属性，本任务还可以采用"手动添加"形式，两者的区别在于"批量添加"能一次性添加多个属性，"手动添加"一次只能添加一个属性。

注意：若是首次使用批量导入功能，则需先单击"下载 Excel 模板"，获取"批量添加模型模板"。根据不同的模型类型，选择需要导入的模型模板 Excel；根据模板中的提示说明和要求进行填写。一个 Excel 模板支持导入一个物模型，若需同时导入多个物模型，则需填写多个相应的 Excel 模板，置于同一个文件夹，打包压缩成 zip 格式，然后从本地选择文件上传。

图 1-2-18 查看导入错误详情

5. 手动添加设备计算属性

（1）添加"设备状态"属性

1）单击"手动添加"按钮，依据表 1-2-11，添加"设备状态"基本信息，本书示例使用的属性名称为"设备状态"，属性 ID 为"working_sta"，数据类型使用"Integer"，读写操作设置为"读写"，如图 1-2-19 所示。

3.1 添加"设备状态"属性

2）进行"设备状态"属性配置，属性值来源选择"规则指定"，会出现属性函数表达式编辑区，可以直接在该编辑区用 Groovy 语言编写计算规则代码；也可以单击右上角的缩放按钮，在弹出的计算规则编程窗口进行代码编写，如图 1-2-20 所示。

图 1-2-19 设备状态属性的基本信息

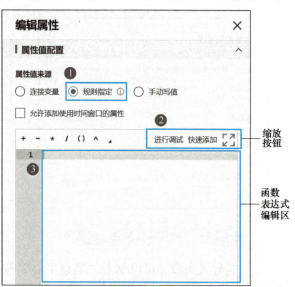

图 1-2-20 "编辑属性"对话框

3）在计算规则编程窗口的程序编辑区完成函数表达式代码编写。编写代码的过程中，可单击"快速添加"按钮，在弹出的"快速添加"对话框中选择所需的属性、函数、操作符等，将所选项快速添加到编辑区，如图 1-2-21 所示。"设备状态"的代码内容如下：

```
// 获取当前开机信号(1 开机 0 停机)
def io1Sta = $ recent("io1_sta")?:0
// 获取作业信号(1 作业 0 待机)
```

```
def io2Sta = $ recent("io2_sta")?:0
//获取当前设备温度
def temp1 = $ recent("temp_T")?:0
//获取当前设备电流
def temp2 = $ recent("temp_Current")?:0
//如果开机信号为1(开机状态),并且当前设备温度大于60℃或当前设备电流大于5A,则
返回3,设备故障
if(io1Sta==1 && (temp1 >60 ||temp2>=5)){
return 3
}else if(io1Sta==1 && io2Sta==1) { //当开机信号和作业信号都等于1时,返回
1,代表设备处于作业状态
  return 1
} else if (io1Sta==1 && io2Sta==0) {
  //当开机信号等于1且作业信号为0时,返回2,代表设备处于待机状态
  return 2
}else {
  //当以上情况都不满足时,返回0,代表设备处于停机状态
  return 0      }
```

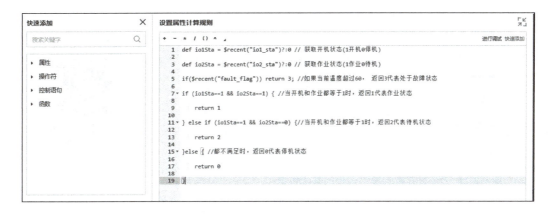

图 1-2-21　编辑"设备状态"属性的代码

4)如图 1-2-22 所示,设置"优先级设置"为"0",勾选"为属性值添加定义",分别将"0"定义为"停机","1"定义为"作业","2"定义为"待机","3"定义为"故障"。

5)对"设备状态"属性进行更多配置,"历史数据保存方式"选择"全部保存",如图 1-2-23 所示。

(2)添加"今日开机时长"属性

1)单击"手动添加"按钮,依据表 1-2-11,添加"今日开机时长"属性的基本信息,本书示例使用的属性名称为"今日开机时长",属性 ID 为"open_hour",数据类型使用"Number",读写操作设置为"读写",如图 1-2-24 所示。

图 1-2-22 为属性值添加定义

图 1-2-23 历史数据保存方式

3.2 添加"今日开机时长"属性

图 1-2-24 "今日开机时长"属性的基本信息

2）进行"今日开机时长"属性配置，属性值来源选择"规则指定"，根据高级表达式逻辑梳理，"今日开机时长"的代码内容如下：

```
//变量名称修改,符合通用,根据传入的今日开机时长属性 ID 获取设备当前开机时长
def tempDuration = $recent("open_hour")?:0
//获取当前设备状态
def workingStatus = $recent("working_sta")?:0
//获取当前时间戳(单位:毫秒)
long dataTimestamp = __timestamp__.longValue()
//获取上次上云时间戳(单位:毫秒)
long lastStamp = $lastStamp()?:dataTimestamp
```

```
//判断隔天
//指定'年-月-日'转化格式
java.text.SimpleDateFormat sf = new java.text.SimpleDateFormat("yyyy-MM-dd")
//将格式为长整型的当前时间戳转化为'年-月-日'格式的字符串
String nowTimeStr=sf.format(new java.util.Date(dataTimestamp))
//将格式为长整型的上一时间戳转化为'年-月-日'格式的字符串
String lastTimeStr=sf.format(new java.util.Date(lastStamp))
//如果当前时间和上一时间不相等,则判断为隔天
if(nowTimeStr <=> lastTimeStr){
  //初始化今日作业时长为 0
  tempDuration=0
  //指定'年-月-日-时-分-秒'转化格式
  java.text.SimpleDateFormat sdf_convert = new java.text.SimpleDateFormat("yyyy-MM-dd HH:mm:ss")
  //上一时间戳设置为当天的 0 时 0 分 0 秒,并将其转化为数值格式
  lastStamp=(sdf_convert.parse(nowTimeStr+"00:00:00")).getTime()
}
//判断隔天结束
//根据传入的设备状态修改条件(0:停机,1:作业,2:待机,3:故障,非 0:开机)
if(workingStatus ! =0){
  //状态时长与转化成小时的时间片段累加
  tempDuration=tempDuration+(dataTimestamp - lastStamp)/1000/3600
}
//返回时长
return tempDuration
```

3) 对"今日开机时长"属性进行更多配置,注意"今日开机时长"属性值小数点位数保留方式为"保留 6 位",时间戳单位 ms 换算为 h 后,保留位数需 6 位以上,历史数据保存方式选择"全部保存",如图 1-2-25 所示。

(3) 添加"设备今日开机率"属性

1) 单击"手动添加"按钮,依据表 1-2-11,添加"设备今日开机率"属性的基本信息,本书示例使用的属性名称为"设备今日开机率",属性 ID 为"eqp_ope_rt",数据类型使用"Number",读写操作设置为"读写",如图 1-2-26 所示。

3.3 添加"设备今日开机率"属性

2) 进行"设备今日开机率"属性配置,属性值来源选定"规则指定",根据高级表达式逻辑梳理,"设备今日开机率"的代码内容如下:

```
//先获取当前的开机时长,如果当前属性值为空,默认为 0
def tempRunning= $ recent("open_hour")?:0
//公式:开机时长÷自然时长,再转化为百分比
return tempRunning*100/24
```

图 1-2-25 "今日开机时长"属性的更多配置

图 1-2-26 "设备今日开机率"属性的基本信息

(4) 添加"设备工作状态"属性

1) 单击"手动添加"按钮，依据表 1-2-11，添加"设备工作状态"属性的基本信息，本书示例使用的属性名称为"设备工作状态"，属性 ID 为"work_status"，数据类型使用"Integer"，读写操作设置为"读写"，如图 1-2-27 所示。

3.4 添加"设备工作状态"属性

2) 进行"设备工作状态"属性配置，属性值来源选择"规则指定"，根据高级表达式逻辑梳理，"设备工作状态"属性的代码内容如下：

图 1-2-27 "设备工作状态"属性的基本信息

```
//当工作状态为1(作业状态)时,返回1,否则返回0
return $recent("working_sta")==1 ? 1 : 0
```

6. 更新发布物模型

添加完指标属性之后，返回到物模型的详情页，单击"更新发布"按钮，更新发布物模型，如图 1-2-28 所示。

> 说明：本书为了方便完整说明操作过程，故在本步骤进行更新发布。在实际工作中，如果有其他属性还需要修改或添加，建议统一调整完之后再更新发布。物模型名称要求唯一性，因此实际操作不一定与本书保持一致，物模型名称需根据实际操作进行命名。

4.重新发布物模型

项目 1　工业设备能效指标计算

图 1-2-28　更新发布物模型

7. 创建多台设备物实例

1）在本任务中，需要创建两台机器人设备物实例，才能将物理设备与平台进行连接。物理设备接入平台后，用户在云端可以对相应类型的一台或多台设备进行远程控制和工况管理等操作。

2）如图 1-2-29 所示，单击"物"→"物实例"→"注册"按钮，创建工业机器人物模型的对应物实例。物实例的设置见表 1-2-13。

5.创建多台设备物实例

图 1-2-29　注册工业机器人物实例

41

表 1-2-13　物实例设置

内容	图示
基本信息 类型：设备 实例名称：机器人 A 物标识：XM_A01	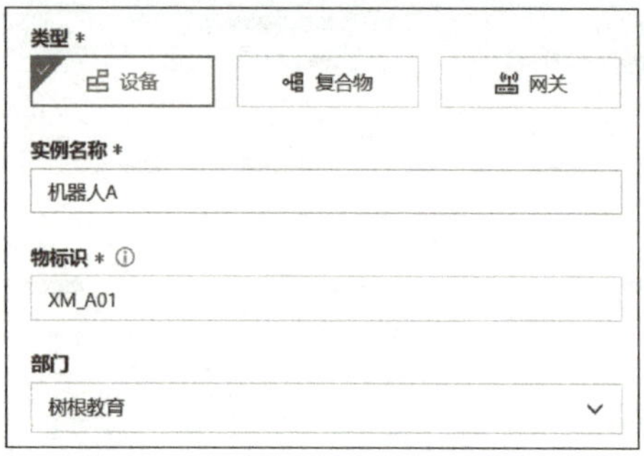
物联信息 物模型：机器人模型 联网方式：通过网关连接 关联网关：工业机器人 A 网关物实例 通讯标识：XM_A01	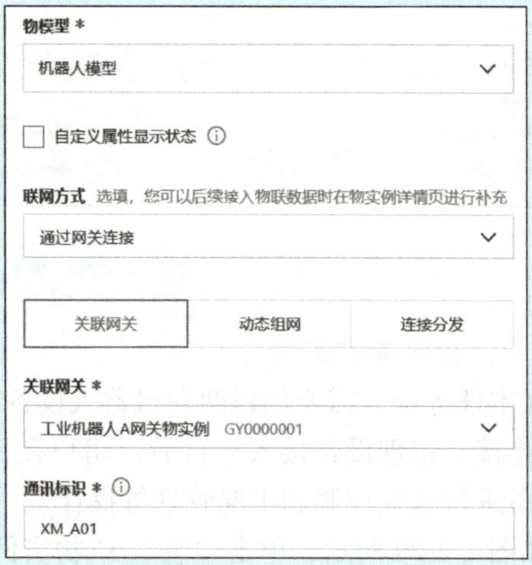

3）进入"接入与建模"页面，在菜单栏中选择"物"→"物实例"单击"注册"按钮。类型选择"设备"，物模型选择"机器人模型"，实例名称自定义为"机器人 B"，物标识定义为"XM_A02"，联网方式选择"通过网关连接"。

4）注册完成后，设备会显示未激活状态，如图 1-2-30 所示，即需要将认证密钥和认证标识配置在设备中。有数据上传到工业互联网平台上，物实例即显示在线状态。本任务采用工业数据采集仿真软件来模拟设备，操作步骤详见拓展资料。

图 1-2-30　物实例未激活状态

1.2.4　拓展资料

工业数据采集仿真软件是一款模拟工业设备运行、模拟设备数据采集的仿真软件。工业数据采集仿真软件包括设备模拟器和采集模拟器。设备模拟器提供模拟设备模板库，有丰富的模拟设备模板，覆盖主流工业设备，如数控机床、工业机器人、压力机、物流分拣设备等。采集模拟器提供典型的数据采集仿真，包括控制器采集、DTU 采集，支持真实还原数据采集的工作流程，提供南向采集配置、北向数据转发配置仿真。工业数据采集仿真软件基于对模拟设备数据进行采集，实现数据接入工业互联网平台的全流程仿真，实现在没有实物设备的情况下，提供丰富的工业设备类型模拟仿真，支持产业数字化中实施关键工作任务。

1. 设备模拟器操作步骤

1）打开设备模拟器，进入设备仿真程序，单击"设备模拟器"按钮，如图 1-2-31 所示，再单击"新建仿真设备"按钮，弹出"新增仿真设备"对话框，本书示例仿真设备的参数设置见表 1-2-14。

拓展资料1—设备模拟器操作步骤

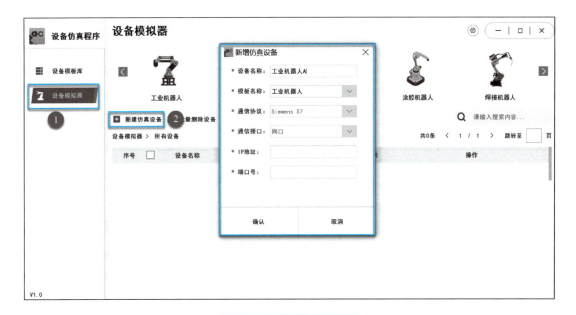

图 1-2-31 新建仿真设备

表 1-2-14 新增仿真设备参数设置

内容	图示
设备名称：工业机器人 A 模板名称：工业机器人 IP 地址：192.168.1.1 端口号：1	

2）新增"工业机器人 A"设备后，单击"编辑"按钮，如图 1-2-32 所示，在仿真设备中添加 3 个参数，见表 1-2-15。

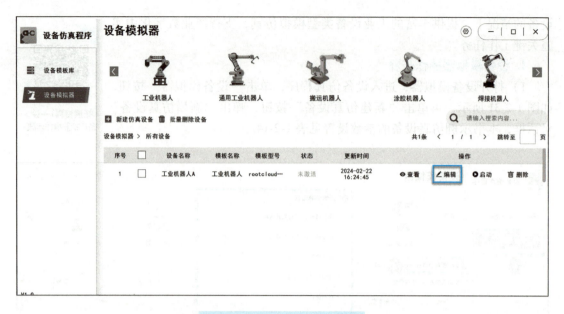

图 1-2-32 单击"编辑"按钮

表 1-2-15 工业机器人参数信息和规则

参数名称	数据类型	寄存器类型	地址	偏移量	触发规则	规则类型
温度传感器	FLOAT	M	10	—	简单规则：设备启动等于固定值1时	随机值：6.4~9.4
互感器	FLOAT	M	20	—	简单规则：设备启动等于固定值1时	随机值：4~6
作业信号	INT	I	4	1	简单规则：设备启动等于固定值1时	随机值：0~1

3）进入设备详情页面，单击"设备参数"按钮，在"模拟数据规则"选项卡中单击"新建参数"按钮，如图 1-2-33 所示，弹出"新增"对话框，参照表 1-2-16 填写参数信息。单击"规则"按钮，弹出"编辑规则"对话框，参照表 1-2-17 设置"温度传感器"参数规则。按照以上操作步骤，继续添加"互感器"和"作业信号"参数。

表 1-2-16 温度传感器参数信息

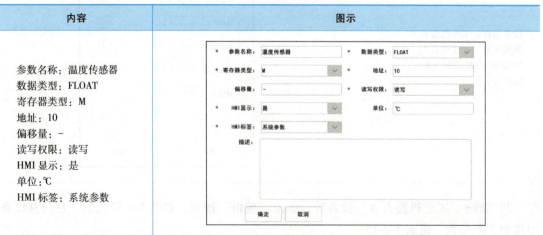

内容	图示
参数名称：温度传感器 数据类型：FLOAT 寄存器类型：M 地址：10 偏移量：- 读写权限：读写 HMI 显示：是 单位：℃ HMI 标签：系统参数	

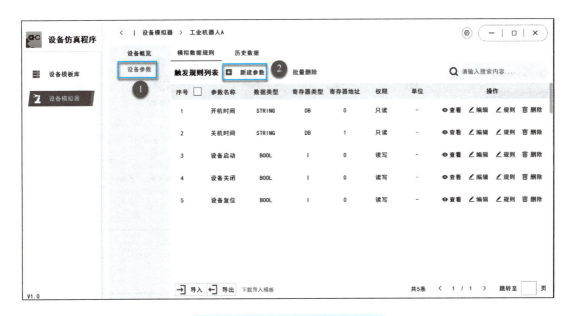

图 1-2-33 单击"新建参数"按钮

表 1-2-17 温度传感器参数规则

内容	图示
触发规则：简单规则 简单规则：设备启动等于固定值 1 时 规则类型：随机值 设定值：6.4~9.4	

4）如图 1-2-34 所示，单击"启动"按钮，设备开始运行。

2. 采集模拟器操作步骤

1）打开采集模拟器，进入网关采集程序。单击"采集模拟器"按钮，如图 1-2-35 所示，再单击"新建采集"按钮，弹出"新增采集"对话框，本书示例采集设备信息的填写见表 1-2-18。

拓展资料2—采集模拟器操作步骤

工业数据处理与分析

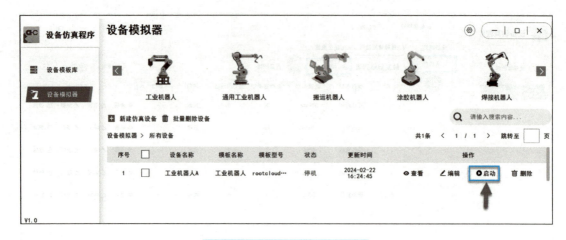

图 1-2-34　单击"启动"按钮

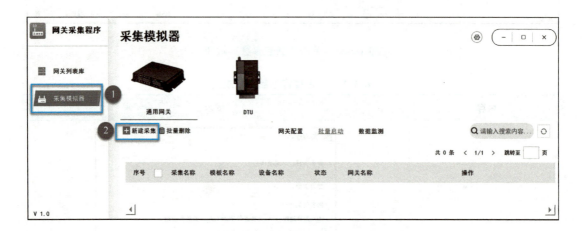

图 1-2-35　单击"新建采集"按钮

表 1-2-18　新建采集设备信息

内容	图示
采集名称：工业机器人A 模板名称：工业机器人 通信协议：Siemens S7 通信接口：网口 设备名称：工业机器人A 网关名称：通用网关 采集频率：1 IP 地址：192.168.1.1 端口号：1	

46

项目 1　工业设备能效指标计算

2）如图 1-2-36 所示，单击"网关配置"按钮，进入"网关配置"对话框，按图 1-2-37 所示操作，在"数据列表"页面单击"新增参数"按钮，根据表 1-2-19 进行数据采集。

图 1-2-36　单击"网关配置"按钮

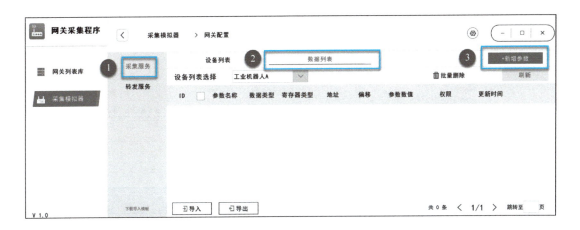

图 1-2-37　单击"新增参数"按钮

表 1-2-19　采集参数信息

ID	参数名称	读写权限	单位	数据类型	寄存器类型	寄存器地址	位偏移地址
io4_adc	温度传感器	读写	℃	FLOAT	M	10	—
io5_adc	互感器	读写	A	FLOAT	M	20	—
io1_sta	开机信号	读写		INT	I	0	3
io2_sta	作业信号	读写		INT	I	4	1

3）参照表 1-2-20 新增采集参数。根据表 1-2-19，依次添加采集参数。

47

表 1-2-20 新增采集参数

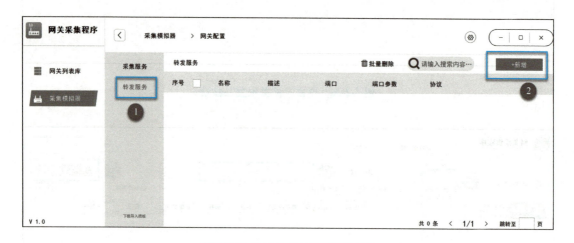

内容	图示
ID：io4_adc 参数名称：温度传感器 读写权限：读写 单位：℃ 数据类型：FLOAT 寄存器类型：M 寄存器地址：10 位偏移地址：-	

4）切换到"转发服务"选项卡，单击"新增"按钮，如图 1-2-38 所示。弹出"新增转发"对话框，参照表 1-2-21 进行配置。

图 1-2-38 单击"新增"按钮

表 1-2-21 新增转发配置

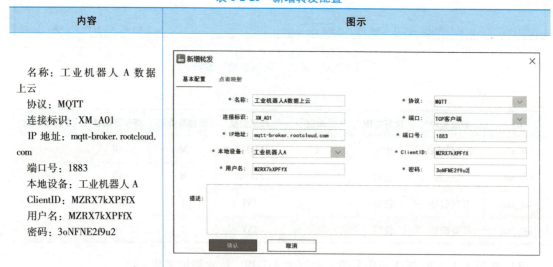

内容	图示
名称：工业机器人 A 数据上云 协议：MQTT 连接标识：XM_A01 IP 地址：mqtt-broker.rootcloud.com 端口号：1883 本地设备：工业机器人 A ClientID：MZRX7kXPFfX 用户名：MZRX7kXPFfX 密码：3oNFNE2f9u2	

48

说明：基本配置中的 IP 地址、端口号是根云平台固定地址和端口号，连接标识是设备物实例连接标识，ClientID、用户名、密码与网关物实例的认证标识和密钥对应，读者应注意根据实际情况操作。

5）在"转发服务"选项卡中，单击"编辑"按钮，如图 1-2-39 所示，进入"点表映射"页面，如图 1-2-40 所示，单击"新增"按钮，弹出"添加映射"对话框，将每个参数进行映射，结果如图 1-2-41 所示。

说明：参数名称与物模型的属性 ID 一一对应。

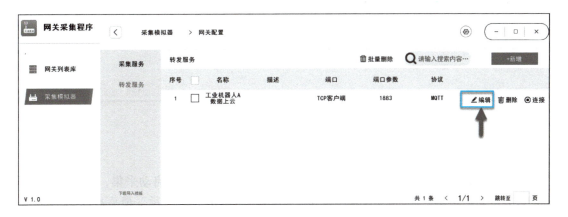

图 1-2-39　单击"编辑"按钮

图 1-2-40　添加映射

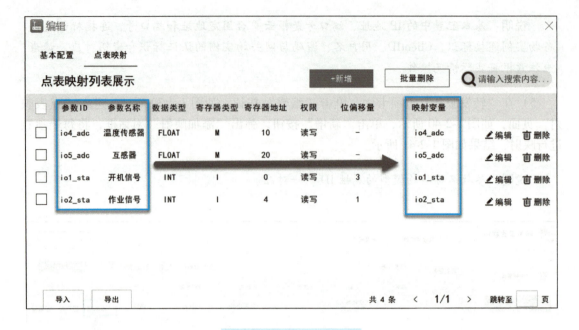

图 1-2-41　点表映射结果

6) 当点表映射完成后,需在采集模拟器中单击"启动"按钮启动采集,如图 1-2-42 所示,进入"转发服务"页面,单击"连接"按钮,如图 1-2-43 所示。最后登录根云平台,进入物实例页面,查看数据,此时物实例显示在线状态,如图 1-2-44 所示。

图 1-2-42　启动采集

项目1　工业设备能效指标计算

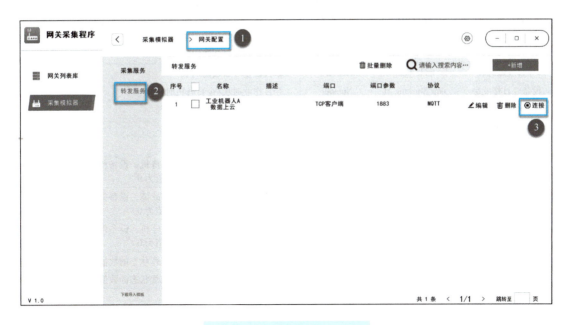

图 1-2-43　单击"连接"按钮

图 1-2-44　物实例在线状态

【任务训练】

根据表 1-2-11，举一反三，在物模型"机器人模型"中添加"今日作业时长""今日待机时长""今日故障时长""设备今日作业率""设备今日故障率"以及"设备今日待机率"，设备属性基本信息和计算规则见表 1-2-22。

51

表 1-2-22 设备属性基本信息和计算规则

属性名称	属性 ID	数据类型	计算规则
今日作业时长	running_hour	Number	单台设备今日作业时长
今日待机时长	waiting_hour	Number	单台设备今日待机时长
今日故障时长	fault_hour	Number	单台设备今日故障时长
设备今日作业率	eqp_working_rt	Number	今日作业时长/今日开机时长
设备今日故障率	failure_rate	Number	今日故障时长/今日开机时长
设备今日待机率	eqp_waiting_rt	Number	今日待机时长/今日开机时长
设备数	device_count	Integer	单台设备的数量为 1
设备待机状态	waiting_status	Integer	设备状态的数值为 2，即为待机，设备待机状态的数值为 1，否则，设备待机状态的数值为 0
设备故障状态	fault_status	Integer	设备状态的数值为 3，即为故障，设备故障状态的数值为 1，否则，设备故障状态的数值为 0
设备停机状态	stop_status	Integer	设备状态的数值为 0，即为停机，设备停机状态的数值为 1，否则，设备停机状态的数值为 0
设备工作状态	work_status	Integer	设备状态为作业时，设备工作状态的数值为 1，否则为 0
设备在线状态	online_status	Integer	设备状态为在线时，设备在线状态的数值为 1，否则为 0

任务 1.3　多设备能效指标计算

1.3.1　任务说明

开发工程师完成了单台设备的能效指标计算，从企业层面来看，多台设备的基础数据也需要进行处理和分析，通过构建多台设备的能效指标体系，计算出企业所有设备的综合能效，为企业能效管理提供依据。

因此，本任务的学习导图和任务目标如图 1-3-1 所示。开发工程师主要完成两项任务：

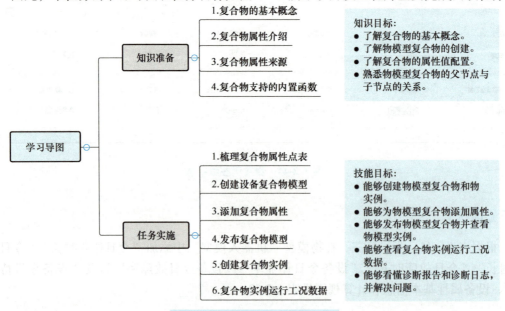

图 1-3-1　学习导图和任务目标

1)根据多台设备的指标体系,建立相应的复合物模型和实例。
2)在复合物模型中,计算多台设备的能效指标。

1.3.2 知识准备

1. 复合物的基本概念

如图 1-3-2 所示,复合物是根云平台独有的多级物模型,支持以多台设备和多层级构建来表达一个"物",实现统一的设备数据管理与计算,简化数字孪生过程,提升应用开发效率。

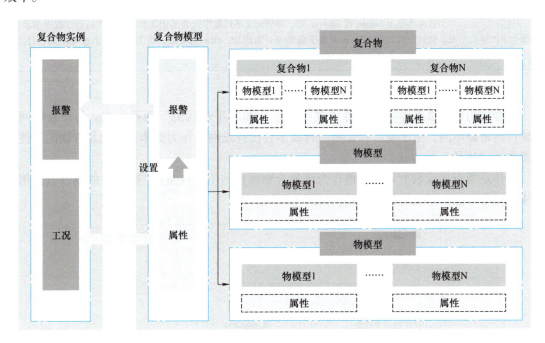

图 1-3-2 复合物模型和物实例

复合物的节点指连接点,一个节点表示一个通信端点。节点可以是物、物应用接口或其他复合物。

复合物的孪生过程同样需要创建物模型和物实例,目前复合物只支持手动注册物实例。

由于复合物主要用于统一管理设备数据,因此复合物模型的属性来源于各个节点,既可以按照指定规则计算后得到节点属性,也可以直接获取节点属性。

以双面镗床为例,该设备可以在同方向两端同时进行镗削加工,以节约时间,其加工工件的两孔同轴度高。考虑到双面镗床左、右两部分相对独立,独立的控制器可以独立上数,因此在对其构造物模型时,可以将左边部分建模为设备"双面镗-左",将右边部分建模为设备"双面镗-右",然后将两设备作为节点添加到"双面镗"这个复合物下,这样就能对两个部分的数据进行关联计算,从而实现对双面镗床的统一管理。

2. 复合物属性介绍

复合物的属性来源于其下游设备,为复合物模型添加属性前,必须先为复合物模型添加至少一个节点。复合物属性值参数配置说明见表 1-3-1。

表 1-3-1 复合物属性值参数配置说明

参数	说明
属性值来源	根据设备数据采集方式不同，选择不同的属性值来源
优先级设置	选择数字 0~9，0 表示最高优先级。例如，属性 A 优先级为 1，属性 B 优先级为 2，则系统优先计算 A 属性的规则
采样周期	从复合物的采样周期方案中，选择该属性的采样周期。例如，属性 A 采样周期设置为 15s，当第 1s A 上数后，数据会先缓存起来，等到第 15s 时才去计算和显示
为属性添加定义	当属性类型为 Integer 或 Boolean 时，能够定义不同数字代表的中文状态，并在运行工况中显示出来。例如，可以定义 Boolean 类型属性 true 为成功，false 为失败，当实体设备上报 true 到平台时，平台实例展示工况为 true（成功）

3. 复合物属性来源

复合物的属性值来源同样支持"规则指定"和"手动写值"两种方式。与设备和网关的属性值来源不同，由于复合物是将一台或多台设备或网关作为整体，因此复合物的属性值来源支持"透传"的方式。

透传是指直接读取节点属性值作为该复合物属性的值。注意："透传"的属性只适用于单实例设备节点，不支持批量创建，如图 1-3-3 所示。

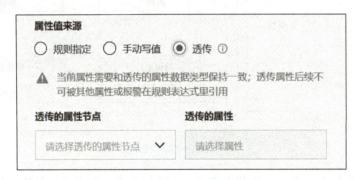

图 1-3-3 透传

4. 复合物支持的内置函数

复合物主要支持的内置函数见表 1-3-2。

表 1-3-2 复合物主要支持的内置函数

函数名	语法	示例	描述
$child()	$child(String aggregateFunction, String nodeId, String property)	$child("max","node","speed") 返回：当前复合物 node 节点下所有实例中 speed 的最大值	返回复合物多设备节点属性聚合值，仅适用于复合物模型多设备节点 ** aggregateFunction ** 为聚合函数名称，支持的函数有 sum、count、avg、min、max、dev、range、fist、last；** nodeId ** 为多设备节点的节点 ID；** property ** 为属性 ID

1.3.3 任务实施

1. 梳理复合物属性点表

通过拆解指标体系，整理出复合物属性点表，包括属性名称、属性 ID、数据类型和计算规则，详见表 1-3-3。

表 1-3-3 复合物属性点表

属性名称	属性 ID	数据类型	计算规则
设备数	node1_device_count	Integer	总设备数量
设备待机总数	node1_waiting_status	Integer	状态为"待机"的设备数量求和
设备故障总数	node1_fault_status	Integer	状态为"故障"的设备数量求和
设备停机总数	node1_stop_status	Integer	状态为"停机"的设备数量求和
设备工作总数	node1_work_status	Integer	状态为"作业"的设备数量求和
设备在线总数	node1_online_status	Integer	在线状态为"true"的设备数量求和
所有设备当日作业时长	node_1_running_hour	Number	所有设备当日作业时长之和
所有设备当日开机时长	node_1_open_hour	Number	所有设备当日开机时长之和
所有设备当日待机时长	node_1_waiting_hour	Number	所有设备当日待机时长之和
所有设备当日故障时长	node_1_fault_hour	Number	所有设备当日故障时长之和
所有设备当日开机率	node_1_open_rate	Number	所有设备开机时间之和/（N×自然时间）×100%
所有设备当日作业率	node_1_work_rate	Number	所有设备作业时间之和/（∑开机时间）×100%
所有设备当日待机率	node_1_waiting_rate	Number	所有设备待机时间之和/（∑开机时间）×100%
所有设备当日故障率	node_1_failure_rate	Number	所有设备故障时间之和/（∑开机时间）×100%

2. 创建设备复合物模型

1）单击"物"→"物模型"→"复合物"按钮，进入物模型创建页面，单击"创建"按钮，具体的操作如图 1-3-4 所示。

2）在创建物模型对话框中选择物模型的类型并完成参数配置，详见表 1-3-4。完成参数配置后单击"创建"按钮。

6.创建设备复合物模型

图 1-3-4 创建复合物模型

表 1-3-4　参数说明

参数说明	图示
物模型名称：自定义模型名字，例如：机器人复合物 采样周期方案：复合物采集各节点工况值的时间周期，用于实现复合物属性各节点工况数据时间的对齐，单位为秒，填写范围为 15~600s，可以添加多个方案，然后在添加属性时根据需要选择不同的方案。例如，采样周期为 15s，则每 15s 复合物会获取一次每个节点属性最新的工况值，作为计算自身属性的输入值 自动清空窗口：用于判断在采样周期内，若节点没有工况数据时，上报什么值给复合物。当存在两个及以上的采样周期方案时，该参数不可用。勾选该项，该采样周期内若没有工况数据，则上报空值；不勾选该项，该采样周期内若没有工况数据，则上报前一采样周期的值	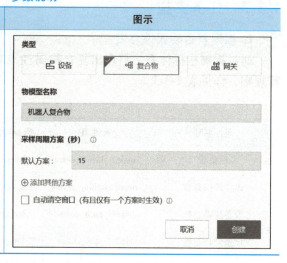

3）平台自动跳转至设备详情页面，此时模型状态为"未发布"。如图 1-3-5 所示，单击"添加节点"按钮。

图 1-3-5　单击"添加节点"按钮

> **说明**：模型发布后不能修改参数，未发布的模型无法创建物实例。仅复合物模型需要执行添加节点操作。节点是当前复合物与设备、网关或其他复合物的连接点，一个复合物需要存在至少一个节点。平台支持单个添加节点和批量添加节点。

4）一个节点仅对应一种物模型，复合物模型未发布时，平台支持更换节点关联的模型。单击"添加节点"按钮，平台自动弹出对话框，可进行节点配置，节点名称自定义为"机器人模型"，节点 ID 为"node_1"，物模型选择"设备/机器人模型"，勾选"允许部署多个物实例"，一个节点允许部署该物模型下的多个物实例，如图 1-3-6 所示。

图 1-3-6　部署物实例

3. 添加复合物属性

1）根云平台支持复合物从其节点中快速添加属性，以减少添加属性时的重复步骤。如图 1-3-7 所示，单击"批量添加"→"从节点快速添加"按钮，勾选节点中需要添加的已存在属性，单击"下一步"按钮，如图 1-3-8 所示。

7.1 添加复合物属性

2）如图 1-3-9 所示，可修改从节点快速添加的属性信息，包括属性名称、属性 ID 和规则，其中属性名称和属性 ID 修改处可以选择更改格式。单击"确认添加"按钮，完成快速添加。

图 1-3-7　单击"从节点快速添加"按钮

图 1-3-8　添加属性

3）手动添加。复合物手动添加的步骤与设备物模型的添加步骤相同。

（1）添加"设备工作总数"属性

1）单击"手动添加"按钮，依据表 1-3-3，添加"设备工作总数"属性的基本信息，本书示例使用的属性名称为"设备工作总数"，属性 ID 为"node1_work_status"，数据类型使用"Integer"，如图 1-3-10 所示。

7.2 添加"设备工作总数"属性

图 1-3-9 修改属性信息

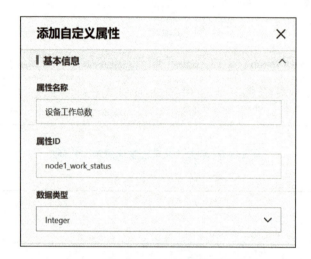

图 1-3-10 设备工作总数的基本信息

2）进行"设备工作总数"属性配置，如图 1-3-11 所示，属性值来源选择"规则指定"，在弹出的计算规则编程窗口中进行代码编写，"设备工作总数"属性的计算规则代码内容如下：

图 1-3-11 "设备工作总数"属性的计算规则代码

```
//对节点 ID 为 node_1 下所有物实例工作状态数 "work_status"进行求和
$child("sum","node_1"," work_status")
```

项目1　工业设备能效指标计算

3）对"设备工作总数"属性进行更多配置，采样周期选择"15s（默认）"，历史数据保存方式选择"全部保存"，如图1-3-12所示。

图1-3-12　"设备工作总数"属性的更多配置

（2）添加"所有设备当日开机时长"属性

1）单击"手动添加"按钮，依据表1-3-3，添加"所有设备当日开机时长"属性的基本信息，本书示例使用的属性名称为"所有设备当日开机时长"，属性ID为"node_1_open_hour"，数据类型使用"Number"，如图1-3-13所示。

7.3 添加"所有设备今日开机时长"属性

图1-3-13　"所有设备当日开机时长"属性的基本信息

2）进行"所有设备当日开机时长"属性配置，如图1-3-14所示，属性值来源选择"规则指定"，在弹出的计算规则编程窗口中进行代码编写，"所有设备当日开机时长"属性的计算规则代码内容如下：

```
//获取当前时间戳(单位毫秒)
long dataTimestamp=__timestamp__.longValue()
//获取上次上云时间戳(单位毫秒)
```

59

```
long lastStamp= $ lastStamp()?:dataTimestamp
//指定'年-月-日'转化格式
java.text.SimpleDateFormat sf = new java.text.SimpleDateFormat("yyyy-
MM-dd")
//将格式为长整型的当前时间戳转化为'年-月-日'格式的字符串
String nowTimeStr=sf.format(new java.util.Date(dataTimestamp))
//将格式为长整型的上一时间戳转化为'年-月-日'格式的字符串
String lastTimeStr=sf.format(new java.util.Date(lastStamp))
//当前日期和上一次上云日期相比较,如果不相等
if (nowTimeStr<=>lastTimeStr){
    // 属性值置为 0
    return 0
}
//对节点 ID 为 node_1 下所有物实例当日开机时长 ID open_hour 属性进行求和
return $ child("sum","node_1","open_hour")
```

图 1-3-14 "所有设备当日开机时长"属性的计算规则代码

3）对"所有设备当日开机时长"属性进行更多配置，采样周期选择"15s（默认）"，属性值小数点位数保留方式选择"保留 6 位"，历史数据保存方式选择"全部保存"，如图 1-3-15 所示。

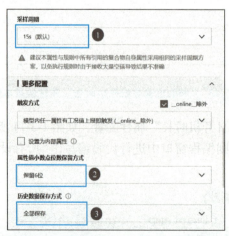

图 1-3-15 "所有设备当日开机时长"属性的更多配置

(3) 添加"所有设备当日开机率"属性

1) 单击"手动添加"按钮,依据表 1-3-3,添加"所有设备当日开机率"属性的基本信息,本书示例使用的属性名称为"所有设备当日开机率",属性 ID 为"node_1_open_rate",数据类型使用"Number",如图 1-3-16 所示。

7.4 添加"所有设备当日开机率"属性

图 1-3-16 "所有设备当日开机率"属性的基本信息

2) 进行"所有设备当日开机率"属性配置,如图 1-3-17 所示,属性值来源选择"规则指定",在弹出的计算规则编程窗口中进行代码编写,"所有设备当日开机率"属性的计算规则代码内容如下:

```
//获取所有设备当日开机时长
def total_openhour=$child("sum","node_1","open_hour")
//统计开机设备数量
def total_device=$child("count","node_1","open_hour")
//公式:所有设备开机时间之和/(N*自然时间)*100%
return total_openhour * 100 /(total_device * 24)
```

图 1-3-17 "所有设备当日开机率"属性的计算规则代码

3) 对"所有设备当日开机率"属性进行更多配置,采样周期选择"15s(默认)",历史数据保存方式选择"全部保存",属性值小数点位数保留方式选择"保留 2 位",如图 1-3-18 所示。

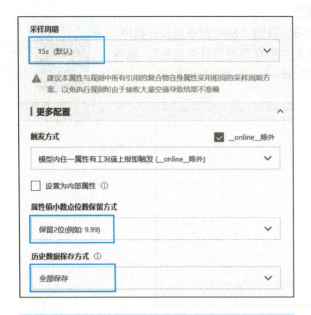

图 1-3-18 "所有设备当日开机率"属性的更多配置

4. 发布复合物模型

单击页面右上角的"发布"按钮发布复合物模型,如图 1-3-19 所示。模型发布后不能修改参数,未发布的模型无法创建物实例。

图 1-3-19 发布复合物模型

5. 创建复合物实例

1)单击"物"→"物实例"→"复合物"按钮,进入物实例创建页面,单击"注册"按钮,完成参数配置。关键参数说明见表 1-3-5。

表 1-3-5 关键参数说明

参数	是否必填	说明
选择物模型	是	仅能选择已经创建并发布的设备或网关模型
物实例名称	是	自定义物实例的名称,如 1 号水塔等
物标识	是	物标识平台用来识别云上的这个物实例对应的是线下哪个实体设备。物标识是物理设备在根云平台上的唯一标识,通常可以使用设备的序列号、IMEI 号、MAC 地址等,也可以由用户自定义
标签	否	用于标记设备,便于后续查找。可批量添加标签,每台设备最多可添加 10 个标签

2)如图 1-3-20 所示,填写复合物实例基本信息,选择"机器人复合物"物模型,自定义实例名称为"机器人复合物实例",物标识自定义为"FH01"。

项目 1　工业设备能效指标计算

图 1-3-20　填写复合物实例基本信息

3）单击"下一步"按钮，为每个复合物节点指定物实例，也可暂不指定物实例。每个节点可部署一个还是多个物实例，由创建物模型节点时是否开启"允许部署多个物实例"开关决定。如图 1-3-21 所示，勾选"机器人 A"和"机器人 B"，然后单击"完成"按钮。

图 1-3-21　部署实例

6. 复合物实例运行工况数据

1）在物实例页面，单击具体实例名称或"查看"按钮，进入物实例详情页面。

2）如图 1-3-22 所示，进入物实例详情页面后，默认展开复合物实例的详细信息，包括基本信息、运行工况、指令和报警等。

10.复合物实例运行工况数据

63

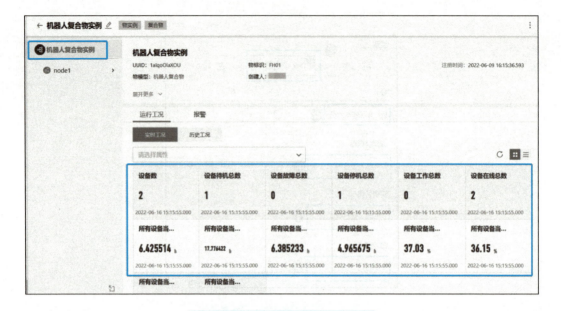

图 1-3-22　复合物实例的详情页面

3）如图 1-3-23 所示，单击节点的列表，可以选择查看某一节点的物实例详情，包括基本信息、运行工况、指令和报警等。

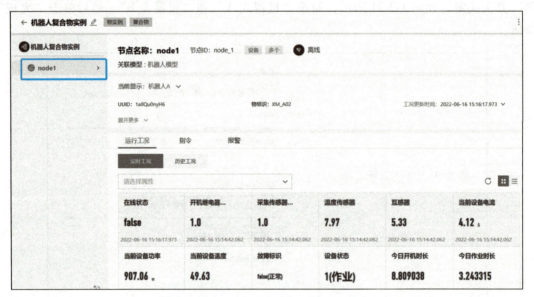

图 1-3-23　查看某一节点的物实例详情

4）如图 1-3-24 所示，单击"查看趋势"按钮。页面跳转到趋势分析报告，可查看指标趋势，如图 1-3-25 所示。

1.3.4　拓展资料

下面介绍一些常见的表达式错误示例，并提供相应的解决方法，便于在填写规则表达式时进行问题排查。

图 1-3-24　单击"查看趋势"按钮

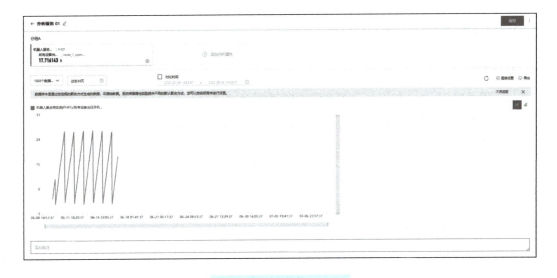

图 1-3-25　趋势分析报告

1）带有复杂逻辑判断的嵌套表达式程度示例：

(last！=null && EPPCorrectionForEMS＞last &&（EPPCorrectionForEMS-last)＜(DurationInstant ? DurationInstant ＊ 2:2))? (EPPCorrectionForEMS-last):0;

运行结果：

Parse error:line 1:122 extraneous input '?'

修改建议：现在支持格式（b1？b2：b3)？3：4 的条件表达式嵌套条件表达式，但是不支持条件表达式再嵌套复杂的逻辑判断。修改程序如下：

```
// 定义一个新变量
def newVar=DurationInstant ? DurationInstant * 2:2
// 在表达式中引用新变量
(last !=null && EPPCorrectionForEMS>last && (EPPCorrectionForEMS-last)<newVar)? (EPPCorrectionForEMS-last):0;
```

2) for 循环程度示例：

```
for(int i=0;i<10;i++){}
```

运行结果：

```
Parse error:line 1:13 no viable alternative at input '0;'
```

修改建议：为防止用户写出超长循环的 for 语句，不支持 for（int i=0；i<=10；i++）这种格式的 for 循环。修改程序如下：

```
//请将 for 循环改写成如下格式：
def intArray=[0,1,2];for (def i:intArray){}
```

3) 强制类型转化程序示例：

```
(int)1/2
```

运行结果：

```
Parse error:line 1:1 unknown property:int
```

修改建议：不支持类似（int）格式的强制类型转换，将（int）1/2 表达式改写成（1/2）.intValue()。

【任务训练】

根据任务 1.3 中任务实施部分内容，举一反三，在"机器人复合物"中添加设备指标属性，属性信息和规则见表 1-3-6。

表 1-3-6　属性信息和规则

属性名称	属性 ID	数据类型	计算规则
设备数	node1_device_count	Integer	总设备数量
设备待机总数	node1_waiting_status	Integer	状态为"待机"的设备数量求和
设备故障总数	node1_fault_status	Integer	状态为"故障"的设备数量求和
设备停机总数	node1_stop_status	Integer	状态为"停机"的设备数量求和
设备在线总数	node1_online_status	Integer	在线状态为"true"的设备数量求和
所有设备当日作业时长	node_1_running_hour	Number	所有设备当日作业时长之和
所有设备当日待机时长	node_1_waiting_hour	Number	所有设备当日待机时长之和
所有设备当日故障时长	node_1_fault_hour	Number	所有设备当日故障时长之和

(续)

属性名称	属性 ID	数据类型	计算规则
所有设备当日作业率	node_1_work_rate	Number	所有设备作业时间之和/(∑开机时间)×100%
所有设备当日待机率	node_1_waiting_rate	Number	所有设备待机时间之和/(∑开机时间)×100%
所有设备当日故障率	node_1_failure_rate	Number	所有设备故障时间之和/(∑开机时间)×100%

任务1.4　工业设备实时数据存储

1.4.1　任务说明

在工业互联网平台上，工业数据经过处理计算，再存储到外部数据库中，在进行数据分析时，可以通过调用外部数据库的数据，进行专题分析。

开发工程师已经完成了多设备能效指标计算。在本任务中，开发工程师需要根据调研结果了解业务需求，在工业互联网平台上进行数据的存储，并验证设备数据是否正确。因此，本任务的学习导图和任务目标如图1-4-1所示。开发工程师需要完成以下两项任务。

图 1-4-1　学习导图和任务目标

1）连接外部数据库、建立实时数据开发任务。
2）将工业数据存储到外部数据库的外部表中，并能查询到数据。

1.4.2　知识准备

1. 流式计算的概念

流式计算是一种处理和分析连续数据流的计算范式，它允许数据在生成时即被实时处理和分析。这种计算模式对于需要快速响应的场景非常关键，如金融交易、网络监控、实时推荐系统等。流式计算的核心在于它能够持续不断地处理数据流，而不需要等待整个数据集合齐全后再进行批处理。Apache Flink 是一个开源的流处理框架，用于分布式、高性能、永久运行的流式计算。Flink 提供了丰富的 API，支持事件时间处理、窗口操作、状态管理等高级流处理功能，使得它非常适合复杂的流处理场景。

流式计算是处理实时数据流的重要计算范式，而 Flink 作为一个先进的流处理框架，提供了强大的功能和高性能。Flink 是一个能够处理任务类型数据流的框架，任务类型的数据都可以形成一种事件流，如电商的购物订单或信用卡交易记录等。这些数据都是按照时间的顺序产生并输出到指定位置的，在流式计算领域被称为数据流。

数据可以被分为无界数据流和有界数据流。无界数据流和有界数据流是流式计算领域中两个基本的概念，它们描述的是输入数据的性质和处理方式的根本区别。这两个概念在设计数据处理系统时至关重要，尤其是在选择处理模型、数据存储和计算资源管理策略时。

无界数据流是指数据源持续生成数据，没有明确的结束点。这类数据流的特点是持续不断、实时输入，其数据量未知且理论上是无限的。由于无法预知整个数据集的范围，处理这类数据流的系统必须能够实时处理数据，并且能够在数据到达时立即进行分析和决策。无界数据流的特点包含①持续性：数据源不断产生数据，没有明确的终止条件；②实时性：系统需要对数据进行即时处理，以满足实时分析和决策的需求；③动态性：数据流的速度和模式可能会随时间变化。无界数据流广泛应用于需要进行实时数据分析和监控的场景，如实时金融交易监控、社交媒体流分析、物联网设备监控等。

有界数据流是指数据源有明确的开始和结束，数据集是有限的。这种类型的数据流适用于可以预先知道数据量大小的场景，允许系统在处理数据前对整个数据集有一个全面的了解。处理有界数据流的系统通常采用批处理模式，等待所有数据到齐后进行一次性处理。有界数据流的特点包含①有限性：数据流有明确的起止点，数据量是有限的；②批处理：数据可以被存储起来，然后作为一个整体进行处理分析；③预测性：相对于无界数据流，处理有界数据流的资源分配和性能优化更加容易预测和管理。有界数据流主要应用于数据量已知且需要一次性处理的场景，如历史数据分析、日志文件处理、大规模数据集的机器学习训练等。

实际场景中，所有数据本质上都以连续的流形式产生。针对这些数据流，实践中常用两种不同的处理方式，一种是随着数据的生成及时进行处理，即流式计算；另一种是先将数据暂存于存储系统，之后再进行集中处理，即批处理计算。

流式计算可以类比于工厂中的自动化流水线。在这样的流水线上，原材料被逐步转化成最终产品，每个转化步骤（或工序）连续且自动地处理着源源不断传来的半成品，并将处理后的半成品继续传递至下一个工序。这与流式计算中数据流通过多个处理算子的过程颇为相似。在流式计算的上下文中，算子可以视为流水线上的各个工序，而数据流的并行处理则相当于工厂运行多条流水线以提高产能。此外，某些情况下，算子可能需要积累一定量的数据后才开始处理，这与流水线上某些特定工序等待足够的半成品积累后才开始加工的情况相对应。

2. 实时数据开发的基本概念

实时数据开发的执行模式如图 1-4-2 所示。对于设备管理员来说，将设备接入平台并上报数据后，对采集的数据进行计算，或直接透传输出到指定数据库中，是实现设备运行情况分析、指标预警、故障检测、数据大屏展示等功能的重要前提。同时，实时数据开发具备秒级返回业务指标和快速进行多维分析等实时数据化能力。

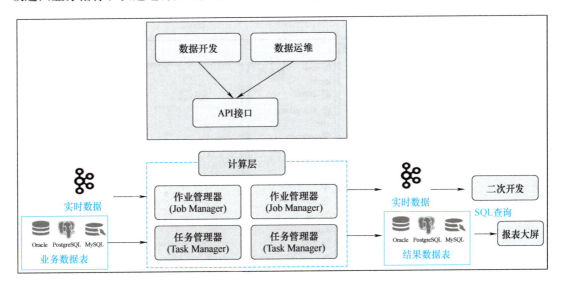

图 1-4-2　实时数据开发的执行模式

在创建实时数据开发的过程中，通过拖拽任务节点建立任务节点的关联，通过可视化 DAG 形成数据处理任务定义，表 1-4-1 是在实时任务开发过程中的重要概念说明。

表 1-4-1　重要概念的说明

开发名称	说明
计算任务	计算任务是数据计算服务的基本计算单元，数据获取、数据处理和计算结果输出都是通过任务完成的。任务的执行过程是个有向无环图（Directed Acyclic Graph，DAG），图中的点是执行阶段，各个执行阶段的依赖关系是图的边。数据计算会依照图中的节点和边依赖关系执行各个阶段
任务流	大数据的计算、分析和处理，一般由多个任务单元组成（Hive、Sparksql、Spark、Shell 等），每个任务单元完成特定的数据处理逻辑。任务流预估出每个任务处理所需时间，根据先后顺序，计算出每个任务执行的起止时间，通过定时执行任务的方式，让整个系统保持稳定的运行
任务流实例	每一个离线任务根据调度周期，在每一次运行时生成一个任务流实例
任务实例	任务流由多个任务组成，一个任务流实例执行的过程中，每个组成该任务流的任务均生成一个任务实例，所有任务实例执行完毕，即任务流执行完成。任务实例状态包括启动中、运行中、运行失败、停止中、已停止
任务模板	数据计算服务把使用频率高的计算任务当作任务模板存储，以减少用户创建任务和调试的时间
数据源	计算任务获取数据的源地址和计算结果输出的目标地址为数据源。数据平台支持内部数据源，非数据平台手动添加的数据源称为外部数据源。内部数据源在数据平台内部获取数据连接。外部数据源是用于交付项目中指定的外部数据源，外部数据源可能是外部输入的业务数据表，也可能是计算结果输出到外部数据库中
输入节点	计算任务数据输入的源头，支持数据平台的 Kafka 订阅数据，按物模型和设备列表选择
处理节点	计算任务过程数据过滤和时间聚合计算相关的处理节点，支持按条件筛选和 Flink SQL 查询语句
输出节点	计算任务结果数据的输出目的地为输出节点，支持 MySQL 和 PostgreSQL 等

3. 数据流启动要求

实时数据开发页面可以分为三块区域，如图 1-4-3 所示，页面左侧为任务流列表，中间是节点库，右侧是节点编排区域及数据流程，单击具体某个节点会展示当前选中节点属性编辑区域。

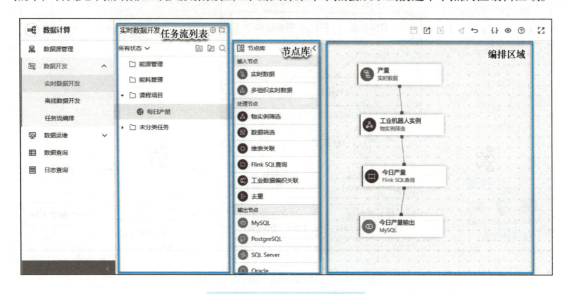

图 1-4-3　实时数据开发界面

实时数据开发的流程主要由三部分组成，分别是输入节点、处理节点和输出节点。通过拖拽任务节点建立它们之间的关联，通过可视化 DAG 形成的数据处理任务定义。

数据开发的数据流需要满足以下要求才能正常启动：①有且仅有一个输入节点；②每个节点有且仅有一个前节点；③至少有一个输出节点。

实时数据开发编辑状态的页面如图 1-4-4 所示。

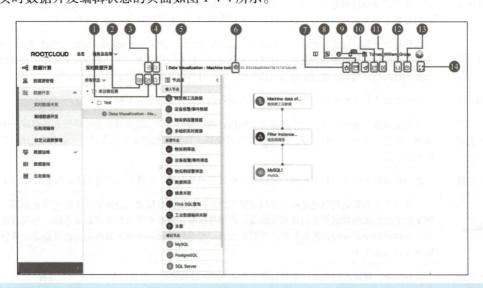

图 1-4-4　实时数据开发的编辑状态的页面
1—编辑文件夹　2—折叠文件夹　3—添加任务流　4—添加文件夹　5—查找任务流　6—未发布　7—调试
8—保存　9—发布　10—导出任务流　11—撤回任务流　12—查看 JSON　13—帮助　14—最大化画布

实时数据开发的发布状态页面如图 1-4-5 所示。

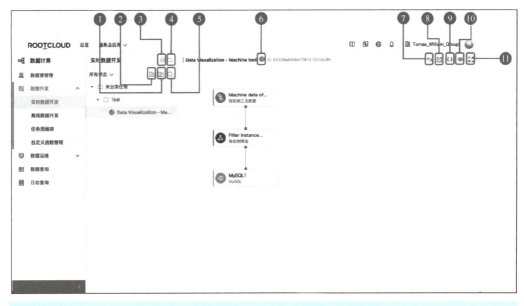

图 1-4-5　实时数据开发的发布状态的页面
1—编辑文件夹　2—折叠文件夹　3—添加任务流　4—添加文件夹　5—查找任务流　6—已发布
7—撤回任务流　8—导出任务流　9—查看 JSON　10—预览　11—最大化画布

1.4.3　任务实施

1. 新建数据库用户

1）Navicat Premium 数据库工具的安装步骤详见附录 E，建立数据库和表的操作步骤参考 1.4.4 拓展资料。如图 1-4-6 所示，在 Navicat Premium 中新建用户。

11.新建数据库用户及添加数据源

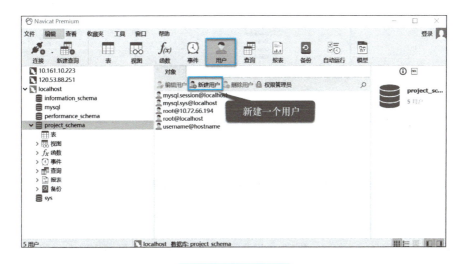

图 1-4-6　新建用户

2）如图 1-4-7 所示，输入用户名、主机、密码等信息，其中"主机"是指允许访问 MySQL 数据库的 IP。新用户创建完成后，需要给新用户赋予权限，如图 1-4-8 所示，进入权限管理，单击"添加权限"按钮，即可给用户赋予每个数据库的增加、删除、更改和查询等权限。

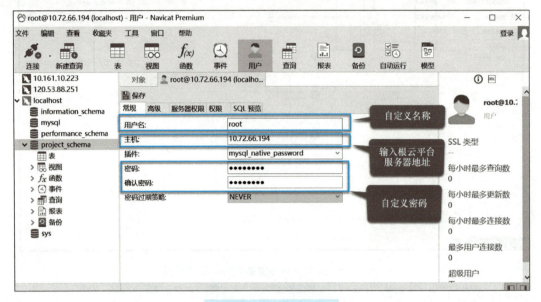

图 1-4-7　编辑用户信息

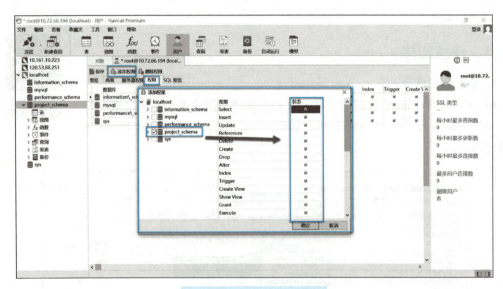

图 1-4-8　给用户添加权限

说明：在根云平台数据计算中，添加数据源时，发生如图 1-4-9 所示报错：
连通性测试失败
失败原因：Error:Timeout connecting to MySQL database,error message: null,message from server:"Host '10.72.66.194' is not allowed to connect to this MySQL server"

项目 1　工业设备能效指标计算

则说明主机"10.72.66.194"不被允许连接 MySQL 数据库，需要在数据库中为"10.72.66.194"开通白名单，操作如图 1-4-7 和图 1-4-8 所示。

图 1-4-9　报错

2. 添加数据源

1）登录控制台，进入"数据计算"模块，在菜单栏选择"数据源管理"，如图 1-4-10 所示。单击"添加"按钮，添加关系型数据库 MySQL，如图 1-4-11 所示。

图 1-4-10　添加数据源

图 1-4-11　选择 MySQL 数据库

73

2）如图 1-4-12 所示，添加 MySQL 数据源，数据源名称可自定义，本书示例为"project"，选择使用主机地址方式添加数据源，本书示例主机 IP 为"120.53.88.251"，数据库名称为"project_schema"。单击"测试联通性"按钮，显示"连通性测试成功"即表示根云平台与 MySQL 数据库能正常通信，最后单击"确定"按钮，即添加成功。

图 1-4-12　添加 MySQL 数据源

3. 创建实时数据开发

平台提供计算处理实时数据的工具，为了降低开发实时数据分析的作业门槛，数据计算服务提供了图形化实时数据开发任务的能力，可以通过拖拽方式快速实现实时数据开发并上线，轻松搭建实时数据计算任务。实时数据开发任务的特点是有且仅有一个输入节点，每个节点有且仅有一个前节点，有至少一个输出节点。

12.创建实时数据开发，编辑输入节点和处理节点

1）登录控制台，进入"数据计算"模块，在菜单栏选择"数据开发"→"实时数据开发"→"创建任务流"命令，如图 1-4-13 所示。

2）在弹出的"创建实时数据开发"对话框中，填入自定义的名称并选择上级文件夹，如果选择模板进行创建，名称及描述可自定义或引用模板参数，如图 1-4-14 所示，单击"确定"按钮，完成创建。

3）平台自动跳转到开发页面，在画布中以拖拽的方式进行实时数据开发。如图 1-4-15 所示，实时数据开发的流程主要由三部分组成，包括输入节点、处理节点和输出节点。

4. 编辑输入节点

实时数据的输入节点定义了需要输入和处理的数据，每个数据处理流程只能有一个输入节点。实时数据来源为数据平台 kafka 的实时数据。

1）"拉取数据位置"有两个选项，分别是"从上次的位置拉取数据"和"从最新的位置拉取数据"从上次的位置拉取数据：该设置不会丢数据，会基于上一次处理到的数据继续处理。从最新的位置拉取数据：会丢弃历史数据，从最新的数据进行处理，该设置可以避免处理历史数据耗时过长。实时数据节点只能连接物实例筛选节点。

2）单击"实时数据节点"。节点名称可以自定义，本书示例为"机器人复合物实时数据"，拉取数据位置选择"从最新的位置拉取数据"，数据源类型选择"实时数据"，如图1-4-16所示。

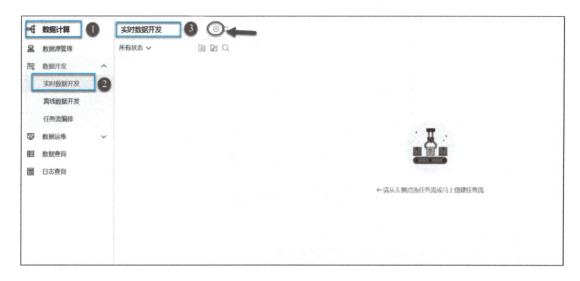

图 1-4-13　创建实时数据开发任务

图 1-4-14　填写实时数据开发任务信息

5. 编辑处理节点

处理节点定义了如何处理数据。处理节点允许存在多个，每个处理节点都支持多个下级节点，且处理节点顺序可以自由组合。物实例筛选节点只能连接实时数据输入节点，选择物实例，对物实例属性进行映射输出。平台自动识别选中物实例的公共字段作为输入字段。

工业数据处理与分析

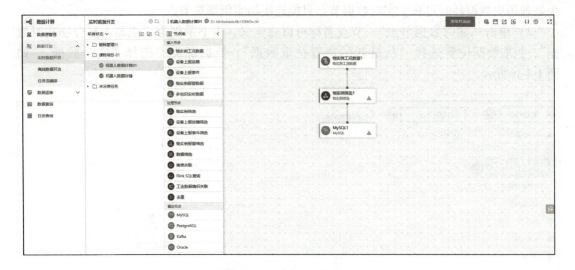

图 1-4-15　实时数据开发流程

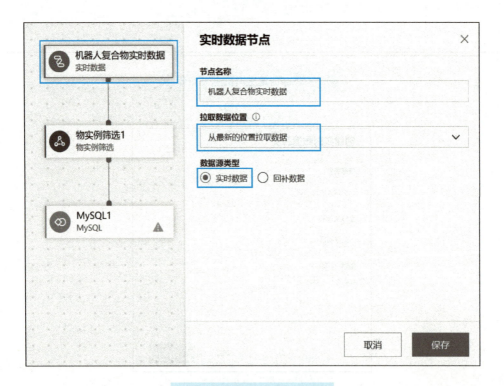

图 1-4-16　编辑实时数据节点

单击"物实例筛选 1",编辑节点名称,本书示例为"机器人复合物实例"。物实例选择"机器人复合物",在输出映射中单击"添加字段"按钮,选择"所有设备当日开机率""所有设备当日作业率""所有设备当日故障率""所有设备当日待机率",如图 1-4-17 所示。

6. 编辑输出节点

输出节点定义了数据最后输出的字段,输出到什么数据库中,是否以时间聚合进行输出

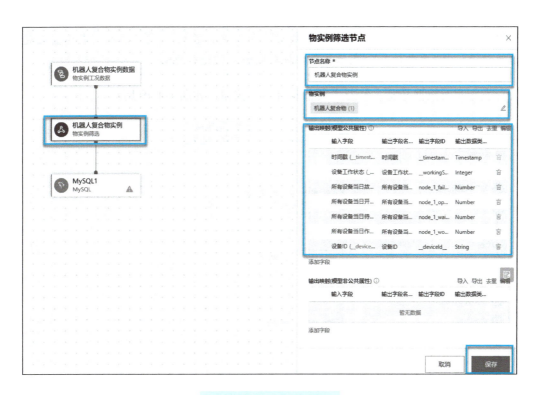

图 1-4-17 编辑处理节点

等。实时数据支持输出到 MySQL、Kafka、PostgreSQL、Oracle 等数据库，还支持输出到资产管理的指标数据库表中。

1) 单击"MySQL1"节点，编辑节点名称，本书示例为"机器人数据存储"。目标数据源选择"MYSQL/project"，插入方式选择"插入"，输出映射选择需要写入目标数据源的字段，如图 1-4-18 所示。

13. 编辑输出节点及数据查询

图 1-4-18 编辑输出节点

> **说明**：插入方式有两种，分别为"插入"和"更新插入"。①"插入"表示直接追加数据库记录；②"更新插入"表示基于数据库的唯一键进行更新。

2）发布实时数据开发，单击"发布并启动"按钮，如图1-4-19所示。

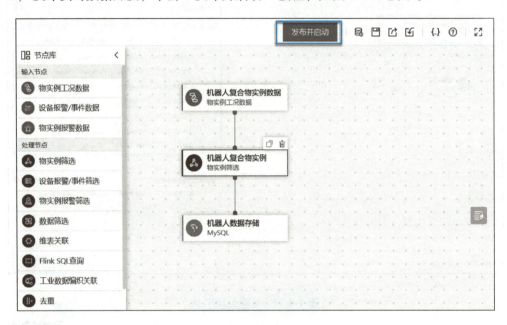

图1-4-19 发布实时数据开发

7. 数据查询

平台提供数据维表的内容浏览功能，无须借助外部用户端工具，即可浏览数据维表和计算结果。数据维表包括在数据源管理中添加的外部数据源和平台内部数据源的所有维表。当启动编排的数据处理任务后，按照指定方式计算的数据结果就会存入相应的数据维表中，刷新数据维表即可查看。数据查询页面有"表信息""数据预览""SQL 查询"三个选项卡，如图1-4-20所示。

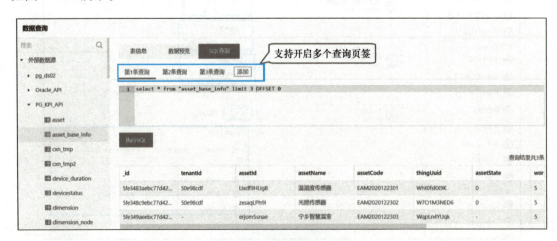

图1-4-20 数据查询页面

（1）表信息　在"表信息"选项卡中可以查询 MySQL、PostgreSQL、Oracle 三种类型数据的表信息。表信息中包含数据维表的详细信息，如维表的名称、总共的字段数、每个字段的名称、数据类型、可为空、是否为主键等信息。

（2）数据预览　在"数据预览"选项卡中可以快速查询关系数据库中的数据，能够查看数据维表中每个字段的具体数据。

（3）SQL 查询　在"SQL 查询"选项卡中可以通过 SQL 语句查询关系数据库中的数据，支持通过 SQL 查询语句从数据维表中获取数据。"SQL 查询"选项卡支持开启多个查询页签，方便查询时进行数据比对。

1.4.4　拓展资料

数据库和表的创建

右击数据库，选择"新建数据库"命令，在"新建数据库"对话框中，输入数据库名称"project_schema"，字符集选择"utf8mb4"，排序规则选择"utf8mb4_general_ci"，如图 1-4-21 所示。

图 1-4-21　新建数据库

有两种方式创建表，第一种是用数据库工具创建表，操作页面如图 1-4-22 所示，根据具体输出字段，在数据库中建立落盘数据表，尤其注意数据类型的选择。

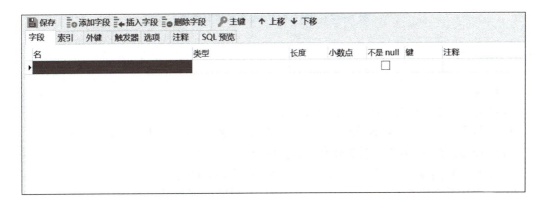

图 1-4-22　用数据库工具创建表操作页面

第二种是使用 SQL 脚本创建表，示例如图 1-4-23 所示。

```sql
CREATE TABLE devive_basic_info
(
device_id VARCHAR(100) DEFAULT NULL ,
node_1_failure_rate DOUBLE DEFAULT NULL ,
node_1_open_rate DOUBLE DEFAULT NULL,
node_1_waiting_rate DOUBLE DEFAULT NULL,
node_1_work_rate DOUBLE DEFAULT NULL
)
ENGINE=INNODB
DEFAULT CHARSET=utf8mb4
COMMENT='机器人复合物'
```

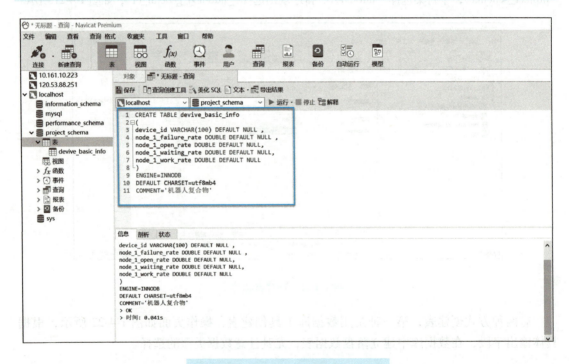

图 1-4-23　使用 SQL 脚本创建表示例

【任务训练】

1. 单选题

（1）流式计算与什么工业过程最相似？（　　）

A. 批量生产　　　　B. 流水线生产　　　C. 手工艺生产　　　D. 自动化测试

（2）Apache Flink 用于处理哪种类型的数据流？（　　）

A. 仅有界数据流　　　　　　　　　　B. 仅无界数据流

C. 有界和无界数据流　　　　　　　　D. 非时间序列数据

（3）无界数据流的特点不包括下面哪一项？（　　）

A. 数据量未知 B. 有明确的结束点
C. 实时输入 D. 持续性

（4）下列哪个场景最适合使用有界数据流？（　　）

A. 实时交易监控 B. 社交媒体流分析
C. 历史数据分析 D. 物联网设备监控

（5）哪个不是流式计算的核心特点？（　　）

A. 实时性　　　B. 持续性　　　C. 批量处理　　　D. 动态性

2. 多选题

（1）流式计算的特点包括哪些？（　　）

A. 实时性　　　B. 持续性　　　C. 预测性
D. 动态性　　　E. 批处理

（2）Apache Flink 支持的数据处理功能包括哪些？（　　）

A. 事件时间处理 B. 窗口操作
C. 状态管理 D. 数据压缩

（3）无界数据流的特点包括哪些？（　　）

A. 持续性 B. 实时性
C. 有明确的结束点 D. 动态性

（4）有界数据流处理的特点包括哪些？（　　）

A. 有明确的起止点 B. 数据量是有限的
C. 批处理 D. 预测性

（5）流式计算与批处理计算的比较，流式计算的优势包括？（　　）

A. 实时性 B. 需要等待整个数据集合齐全后再进行处理
C. 动态性 D. 持续性
E. 适用于数据量未知的场景

项目 2
工业设备健康运维分析

【项目背景】

随着全球工业技术的飞速发展,尤其是在航空航天、汽车制造和大型装备制造等关键行业中,工业设备的性能要求不断提高,使得设备变得更加复杂、高效且智能化。企业对于设备的依赖性显著增强,对设备安全性、可靠性和经济性的要求也相应提升。然而,面对这样的技术进步和市场需求,设备管理领域却遇到了前所未有的挑战。日常运维管理、知识管理、维修决策和备件决策等关键环节频繁出现问题,导致企业在设备管理上遭受巨大的经济和效率损失。

目前,设备管理面临的问题主要集中在三个方面:一是由于设备的复杂性增加,设备故障带来的损失巨大,严重影响了交货期和客户满意度;二是因缺乏智能监控和预测能力,企业不得不承担高昂的应急维修成本,常常陷入维修和备件储备过多的困境;三是人工巡检的强度大,易出现漏检、误检和谎检等问题,设备的可靠性低,难以有效追踪生产流程,导致维护效率低。

在这样的大背景下,机械冲压机作为主要的锻压设备,在航空航天、汽车、大型装备制造等领域扮演着至关重要的角色。特别是在汽车行业,冲压生产作为整车制造的首要工序,对汽车车身的各主要部件及内部构件生产至关重要。然而,冲压机的大型化、高成本、使用过程中承受的冲击振动大、故障多、日常巡视不便、维修周期长和成本高等特点,极易导致设备停机,成为汽车企业面临的一大难题。

面对这些问题,W 汽车企业特别关注两个主要痛点:一是无计划的停机时间导致的大量生产损失;二是由于冲压机结构的复杂性,特别是多个连杆机构的存在,使得设备的日常巡检几乎无法执行,从而使设备工作状况不受控制,严重影响设备的运转率。

因此,急需开发和实施一套有效的设备管理解决方案,以提升设备的使用可靠性,降低维护成本,减少非计划停机时间,从而实现更优的运行业绩。W 汽车企业拟通过招投标来寻找合适的合作伙伴。经过一系列的评选过程,R 公司最终中标,双方达成了初步合作协议。这标志着 W 汽车企业在数字化转型道路上迈出了坚实的一步,旨在通过技术创新提升生产率和竞争力。

【项目要求】

W 汽车企业的生产部经理期望采取有效措施来优化和提升设备管理能力,为实现这一目标,提出了以下四个关键的项目需求。

(1) 构建设备运维指标体系　W 汽车企业期望合作方能够构建一个全面、细致的设备运维指标体系。该体系应涵盖设备作业率、故障率、设备健康度、停机时间等多个维度,确保能够全面反映设备的实际运行状况。

(2) 实施设备运维指标的计算　建立设备运维指标体系之后,W 汽车企业需要合作方对这些指标进行计算。

(3) 设定并实施设备报警系统　W 汽车企业要求合作方定义并实现一套有效的设备报警系统。这套系统应能智能识别设备潜在故障和运行异常,及时发出报警,确保运维人员能够迅速采取应对措施。系统应包括但不限于阈值设置、异常模式的识别与报警逻辑。

(4) 提供设备数据分析报告　W 汽车企业希望定期收到由合作方提供的设备数据分析报告,报告应包含设备的运行和维护状态、故障分析、维护建议等关键信息。这些报告应当具有高度的可读性和实用性,帮助优化设备管理策略,提升设备运行效率和可靠性。

【项目计划】

1. 项目设计

为响应 W 汽车企业提出的四项核心需求,项目团队细化了具体的设计方案,确保能够有效地实施并达到预期目标。以下是对每项需求的具体设计方案。

1) 针对构建一个全面的设备运维指标体系的需求,项目团队将开展深入的需求分析,明确企业运维管理的核心需求与痛点。这一步骤将为构建全面的设备运维指标体系打下坚实基础,确保所设计的指标能够全方位覆盖设备运行效率、故障率、维修周期及停机时间等关键信息。

2) 针对设备运维指标的计算需求,项目团队计划利用工业互联网平台,对收集到的数据建立物理模型,并对设备属性进行深入计算。此过程将采用 Groovy 编程语言完成,以确保指标计算的准确性和效率。

3) 针对设定并实施设备报警系统的需求,基于构建的设备运维指标体系,项目团队将定义一套报警指标及相应阈值,涵盖常见的设备故障和运行异常模式。同时,将建立一套报警响应流程,以确保一旦接到报警,能够迅速并有效地采取适当的应对措施。

4) 针对提供设备数据分析报告的需求,项目团队将专门调研 W 汽车企业的关键指标项,以确保所提供的报告内容全面覆盖设备运维状态、故障分析及维护建议等关键信息,从而为 W 汽车企业提供有力的决策支持。

2. 人员分工

实施人员分布以及实施路径如图 2-0-1 所示,本项目安排了 1 位实施工程师负责设备数据采集,在调研期间实现了与工业互联网平台通信;1 位数据分析师负责梳理设备数据并制定指标体系和报告;1 位开发工程师负责设备建模和数据处理。

阶段	角色	任务	输出	完成情况
企业调研、实施数据采集	实施工程师	了解冲压生产的业务流程，与一线员工沟通，以决定可能导致冲压机失效的主要指标	完成所有设备的接入和数据采集	已完成
运维指标体系的搭建	数据分析师	确定指标构建过程中各数据采集值的权重和规则	根据数据采集值、规则依次搭建五级指标、四级指标、三级指标、二级指标和一级指标	未完成
设备运维数据分析		发生报警时，查找报警原因	设备故障数据分析报告	未完成
设备运维指标计算	开发工程师	1.在工业互联网平台搭建物模型 2.运维指标计算	完成设备故障模型搭建和计算	未完成
设备报警计算		设置设备的故障报警处理	故障计算和故障处理	未完成

图 2-0-1　实施人员分布以及实施路径

任务 2.1　设备运维指标体系搭建

2.1.1　任务说明

在冲压机主传动系统中，主电动机长时间工作时会出现轴承磨损、螺栓松动等现象，引起主电动机的电流增大、温度上升，以及主轴转速的不稳定。在生产中，由于主电动机的失效，将会使冲压机无法正常运转，从而使车间无法正常生产。本任务将对企业的经营目标进行分析，对设备故障指标进行拆解，并搭建冲压机故障指标体系。因此，本任务的学习导图和任务目标如图 2-1-1 所示。数据分析师需要完成以下两项任务。

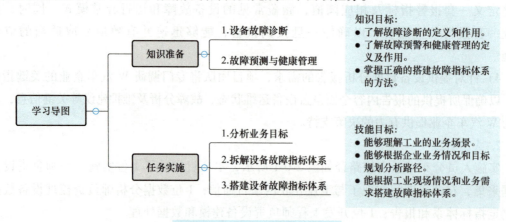

图 2-1-1　学习导图和任务目标

1）了解企业能够采集到的设备原始数据，确定数据类型和特点。
2）明细企业业务目标，根据业务需求搭建设备运维指标体系。

2.1.2 知识准备

1. 设备故障诊断

故障诊断指通过现有的信号检测技术和数据分析手段，判断装备是否发生故障，并在装备发生故障时对故障部位、类型、程度等进行分析判断，为消除故障提供相应的解决方案和运维策略。

对设备的故障诊断技术可分为经验型故障诊断技术、模型类故障诊断技术和数据驱动型故障诊断技术。

（1）经验型故障诊断技术 经验型故障诊断技术是一种基于工程师或维护人员的经验和专业知识，通过对设备运行状态的观察、检查和分析来判断可能存在的故障原因的技术。

经验型故障诊断技术的核心在于从业者对设备特定故障模式和典型故障现象的熟悉程度，以及对设备操作和维护过程的深入理解。通过长期的工作经验积累，从业者能够快速识别设备可能出现的问题，并根据其经验采取相应的措施进行维修和保养。这种技术常常被用于处理设备常见故障或特定类型的问题。

经验型故障诊断技术的用途主要体现在以下几个方面。

1）快速响应：在设备出现故障时，经验丰富的从业者可以迅速判断可能的故障原因，加快故障排除的速度，从而缩短停机时间，提高生产率。

2）故障预防：通过对历史故障案例的总结和分析，从业者能够形成对设备故障模式和趋势的认识，从而采取预防性措施，减少类似故障再次发生的可能性。

3）临时维护：在缺乏详尽的设备文档或先进的诊断设备的情况下，经验型故障诊断技术可以作为一种有效的手段，帮助从业者应对突发的设备故障。

尽管经验型故障诊断技术在一定程度上依赖于个体经验和专业知识，但它在某些情况下仍然是一种有效的诊断方法。然而，需要注意的是，这种方法受限于从业者个人经验的局限性，可能会面临对不熟悉的故障或新型设备的诊断挑战。

（2）模型类故障诊断技术 模型类故障诊断技术是指利用物理模型、数学模型或统计模型对设备进行建模和仿真，通过比较实际数据与模型预测结果的差异来诊断设备故障。

模型类故障诊断技术的核心在于建立准确的设备模型，这可能涉及对设备的结构、工作原理、性能特征等方面的详细理解，同时还需要考虑设备在不同工况下的响应特性。基于这些模型，可以通过仿真和预测来诊断设备是否存在潜在的故障，以及可能的故障原因。

模型类故障诊断技术的用途主要体现在以下几个方面。

1）预测性维护：通过建立设备的数学模型或仿真模型，可以对设备的健康状态进行实时监测和预测，提前发现可能存在的故障迹象并采取预防性维护措施，以最大限度地减少停机时间和维修成本。

2）故障诊断精度提高：模型类故障诊断技术可以为从业者提供更全面、客观的故障诊断信息，帮助确定故障类型和根本原因，有助于更快速、准确地进行故障排除和维修。

3）设备优化改进：通过对设备模型进行分析，可以发现设备运行中的潜在问题和性能瓶颈，为设备改进和优化提供依据，从而提高设备的可靠性、安全性和效率。

模型类故障诊断技术的优势在于其科学性、客观性和高精度性，但也受限于对设备和系统的深入理解、模型建立的复杂性以及对实时数据的及时获取和处理。随着科学技术的不断发展，模型类故障诊断技术将会不断完善并得到更广泛的应用。

（3）数据驱动型故障诊断技术　数据驱动型故障诊断技术是一种基于设备实时监测数据和大数据分析技术，利用机器学习、人工智能等方法，通过对数据进行处理和分析来发现设备的异常行为并诊断可能存在的故障的技术。这种技术依赖于大量的实时数据采集与处理，以及先进的数据分析算法。

数据驱动型故障诊断技术的核心在于从海量数据中挖掘出设备运行状态的特征，并通过建立模型和算法来自动识别设备的异常行为和潜在的故障迹象。通过对历史数据和实时数据的分析，可以发现设备性能下降、部件磨损、系统失效等问题，并提供故障诊断的决策支持。

数据驱动型故障诊断技术的用途主要体现在以下几个方面。

1）实时监测与预警：通过对设备实时数据的监测和分析，可以快速发现设备可能存在的异常情况并提前进行预警，避免由于故障导致的生产中断或安全风险。

2）自动化诊断与决策支持：利用机器学习、深度学习等方法，可以建立设备的故障诊断模型，实现对设备运行状态的自动识别和分类，为维护人员提供故障诊断的决策支持。

3）故障分析与优化改进：通过对大量设备数据的分析，可以发现设备运行过程中的潜在问题、性能瓶颈和优化空间，为设备的改进和优化提供数据支持。

数据驱动型故障诊断技术的优势在于其实时性、智能化和高效性，能够从大量数据中挖掘出有意义的信息，并辅助人们做出准确的决策。然而，这种技术也受限于数据的质量和可靠性、算法的准确性和实时性等因素。随着大数据和人工智能技术的不断发展，数据驱动型故障诊断技术将会不断完善并得到更广泛的应用。

2. 故障预测与健康管理

随着信息技术的迅速发展，在航空航天、制造业、通信应用等不同领域的工程系统日益复杂，复杂系统的综合化、智能化程度不断提高，复杂系统的发展使其研制、生产尤其是维护和保障的成本越来越高。同时，由于复杂系统的结构和影响因素的增加，发生故障的频率逐渐提高。因此，复杂系统故障诊断和维护成了企业设备管理的焦点。

故障预测与健康管理（Prognostics and Health Management，PHM）技术是一种在信息技术迅速发展的背景下应运而生的先进技术，它利用先进的传感器技术感知与装备健康状态密切相关的可测量信息（如振动、温度、电流、电压等），以实现对复杂系统的在线监测、早期故障检测、性能衰退预测和剩余使用寿命估计等目标。PHM 技术依托信号处理、机器学习和数据挖掘等先进方法，结合历史数据和当前监测数据的融合分析，判断设备的在线运行状态，揭示性能的衰退规律，预测未来时刻的健康状态和剩余使用寿命。

故障预测与健康管理技术涵盖多个方面。

（1）设备状态监测　利用先进的传感器技术和信息采集系统，实时监测设备运行的各项参数和特征。

（2）异常预测　借助机器学习等方法，分析历史和实时数据，识别设备可能出现的异常行为和趋势，实现早期故障检测。

（3）故障诊断　基于设备历史和当前信息，评估设备的当前健康状况，对设备进行异常监测、故障定位和故障评估。

（4）寿命预测　结合设备使用环境、条件、计划任务等信息，预测设备的性能变化、剩余寿命和发生故障的概率，为设备维护提供依据。

（5）维护决策　根据故障预测和健康状态评估结果，调整生产计划或改变控制策略，实现自适应容错控制，优化运行维护策略，延长设备使用寿命。

PHM技术的实施可以帮助企业降低设备维护成本，提高设备可用性和可靠性，同时优化资源管理效率。该技术还能够避免突发故障，确保设备顺利完成预定工作，从而推动企业工程系统运行的智能化和自动化。

总之，故障预测与健康管理技术在复杂系统领域的应用极为重要，它通过结合数据分析和先进算法，实现对设备的智能监测、预测和维护决策，有效降低了维护成本，提高了设备的可靠性和性能，为企业的设备管理带来了全新的可能性。

2.1.3　任务实施

1. 分析业务目标

1）冲压机介绍。压力机是冲压机的一种，是一种通用的、结构精细的机械。它具有广泛的用途和高生产率，可被广泛应用于切断、冲孔、落料、弯曲、铆合和成形等工序中。通过对金属坯料施加强大的压力，使金属发生塑性变形和断裂，从而加工成零件。图2-1-2所示为四点闭式压力机，主要用于冲压作业，是冲压机的一种，它工作时，大带轮（一般也是飞轮）是由电动机通过V带带动的，经过齿轮副和离合器带动曲柄滑块机构，使滑块和凸模直线下行。锻压工作完成后，滑块上行，离合器自动脱开，同时动器接通，使滑块停止在上止点附近。

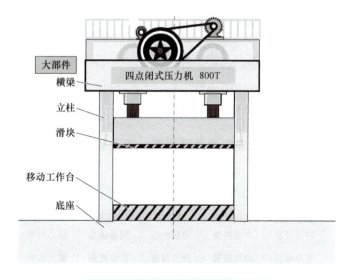

图2-1-2　四点闭式压力机结构图

多工位冲压机是一种高度自动化的高精密冲压机械，其功能等同于多台冲压机械与卸料机的一体化。它采用级进冲压方式，通过多个工位同时加工，工件自动运输来逐步按顺序实现复杂冲压件的加工成形。根据不同级进模的设计，多工位冲压机可以同时实现包括冲裁、冲孔、折弯、成形、拉深等不同的工序。同时，它实现了高速自动化生产，提高了生产率，增加了加工过程的灵活性，并减少了人员在生产过程中的介入，从而降低了劳动力成本，提高了生产安全性。目前，多工位冲压机已被广泛应用于多种金属产品的生产加工中，小到计算机光驱的托盘,大到汽车车身等。

随着传感器的开发和大量应用,目前的多工位冲压机会在其轴承上安装吨位传感器。这些传感器能够收集多个工位同时进行冲压时产生的应力,以判断某一工位的刀具或模具是否出现异常情况。利用吨位传感器对多工位冲压机在正常工况和非正常工况下的综合信号进行采集,从而判断该设备处于正常操作还是异常操作状态;处理数据/处理参数(如设备关机、电源关闭、程序失效报警等)被监测,并被用来进行工艺控制。

2)在实际生产过程中,许多企业都面临因冲压机故障导致的生产质量问题。这是因为在冲压机快速连续的加工过程中,零件通常是在全部工序完成并被运输出机器后才进行质量检测的。如果因模具或刀具磨损断裂导致次品,在很长一段时间内可能不会被发现,需要停机后逐个工位排查故障,这会延迟故障修正,增加次品率,造成物料浪费并降低生产率。因此,实时监测冲压机运行性能对保证产品质量、提高生产率和降低生产成本非常重要。可见,实时故障监测和故障预测对冲压机具有重大意义。本书将以冲压机为例,建立工业设备故障指标体系。首先调查冲压机的生产过程,与现场实施人员合作,找出容易引起冲压机故障的关键指标项。本书示例见表2-1-1。

表2-1-1 冲压机故障的分类及原因

设备故障分类	设备故障原因
主电动机温度报警	主电动机温度超过130℃
主电动机转速报警	主电动机转速超过3000r/min
主电动机电流报警	主电动机电流不在10~20A范围内
液压垫通信状态	液压垫通信1:报警;0:正常
液压垫同步状态	液压垫同步状态1:报警;0:正常
离合器压力报警	离合器压力不在65~78MPa范围内
油箱液位报警	油箱液位不在200~1000mm范围内
滑块报警	统计滑块1h状态变化数,信号从0-1(或者1-0)变化记一次,变化次数超过15次则报警

3)根据维修紧急程度和造成损失的严重程度,确定紧急报警、重要报警、警告报警、一般报警4个级别,见表2-1-2。

表2-1-2 冲压机的故障报警级别

设备故障分类	主电动机温度报警	主电动机转速报警	主电动机电流报警	液压垫通信状态	液压垫同步状态	离合器压力报警	油箱液位报警	滑块报警
报警级别	紧急报警	紧急报警	紧急报警	重要报警	重要报警	警告报警	警告报警	一般报警

4)最后,确定冲压机故障的关键指标,见表2-1-3。

表2-1-3 冲压机故障的关键指标

设备部件分类	关键指标
主电动机	今日主电动机健康度
液压垫	今日液压垫健康度
离合器	今日离合器健康度
滑块	今日滑块健康度

2. 拆解设备故障指标体系

在设备运行过程中，设备健康管理十分重要。它能够实时监控设备对象，调度维修人员并进行精准维护。根据业务目标的分析，对冲压机关键部位进行健康度分析，如主电动机健康度、液压垫健康度、离合器健康度和滑块健康度。

1）今日主电动机健康度指标拆解如图 2-1-3 所示。主电动机健康度主要由今日主电动机报警次数得分和今日主电动机报警时长得分两部分组成。在设备状态为作业状态时，当主电动机转速、温度或电流超出预设值时会触发相应的报警标识。例如，当主电机温度超过 130℃ 时，报警标识为"报警"，否则为"正常"；主电动机转速超过 3000r/min 时，报警标识为"报警"，否则为"正常"；主电动机电流不在 10~20A 范围内时，报警标识为"报警"，否则为"正常"。

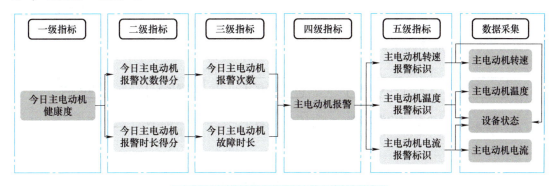

图 2-1-3 今日主电动机健康度指标拆解

2）今日液压垫健康度指标拆解如图 2-1-4 所示。今日液压垫健康度主要由今日液压垫报警次数得分和今日液压垫报警时长得分两部分组成。今日液压垫报警次数和今日液压垫报警时长是通过对液压垫报警情况的监测得到的。当液压垫通信状态或液压垫同步状态中有任何一个发出报警信号时，就会导致液压垫报警。

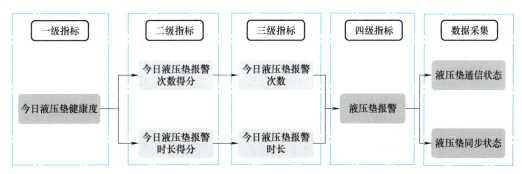

图 2-1-4 今日液压垫健康度指标拆解

3）今日离合器健康度指标拆解如图 2-1-5 所示。今日离合器健康度主要由今日离合器报警次数得分和今日离合器报警时长得分两部分组成。今日离合器报警次数和今日离合器报警时长是通过对离合器报警的监测来获取的。当离合器压力或油箱液位超出预设范围时会触发相应的报警标识，例如，设备处于作业状态时，如果离合器压力不在 65~78MPa 范围内，则报警标识为"报警"；油箱液位不在 200~1000mm 范围内，则报警标识为"报警"，否则为"正常"。

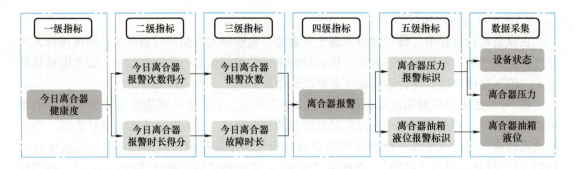

图 2-1-5　今日离合器健康度指标拆解

4）今日滑块健康度指标拆解如图 2-1-6 所示。今日滑块健康度由今日滑块报警次数决定。滑块信号从 0-1（或者 1-0）变化记一次状态变化，当 1h 内滑块状态变化次数超过 15 次时发出滑块报警，否则报警标识为正常。

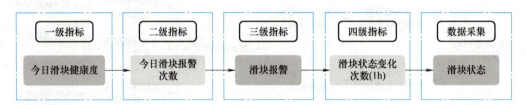

图 2-1-6　今日滑块健康度指标拆解

3. 搭建设备故障指标体系

1）了解了业务目标后，开发工程师要搭建冲压机主要部件的报警指标体系，并整理数据采集值（连接变量），见表 2-1-4。

表 2-1-4　冲压机数据采集值

数据采集值	属性来源
设备状态	连接变量
主电动机温度	连接变量
主电动机电流	连接变量
主电动机转速	连接变量
液压垫通信状态	连接变量
液压垫同步状态	连接变量
离合器压力	连接变量
离合器油箱液位	连接变量
滑块状态	连接变量

2）建立五级指标体系，如图 2-1-7 所示。

3）构建四级指标体系。通过指标体系的分解，可以得到四级指标主电动机报警和离合器报警，它们由五级指标按一定规则计算得出；而液压垫报警和滑块状态变化次数（1h 内）则是由数据采集值计算得到。四级指标体系如图 2-1-8 所示。

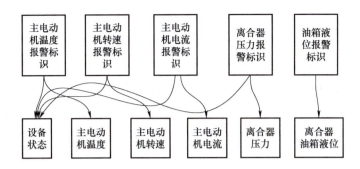

图 2-1-7　五级指标体系

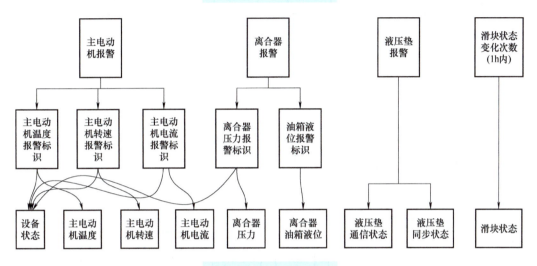

图 2-1-8　四级指标体系

4）构建三级指标体系，如图 2-1-9 所示。

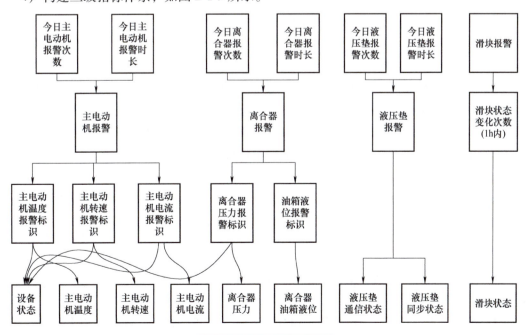

图 2-1-9　三级指标体系

5）构建二级指标，体系如图 2-1-10 所示。

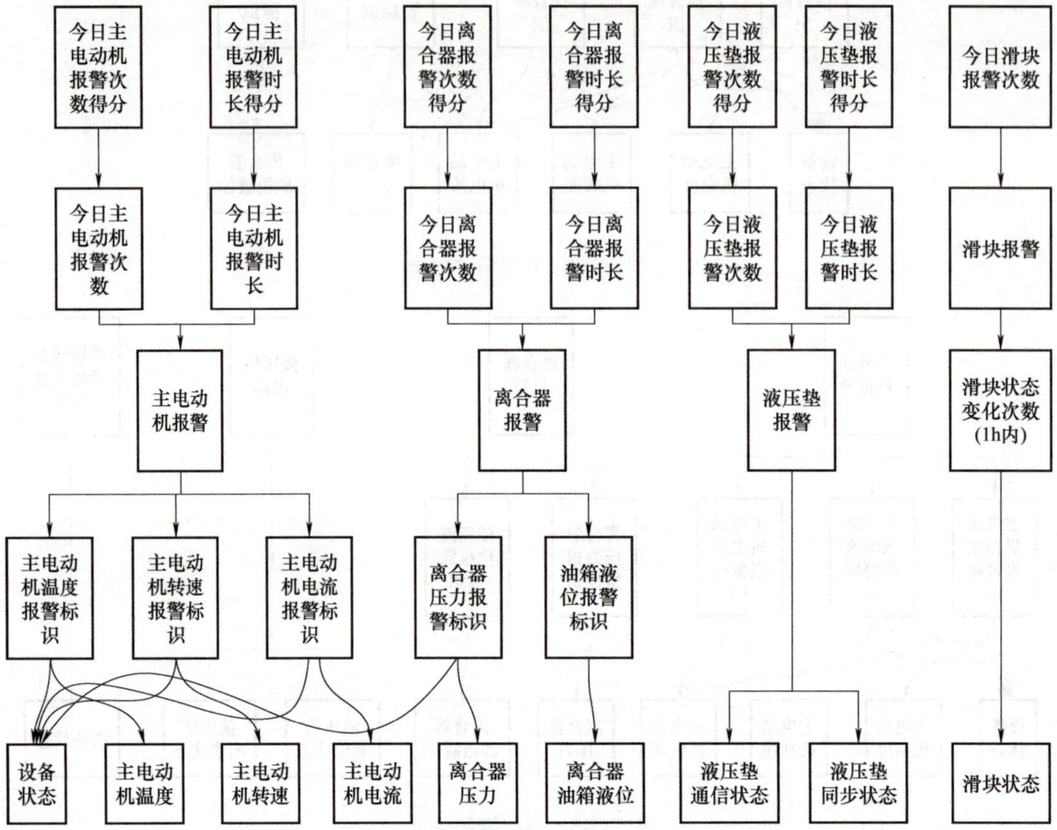

图 2-1-10　二级指标体系

6）构建一级指标体系，如图 2-1-11 所示。

2.1.4　拓展资料

设备运维指标体系是用于评估和监控设备运维工作的一套指标体系。这些指标涵盖了设备可用性、性能、故障率、维护成本、运维团队的工作效率、问题处理速度、预防性维护等内容。通过设备运维指标体系，管理人员可以了解设备的运行状况，发现问题并进行改进，从而确保设备正常运行，并提高运维工作的效率和质量。

设备运维指标体系的主要指标如下。

（1）可用性指标　可用性指标包括设备的可靠性、持续时间等，用于衡量设备正常运行的时间占总时间的比例。

（2）性能指标　性能指标包括设备的吞吐量、响应时间等，用于评估设备在特定工作负载下的表现。

（3）故障率指标　故障率指标包括平均故障间隔时间、平均修复时间等，用于评估设备故障的频率和维修效率。

（4）维护成本指标　维护成本指标包括设备维护所需的成本、维修费用占总成本的比例等，用于评估设备维护的经济性。

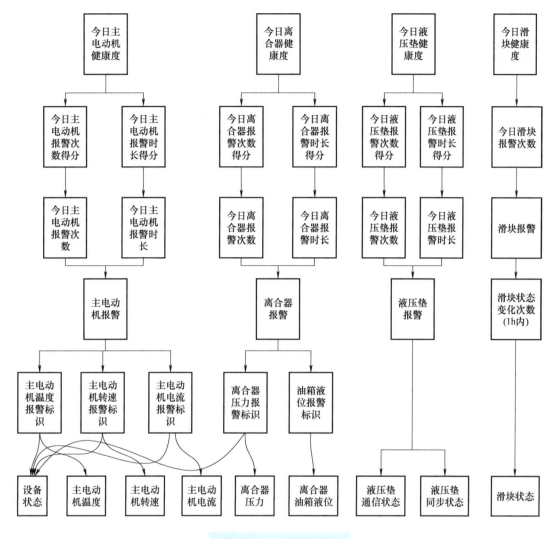

图 2-1-11 一级指标体系

（5）工作效率指标　工作效率指标包括设备维护工作的完成时间、工单处理数量等，用于评估运维团队的工作效率。

（6）预防性维护指标　预防性维护指标包括设备的预防性维护次数、计划内停机时间等，用于评估设备维护的预防性能力。

设备运维指标体系被广泛应用于以下的各个场景。

（1）制造业　在制造业中，设备的正常运行对生产率至关重要。通过设备运维指标体系，企业可以监控设备的可用性、故障率和维护成本，提前发现潜在问题并进行预防性维护，从而保障生产线的稳定运行。

（2）能源行业　在能源行业，设备的可靠性和性能对全行业的运转至关重要。通过设备运维指标体系，能源企业可以监控设备的可用性和维护成本，优化设备维护计划，降低维护成本，提高电站或输配电设备的可靠性。

（3）交通运输行业　交通运输设备如飞机、火车等的安全和正常运行对于乘客和货物的安全至关重要。设备运维指标体系可以帮助交通运输企业监控设备的故障率和维护成本，增强安全性和运行效率。

我国企业现行设备管理指标体系是多个单项指标的集合,这些指标主要包括设备完好率、故障停机率、特大重大事故次数、设备资产保值/增值率、设备利用率等,并针对设备管理目标确定了相应的指标。从某种意义上说,该指标体系对企业进行宏观调控和企业设备管理工作的评价具有一定的指导意义。但是,随着设备管理内涵的不断发展和改变,设备维护观念的转变,使管理的目的从单纯的确保完成生产任务到实现整体的经营目标。同时,原有的指标也存在一定的缺陷,使评价结果的片面性和局限性逐渐显露出来。如由设备完好率的计算公式:设备完好率=完好设备台数/设备总台数×100%,可以看出设备完好率不能反映单台设备的效率,也不能反映生产线的效率,也与产品质量没有关系,其反映的企业设备资产状况有限,不能满足现代化设备管理的需要。传统的设备管理指标得出的结果只能简单反映设备单方面的客观状况,因此设备管理体系在制造业企业的实施过程中应该不断改进指标体系内容和指标计算公式,使其更加科学、合理和实用。

总之,设备运维指标体系在各个行业都有着重要的应用。通过使用这些指标,企业可以实时监控设备运行情况,及时发现问题并采取相应的措施,以确保设备正常运行,提高生产率和服务质量。

【任务训练】

1. 单选题

(1) 故障诊断的目的是什么?(　　)
A. 提高设备效率　　　　　　　　B. 减少设备使用
C. 判断设备是否发生故障并分析故障原因　　D. 仅为了维护设备

(2) 经验型故障诊断技术依赖于什么?(　　)
A. 先进的诊断设备　　　　　　　B. 大数据分析
C. 从业者的经验和专业知识　　　D. 物理模型

(3) 模型类故障诊断技术的核心是什么?(　　)
A. 快速响应故障　　　　　　　　B. 建立准确的设备模型
C. 经验总结　　　　　　　　　　D. 数据采集

(4) PHM 技术中,设备状态监测主要依靠什么技术实现?(　　)
A. 传统手工检测　　　　　　　　B. 先进的传感器技术和信息采集系统
C. 公共数据库　　　　　　　　　D. 纯粹的机械分析

(5) 异常预测在 PHM 技术中主要使用哪种方法?(　　)
A. 直觉判断　　　　　　　　　　B. 机械原理分析
C. 机器学习等数据分析方法　　　D. 人工智能之外的其他技术

2. 多选题

(1) 经验型故障诊断技术的用途包括哪些方面?(　　)
A. 快速响应　　B. 故障预防　　C. 临时维护　　D. 自动化诊断

(2) 模型类故障诊断技术的优势表现在哪些方面?(　　)
A. 故障诊断精度提高　　　　　　B. 设备优化改进
C. 快速响应　　　　　　　　　　D. 预测性维护

(3) 数据驱动型故障诊断技术的核心在于什么?(　　)

A. 经验总结和分析　　　　　　　B. 从海量数据中挖掘信息
C. 建立模型和算法，自动识别异常　D. 对大量设备数据的分析
（4）PHM 技术的主要功能包括哪些？（　　）
A. 设备状态监测　　　　　　　　B. 异常预测
C. 故障诊断　　　　　　　　　　D. 颜色识别
（5）PHM 技术利用的技术手段包括哪些？（　　）
A. 传感器技术　　B. 机器学习　　C. 数据挖掘　　D. 手工艺

任务 2.2　设备运维指标计算

2.2.1　任务说明

四级指标、三级指标、二级指标和一级指标之间通常存在相关性，它们可以相互推导和分解。在建模过程中，计算规则的设置是一个重要环节。本任务将对故障指标进行分析，并根据各级指标建立冲压机故障运维模型。本任务的学习导图和任务目标如图 2-2-1 所示。开发工程师需要完成以下两项任务。

1) 梳理设备属性点表和逻辑。
2) 计算和调试设备运维指标，以验证代码的正确性。

图 2-2-1　学习导图和任务目标

2.2.2　知识准备

1. 属性计算规则

属性计算规则包括内置变量、控制语句、数值计算函数和字符串处理函数。

1）根云平台提供了一些内置变量，用于协助物模型属性进行复杂计算，见表 2-2-1。

表 2-2-1　内置变量

变量名	说明
$ input	当前工况输入
timestamp	该变量表示当前工况的 Epoch 时间戳，以长整型表示，单位为 ms。

2）根云平台提供了一些控制语句，在特殊条件下，用于协助物模型属性进行复杂计算，见表 2-2-2。

表 2-2-2　控制语句

语句	语法	示例

for	for(def 元素变量名:数组变量名){
	语句#1
	语句#2
	…
	}
		sum=0
		def elements=[0,1,2]
		for(def i:elements){
		sum=sum+i;
		}
		println sum

while	while(循环条件){
	语句#1
	语句#2
	…
	}
		sum=0
		i=0
		while(i<10){
		sum++
		i++
		}

3）根云平台提供了数值计算函数，用于协助物模型属性进行数值计算，见表 2-2-3。

表 2-2-3　数值计算函数

函数表达式	说明
Math.round( )	四舍五入取整
Math.floor( )	向下取整
Math.ceil( )	向上取整
Math.power( )	幂的次方计算
Math.log( )	以自然底数为底取对数
Math.abs( )	计算绝对值
Math.sin( )	正弦函数
Math.cos( )	余弦函数
Math.tan( )	正切函数

4）根云平台提供了字符串处理函数，用于协助处理物模型属性的字符串函数，见表 2-2-4。

表 2-2-4　字符串处理函数

函数表达式	说明
字符串 1.contains（字符串 2）	字符串 1 是否包含了字符串 2
字符串 1.indexOf（子串）	字符串 1 中第一次出现子串的下标
字符串 1.lastIndexOf（子串）	字符串 1 中最后一次出现子串的下标
字符串 1.substring（beginIndex）	从下标 beginIndex 开始，截取目标字符串中的子串
字符串 1.startsWith（字符串 2）	检查字符串 1 是否以字符串 2 开头
字符串 1.endsWith（字符串 2）	检查字符串 1 是否以字符串 2 结尾
toLowerCase( )	将目标字符串全转为小写
toUpperCase( )	将目标字符串全转为大写

2. 属性值调试

属性值调试包括设置属性计算规则、属性赋值和运行，如图 2-2-2 所示。

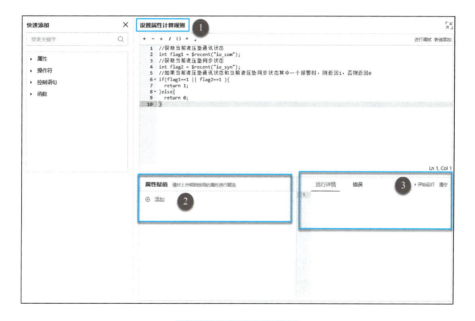

图 2-2-2　属性值调试

（1）设置属性计算规则　属性计算规则可以灵活地指定数据链路中各节点的处理逻辑，设备管理员可以选择物模型的属性、操作符、控制语句和常用函数等。物模型可以自定义指定属性规则，表达式返回值为目标属性值。

（2）属性赋值　属性赋值时需要添加变量，如今日主电动机健康度指标是由今日主电动机报警时长得分和今日主电动机报警次数两个指标进行计算得来的，那么在计算的过程中需要给这两个属性赋值，如图 2-2-3 所示。

（3）运行详情　当设置好属性计算规则并给属性赋值后，就可以单击"开始运行"按钮，如图 2-2-4 所示。当电动机开始运行后，可在"运行详情"中查看结果，同时可以查看错误信息。

（4）常见的错误提示和解决方法　给属性赋值后，开始运行代码，当代码运行成功时，

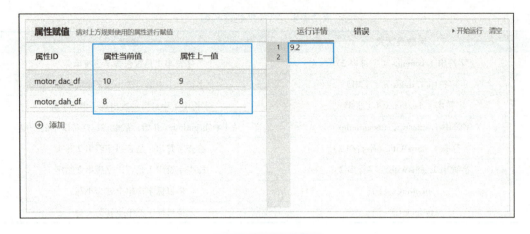

图 2-2-3 属性赋值

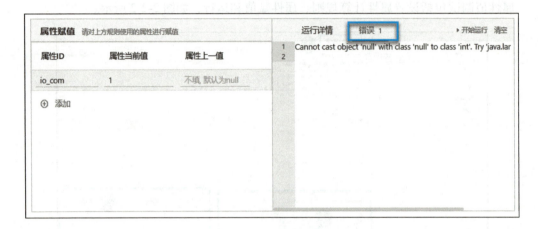

图 2-2-4 运行结果

可以在"运行详情"中查看运行结果；当代码运行不成功时，可以单击"错误"按钮，查看错误提示。表 2-2-5 列举了一些常见的错误提示和解决方法。

表 2-2-5 常见的错误提示和解决方法

问题描述	报错运行代码（或者描述）	调试是否通过	物模型发布是否成功	解决方法
属性 ID 报错或属性 ID 不存在	unknown property in $recent：xxx（属性id）.	调试不通过	发布不成功	正确填写对应的属性 ID
Groovy 代码中，定义的变量名与模型的属性 ID 相同	Parse error：line 2：4 the property xxx（属性 id）is read-only. Parse error：line 18：4 the property xxx（属性 id）is read-only.	调试通过	发布不成功	修改定义的变量名或属性 ID，使两者不相同
Groovy 代码中，recent() 函数获取属性值没有处理空值情况	Cannot execute null+null	调试不通过	发布成功	用三目运算符?：做空值判断 $recent（属性ID)?：0

（续）

问题描述	报错运行代码（或者描述）	调试是否通过	物模型发布是否成功	解决方法
调试 Groovy 代码时，时间戳没有赋值	Cannot invoke method longValue( ) on null object	调试不通过	发布成功	调试时，给时间戳_timestamp_赋初始值

3. 时间窗口

时间窗口是指在设置的时间段内，对属性进行处理。为了满足多种场景的需要，对于物模型中的"规则指定"来源的属性。根云平台除了支持高级表达式外，还支持使用时间窗口对属性进行计算，同时允许其他属性使用已经使用时间窗口计算后的属性，如图 2-2-5 所示。

由于一个表达式不能有两个时间窗口，所以当表达式中有一个属性的值是通过时间窗口算出来的时候，这个表达式就不能再叠加时间窗口了，因此"使用时间窗口"和"允许添加使用时间窗口的属性"不能同时勾选。

例如，统计设备每分钟开机次数时可以勾选"使用时间窗口"，当需要基于统计设

图 2-2-5　使用时间窗口

备每分钟开机次数的数据计算开机率时，可以勾选"允许添加使用时间窗口的属性"，此时就可以在"快速添加"的"属性"中看到统计数据，并添加到开机率的表达式中。

时间窗口参数说明见表 2-2-6。

表 2-2-6　时间窗口参数说明

参数	说明
对上述规则添加的函数	使用"规则指定"的属性值来源，按照定义的规则计算属性值，再对其计算结果执行该函数计算，以该函数计算结果作为最终的属性值输出 min：对目标值取最小值 max：对目标值取最大值 sum：对目标值求和 avg：对目标值取平均值 count：计算目标值有效的个数 dev：对目标值计算标准差 range：计算目标值中最大值和最小值的差值 first：返回目标值在窗口中的第一个非空值 last：返回目标值在窗口中的最后一个非空值 majority：计算目标值在窗口中出现最多的值 例如，规则指定为 B = A * 2，对规则添加 min 函数，则最后会呈现该属性所有数值 B 中的最小值

(续)

参数	说明
规则容纳的时间和规则执行时间间隔	例如，规则容纳的时间设为 60s，规则执行时间间隔设为 34s，则每 34s 计算一次前 60s 内上述规则的值
缺省值	当该属性为空时显示的内容，可以为空值或上一有效值，也可以自定义，例如，{"ID":"001","name":"用来举例的"}

使用时间窗口，每隔固定时间（步长），开始对后面某段时间区间（窗口长度）内的上报工况进行结算（使用聚合函数），如求和、最大值、最近值、最初值、均值等，并输出运算结果。如图 2-2-6 所示，假设为某台设备的属性 A 上报工况的情况，该属性每 s 上报一次工况值，第 0s 为初次上报时间，其值为 a0，第 1s 上报的工况值为 a1，因数据上传频繁，可以用时间窗口功能对其进行聚合。设置参数步长为 3s，窗口长度为 4s，函数为均值，那么，每隔 3s 开始结算后 4s 属性 A 工况的均值。

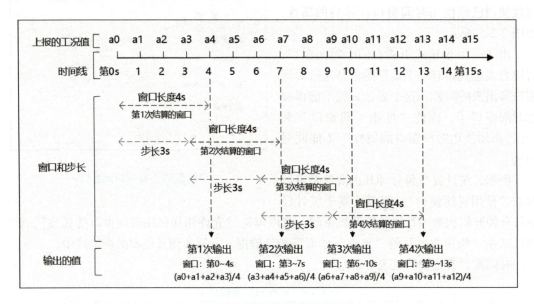

图 2-2-6 时间窗口示例

4. 属性取值范围设置

在编辑属性的过程中，可以给属性设置取值范围，如图 2-2-7 所示；还可以预设超出范围后的取值和异常值保留方式，如图 2-2-8 所示。

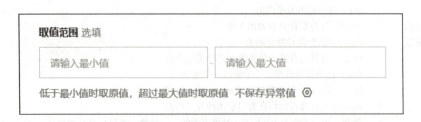

图 2-2-7 设置属性取值范围

项目 2　工业设备健康运维分析

图 2-2-8　设置超出范围后的取值

2.2.3　任务实施

1. 梳理物模型属性点表

1）根据任务 2.1 中的设备运维指标体系，梳理设备物模型的属性点表，冲压机原始属性信息见表 2-2-7。

表 2-2-7　冲压机原始属性信息

属性名称	属性 ID	数据类型	读写操作设置	属性值来源
主电动机温度	motor_temp	Number	读写	连接变量
主电动机转速	motor_speed	Number	读写	连接变量
主电动机电流	motor_current	Number	读写	连接变量
液压垫通信状态	io_com	Integer	读写	连接变量
液压垫同步状态	io_syn	Integer	读写	连接变量
离合器压力	clutch_pre	Number	读写	连接变量
离合器油箱液位	liquid_level	Number	读写	连接变量
滑块状态	block_sta	Integer	读写	连接变量
设备状态	device_status	Integer	读写	连接变量

2）通过拆解指标体系，整理出指标体系的名称、ID、数据类型以及计算规则，表 2-2-8 中列出了主电动机的部分属性点表，完整的属性计算规则详见附录 D。

表 2-2-8　主电动机部分属性点表

属性名称	属性 ID	数据类型	计算规则
主电动机转速报警标识	motor_speed_flag	Integer	在设备状态为作业状态时，主电动机转速超过 3000r/min 则报警标识为报警，否则报警标识为正常

（续）

属性名称	属性 ID	数据类型	计算规则
主电动机电流报警标识	motor_current_flag	Integer	在设备状态为作业状态时，主电动机电流不在 10~20A 范围内则报警标识为报警，否则报警标识为正常
主电动机温度报警标识	motor_temp_flag	Integer	在设备状态为作业状态时，主电动机温度超过 130℃则报警标识为报警，否则报警标识为正常
主电动机报警	motor_alarm	Integer	当主电动机转速报警标识、主电动机温度报警标识、主电动机电流报警标识中任一标识发出报警时，主电动机报警为报警状态
主电动机报警总次数	motor_tac	Integer	规则指定。通过监测主电动机报警，累加获得所有时段主电动机报警总次数
今日主电动机报警次数	motor_dac	Number	规则指定。通过监测今日主电动机报警，累加获得今日主电动机报警次数
今日主电动机报警时长	motor_dah	Number	规则指定。通过监测今日主电动机报警，累加获得今日主电动机报警时长
今日主电动机报警次数得分	motor_dac_df	Number	设今日主电动机报警次数为 x_1，今日主电动机报警次数分数满分为 100，实际分数为 T，本书示例 x_1 与 T 的关系为 $$T(x_1)=\begin{cases}100-x_1, & 0\leq x_1\leq 1\\ 99-2(x_1-1), & 2\leq x_1\leq 5\\ 91-5(x_1-5), & 6\leq x_1\leq 23\\ 0, & x_1\geq 24\end{cases}$$
今日主电动机报警时长得分	motor_dah_df	Number	设今日主电动机报警时长为 y_1，今日主电动机报警时长分数满分为 100，实际分数为 F，本书示例 y_1 与 F 的关系为 $$F(y_1)=\begin{cases}100-y_1/60, & 0\leq y_1\leq 60\\ 99-2(y_1/60-1), & 60<y_1\leq 360\\ 89-5(y_1/60-6), & 360<y_1\leq 1428\\ 0, & y_1>1428\end{cases}$$
今日主电动机健康度	motor_health	Number	今日主电动机健康度＝今日主电动机报警次数×0.6＋今日主电动机报警时长×0.4

> **说明**：在本书中，为使表达更为简洁，在 ID 的设置上采取简称的方式。其中，tac 的全称为 "total_alarm_count"，表示报警的总数，在前缀加上特定的零件部位即表示某种零件部位的总报警次数；dac 的全称为 "today_alarm_count"，表示今日报警的数量，在前缀加上特定的零件部位即表示某种零件部位的今日总报警次数；dah 的全称为 "today_alarm_hour"，表示今日报警的时长，前缀加上特定的零件部位即表示某种零件部位的今日报警时长；df 表示得分。

2. 高级表达式逻辑梳理

本任务根据任务的指标拆解，梳理设备各部件报警逻辑。本任务以主电动机为例，对设备主电动机的健康度进行分析，计算步骤为：①计算主电动机温度报警标识、主电动机转速报警标识、主电动机电流报警标识；②计算主电动机报警；③计算设备今日主电动机报警次数；④今日主电动机报警时长。

说明：今日主电动机报警次数得分、今日主电动机报警时长得分和今日主电动机健康度可以根据表 2-2-8 进行计算。

1）根据冲压机主电动机报警标识属性规则，对其报警标识进行分析。①主电动机转速报警：获取当前主电动机转速和当前冲压机设备状态，如果转速大于或等于 3000r/min 且设备工作状态为 1，则返回 1（报警），否则返回 0（正常）；②主电动机电流报警标识：获取当前主电动机电流和当前冲压机设备状态，如果电流大于 20A 或者小于 10A 且设备工作状态为 1，则返回 1（报警），否则返回 0（正常）；③主电动机温度报警标识：获取当前主电动机温度和当前冲压机设备状态，如果温度大于 130℃ 且设备工作状态为 1，则返回 1（报警），否则返回 0（正常）。

2）主电动机报警的计算逻辑：如果当前主电动机温度报警标识、当前主电动机转速报警标识、当前主电动机电流报警标识三者中有任意一个为 1，则返回 1（紧急报警），否则为 0（非紧急报警）。当报警标识取值不同时，主电动机报警的属性值取值见表 2-2-9。

表 2-2-9 主电动机报警的属性值取值

分类	属性	属性值							
输入	温度报警标识	0	1	1	1	1	0	0	0
	转速报警标识	0	0	1	0	1	1	1	0
	电流报警标识	0	0	0	1	1	0	0	1
输出	主电动机报警	0	1	1	1	1	1	1	1

3）今日主电动机报警时长的计算逻辑：①先获取当前今日主电动机报警时长，如果当前属性值为空，默认今日主电动机报警时长为 0；②获取当前主电动机报警，如果当前属性值为空，默认主电动机报警属性值为 0，即主电动机不报警；③获取当前时间戳和上一次上云时间戳，判断是否为同一天，不是同一天则今日主电动机报警时长清零；④如果当前主电动机报警属性值为 1，则将当前今日主电动机报警时长加上当前时间戳与上一次上云时间戳的时间差，最后返回当前今日主电动机报警时长。今日主电动机报警时长的代码逻辑如图 2-2-9 所示。

4）今日主电动机报警次数的计算逻辑：①获取当前今日主电动机报警次数，如果当前属性值为空，默认今日主电动机报警次数为 0；②获取当前主电动机报警状态，如果主电动机报警的当前属性值是空，默认报警状态为 0，即主电动机不报警；③获取当前时间戳和上一次上云时间戳，判断是否为隔天，为隔天则时长清零，否则判断当前紧急报警状态是否为 0，为 0 则返回当前次数，否则，当前紧急报警状态加 1。

14.创建设备物模型

3. 创建设备物模型

开发工程师需要在根云平台建立对应的冲压机模型以及网关的物模型和物实例。

1）如图 2-2-10 所示，单击"物"→"物模型"按钮，进入物模型创建页面，单击"设备"→"创建"按钮。

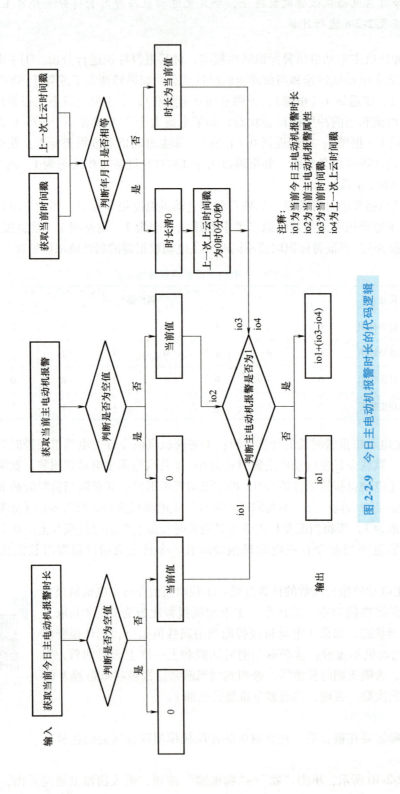

图 2-2-9 今日主电动机报警时长的代码逻辑

图 2-2-10 创建设备物模型

2）如图 2-2-11 所示，单击"设备"按钮，选择设备类型，在基本信息中输入模型名称，单击"创建"按钮。

图 2-2-11 填写物模型基本信息

3）单击"批量添加"按钮，从本地选择文件，批量导入冲压机原始数据，如图 2-2-12 所示，将本节配套资源中的"冲压机原始属性点表.xlsx"文件拖拽到上传属性位置。

图 2-2-12 导入批量参数数据

4）创建对应的网关物模型和物实例，详见表 2-2-10。

表 2-2-10　创建冲压机网关物模型和物实例

内容	图示
类型：网关 模型名称：冲压机网关	
类型：网关 实例名称：冲压机网关实例 物标识：XM02	
物模型：冲压机网关 连接信息密钥认证：drBTPrY5fpz 连接信息密钥认证：cPRwUSOyjzB	

4. 添加物模型属性分组

1）单击"修改模型"按钮，物模型进入"草稿"状态。

2）如图 2-2-13 所示，单击空白处，在菜单栏右侧出现"属性组"栏目。

3）如图 2-2-14 所示，在"全部属性"默认的"未分组"的子级分组中单击" : "→"添加子级分组"按钮。

4）如图 2-2-15 所示，在弹出的"添加分组"对话框中，分别添加分组名称为"主电动机""液压垫""离合器""滑块"的分组。

图 2-2-13　草稿状态

图 2-2-14　添加子级分组

图 2-2-15　添加分组

5）如图 2-2-16 所示，可以将已添加的属性进行分组，单击"关联属性"按钮来选择对应的属性，从而达到分组的目的。在后续添加属性时，可以选择对应分组，手动添加所在分组的属性。没有被分组的属性会被存放在"未分组"目录下。

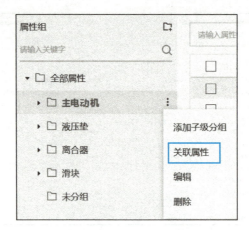

图 2-2-16 分组关联属性

5. 手动添加设备计算属性

（1）添加"主电动机报警标识"属性 单击"手动添加"按钮，依据表 2-2-8，添加"主电动机温度报警标识""主电动机转速报警标识"以及"主电动机电流报警标识"属性，详情见表 2-2-11～表 2-2-13。

15.1 添加"主电动机报警标识"属性

表 2-2-11 "主电动机温度报警标识"属性点表信息

内容	图示
属性名称：主电动机温度报警标识 属性 ID：motor_temp_flag 数据类型：Integer 读写操作设置：读写 属性值来源：规则指定	

代码：
def temp1 = $ recent("motor_temp")?:0;//获取当前冲压机的温度
def workstatus = $ recent("device_status")?:0; //获取当前冲压机设备状态
//如果设备处于运行状态，同时温度大于130℃，则返回1，否则返回0
if (temp1>130 && workstatus==1) {
  return 1;
} else {
  return 0;
}	

表 2-2-12 "主电动机转速报警标识"属性点表信息

内容	图示
属性名称：主电动机转速报警标识 属性 ID：motor_speed_flag 数据类型：Integer 读写操作设置：读写 属性值来源：规则指定	

代码：
　def　speed1 = $recent("motor_speed")?:0;//获取当前主电动机转速
　def　workstatus = $recent("device_status")?:0;//获取当前冲压机设备状态
//如果设备处于运行状态，同时主电动机转速超过 3000r/min，则返回 1，否则，返回 0
　if (speed1>=3000 && workstatus==1) {
　　return 1;
　} else {
　　return 0;
}	

表 2-2-13 "主电动机电流报警标识"属性点表信息

内容	图示
属性名称：主电动机电流报警标识 属性 ID：motor_current_flag 数据类型：Integer 读写操作设置：读写 属性值来源：规则指定	

（续）

内容	图示

代码：
def cur1 = $ recent("motor_current")?:0;//获取当前主电动机电流
def workstatus = $ recent("device_status")?:0;//获取当前冲压机的状态
//如果设备处于运行状态，同时当前主电动机电流大于20A，或者小于10A，返回1，否则返回0
if((cur1>=20 || cur1<=10)&&workstatus==1){
  return 1;
}else{
  return 0;
}
	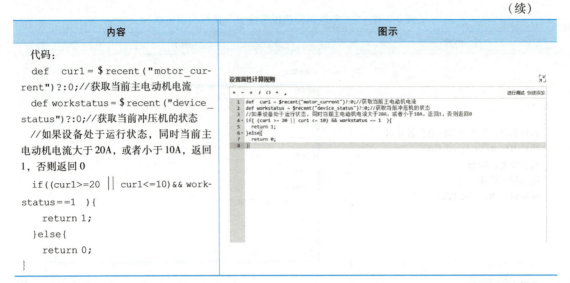

(2) 添加"主电动机报警"属性

1) 单击"手动添加"按钮，依据表 2-2-8，添加"主电动机报警"属性基本信息，本书示例见表 2-2-14。

15.2 添加"主电动机报警"属性

表 2-2-14 "主电动机报警"属性基本信息

内容	图示
属性名称：主电动机报警 属性 ID：motor_alarm 数据类型：Integer 读写操作设置：读写 属性值来源：规则指定	

2) 进行"主电动机报警"属性配置，属性值来源选择"规则指定"，根据高级表达式逻辑梳理，"主电动机报警"的代码内容如下：

```
int flag1= $ recent("motor_temp_flag");      //获取主电动机温度报警标识
int flag2= $ recent("motor_speed_flag");     //获取主电动机转速报警标识
int flag3= $ recent("motor_current_flag");   //获取主电动机电流报警标识
//如果主电动机温度、主电动机转速和主电动机电流任意一个为1则报警
```

```
if(flag1==1 || flag2==1 || flag3==1){
return 1;
}else{
return 0;
}
```

3)"主电动机报警"是对"主电动机温度报警标识""主电动机转速报警标识""主电动机电流报警标识"指标进行计算得到的,优先级设置为一级。

(3) 添加"今日主电动机报警时长"属性

1) 单击"手动添加"按钮,依据表2-2-8,添加"今日主电动机报警时长"属性基本信息,本书示例见表2-2-15。

15.3 添加"今日主电动机报警时长"属性

表2-2-15 "今日主电动机报警时长"属性基本信息

内容	图示
属性名称:今日主电动机报警时长 属性ID:motor_dah 数据类型:Number 读写操作设置:读写 属性值来源:规则指定	

2) 进行"今日主电动机报警时长"属性配置,属性值来源选择"规则指定",根据高级表达式逻辑梳理,"今日主电动机报警时长"的代码内容如下:

```
//获取当前今日主电动机报警时长
def temp_duration= $recent("motor_dah")
//如果今日主电动机报警时长为空,则今日主电动机报警时长为0
if (temp_duration==null){
temp_duration=0
}
//获取当前数据时间戳
```

```
Long current_timestamp=__timestamp__.longValue()/1000
//获取上一数据时间戳
Long last_timestamp=$lastStamp()/1000 ?:current_timestamp
//指定'年-月-日'转化格式
java.text.SimpleDateFormat sf = new java.text.SimpleDateFormat("yyyy-MM-dd")
//将格式为长整型的当前数据时间戳转化为'年-月-日'格式的字符串
String nowTimeStr = sf.format(new java.util.Date(current_timestamp*1000))
//将格式为长整型的上一数据时间戳转化为'年-月-日'格式的字符串
String lastTimeStr = sf.format(new java.util.Date(last_timestamp*1000))
//如果当前时间和上一时间不相等,则判断为隔天
if (nowTimeStr<=>lastTimeStr){
//初始化今日主电动机报警时长为0
temp_duration=0
//指定'年-月-日-时-分-秒'转化格式
java.text.SimpleDateFormat sdf_convert = new java.text.SimpleDateFormat("yyyy-MM-dd HH:mm:ss")
//上一时间戳设置为当天的0时0分0秒,并将其转化为数值格式
last_timestamp =((sdf_convert.parse(nowTimeStr+" 00:00:00")).getTime())/1000
}
//如果当前主电动机报警为1
if ($recent("motor_alarm")==1){
//状态时长与转化秒的时间片段累加
temp_duration=temp_duration+(current_timestamp-last_timestamp)
}
//返回今日主电动机报警时长
return temp_duration
```

15.4 添加"今日主电动机报警次数"属性

3)"今日主电动机报警时长"是对"主电动机报警"指标进行监测,并按照一定规则计算得到的,优先级设置为二级。

(4)添加"今日主电动机报警次数"属性

1)单击"手动添加"按钮,依据表2-2-8,添加"今日主电动机报警次数"属性基本信息,本书示例见表2-2-16。

表 2-2-16 "今日主电动机报警次数"属性基本信息

内容	图示
属性名称：今日主电动机报警次数 属性 ID：motor_dac 数据类型：Number 读写操作设置：读写 属性值来源：规则指定	

2）进行"今日主电动机报警次数"属性配置，属性值来源选择"规则指定"，根据高级表达式逻辑梳理，"今日主电动机报警次数"的代码内容如下：

```
//获取当前今日主电动机报警次数
def todayAlarmCount1=$recent("motor_dac")?:0;
//获取当前主电动机报警
def nowCount=$recent("motor_alarm")?:0;
//获取当前时间戳(单位毫秒)
long now=__timestamp__.longValue();
//获取上次上云时间戳(单位毫秒)
long last=$lastStamp()?:now;
//指定'年-月-日'转化格式
java.text.SimpleDateFormat sf=new java.text.SimpleDateFormat("yyyy-MM-dd")
//将格式为长整型的当前时间戳转化为'年-月-日'格式的字符串
String nowTimeStr=sf.format(new java.util.Date(now))
//将格式为长整型的上一时间戳转化为'年-月-日'格式的字符串
String lastTimeStr=sf.format(new java.util.Date(last))
//隔天重新计算
//如果当前时间和上一时间不相等,则判断为隔天,返回 0
if(nowTimeStr<=>lastTimeStr){
    return 0;
}
//如果主电动机报警为 0,则返回当前今日主电动机报警次数
if(nowCount==0){
    return todayAlarmCount1;
}else{
```

```
    //否则,返回当前今日主电动机报警次数加 1
    return todayAlarmCount1+1;
}
```

15.5 添加"今日主电动机报警时长得分"属性

3)"今日主电动机报警次数"是对"主电动机报警"指标进行监测,并按照一定规则计算得到的,优先级设置为二级。

(5) 添加"今日主电动机报警时长得分"属性

1) 单击"手动添加"按钮,依据表 2-2-8,添加"今日主电动机报警时长得分"属性基本信息,本书示例使用的属性名称为"今日主电动机报警时长得分",属性 ID 为"motor_dah_df",数据类型使用"Number",读写操作设置为"读写"。

2) 进行"今日主电动机报警时长得分"属性配置,属性值来源选择"规则指定",根据计算规则,"今日主电动机报警时长得分"的代码内容如下:

```
def alarmHour= $ recent("motor_dah")?:0;//获取当前今日主电动机报警时长
//如果报警时长小于或等于 60s 时,报警时长的得分为 100-1 * 今日主电动机报警时长/60
if(alarmHour<=60 || alarmHour==0){
    return 100-1 * alarmHour/60 ;
}else if(alarmHour>60 && alarmHour <=360){
//当报警时长大于 60s 并且小于或等于 360s 时,返回得分为 99-2 * (今日主电动机报警时长/60-1)
    return 99-2 * (alarmHour/60 -1);
}else if(alarmHour>360 && alarmHour <=1428){
//当报警时长大于 360s,并且小于或等于 1428s 时,返回 89-5 * (今日主电动机报警时长/60 -6)
    return 89-5 * (alarmHour/60 -6);
}else{
    //当报警时长大于 1428s 时,得分为 0
    return 0
}
```

3)"今日主电动机报警时长得分"是根据"今日主电动机报警时长"指标按照一定规则计算得到的,优先级设置为三级。

(6) 添加"今日主电动机报警次数得分"属性

15.6 添加"今日主电动机报警次数得分"属性

1) 单击"手动添加"按钮,依据表 2-2-8,添加"今日主电动机报警次数得分"属性基本信息,本书示例使用的属性名称为"今日主电动机报警次数得分",属性 ID 为"motor_dac_df",数据类型使用"Number",读写操作设置为"读写"。

2) 进行"今日主电动机报警次数得分"属性配置,属性值来源选择"规则指定",根据计算规则,"今日主电动机报警次数得分"的代码内容如下：

```
def alarmCount=＄recent("motor_dac")?:0;   //今日主电动机报警次数
//如果今日报警次数为 0 次或者 1 次,返回得分为 100-1＊今日主电动机报警次数
if(alarmCount==1 || alarmCount==0){
    return 100-1＊alarmCount;
}else if(alarmCount>=2 && alarmCount<=5){
//如果今日报警次数大于或等于 2 次、小于或等于 5 次,返回得分 99-2＊(今日主电动机报
警次数-1)
    return 99-2＊(alarmCount-1);
}else if(alarmCount>=6 && alarmCount<=23){
//如果今日报警次数大于或等于 6 次、小于或等于 23 次,返回得分 91-5＊(今日主电动机
报警次数-5)
    return 91-5＊(alarmCount-5);
}else{
//所有当报警次数大于或等于 24 次时,返回得分为 0
    return 0
}
```

3)"今日主电动机报警次数得分"是根据"今日主电动机报警次数"指标按照一定规则计算得到的,优先级设置为三级。

(7) 添加"今日主电动机健康度"属性

1) 单击"手动添加"按钮,依据表 2-2-8,添加"今日主电动机健康度"属性基本信息,本书示例使用的属性名称为"今日主电动机健康度",属性 ID 为"motor_health",数据类型使用"Number",读写操作设置为"读写"。

15.7 添加"今日主电动机健康度"属性

2) 进行"今日主电动机健康度"属性配置,属性值来源选择"规则指定",根据计算规则,"今日主电动机健康度"的代码内容如下:

```
def alarmCountde=＄recent("motor_dac_df")?:0;   //今日主电动机报警次数
                                                  得分
def alarmHourde=＄recent("motor_dah_df")?:0;    //今日主电动机报警时长
                                                  得分
//返回健康度为今日主电动机报警次数得分＊0.6+今日主电动机报警时长得分＊0.4
return alarmCountde＊0.6+alarmHourde＊0.4
```

3)"今日主电动机健康度"是根据"今日主电动机报警时长得分"和"今日主电动机报警次数得分"指标按照一定规则计算得到的,优先级设置为四级。

6. 调试属性计算规则

在规则指定的语句编写过程中需要对编写的代码进行调试,以验证代码的正确性。本任务以"主电动机温度报警标识""主电动机报警""今日主电动机报警时长"三个指标为例进行调试。

16.1 "主电动机温度报警标识"调试

(1)"主电动机温度报警标识"调试

1)如图 2-2-17 所示,在"主电动机温度报警标识"指标的规则指定中,单击"进行调试"按钮,再单击"添加"按钮进行属性赋值,传入的参数有"motor_temp"和"device_status",设置"motor_temp"属性当前值为"120","device_status"属性当前值为"1",即在设备作业状态时,当主电动机的温度为120℃时,不满足报警条件,单击"开始运行"按钮,运行详情处可以得到结果为"0",验证通过。

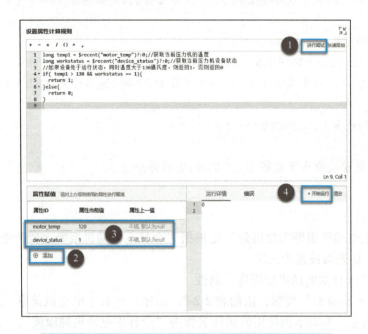

图 2-2-17　调试不满足条件时的主电动机温度报警标识

2)按上述调试方法,如图 2-2-18 所示,在设备作业状态时,当主电动机的温度为140℃时,满足报警条件,在运行详情处返回"1",验证通过。

图 2-2-18　调试满足条件时的主电动机温度报警标识

3）如果想要清除运行结果，单击"清空"按钮即可。

（2）"主电动机报警"调试

1）如图 2-2-19 所示，在"主电动机报警"指标中传入的参数有"motor_temp_flag""motor_speed_flag""motor_current_flag"。根据"主电动机报警"的计算规则，当主电动机的温度、转速、电流报警标识均不发出报警时，"主电动机报警"返回"0"，即不报警，验证通过。

16.2 "主电动机报警"调试

2）当主电动机的温度、转速、电流报警标识中任一发出报警时，"主电动机报警"返回"1"，即报警。如图 2-2-20 所示，当只有主电动机转速报警标识发出报警时，运行详情的结果为"1"，验证通过。

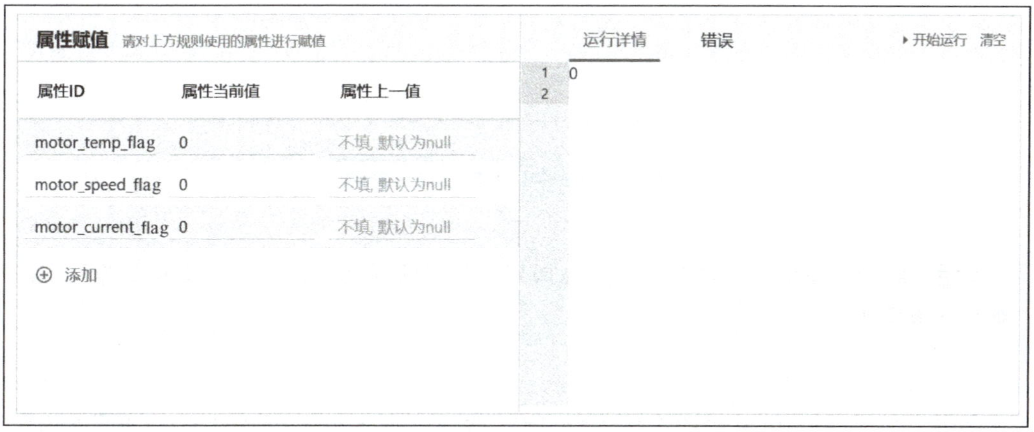

图 2-2-19　调试不满足条件时的主电动机报警标识

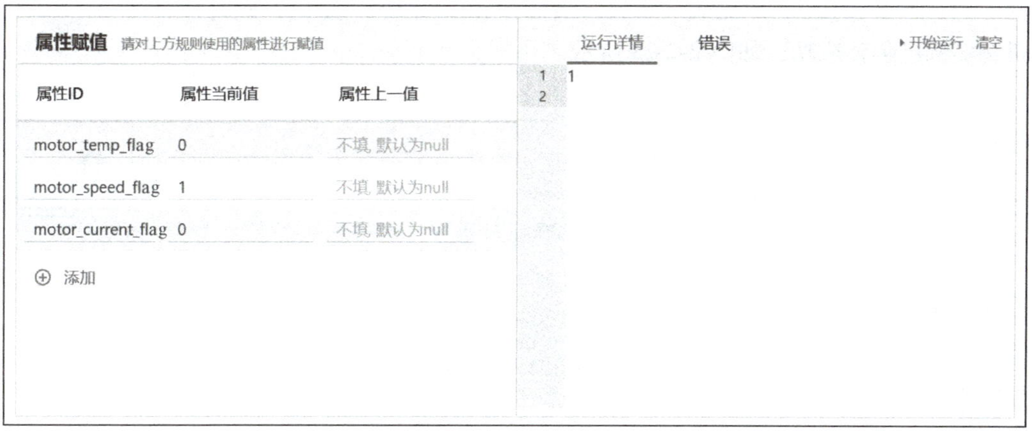

图 2-2-20　调试满足条件时的主电动机报警标识

（3）"今日主电动机报警时长"调试　如图 2-2-21 所示，在"今日主电动机报警时长"指标中传入的指标参数有"motor_dah""motor_alarm"。除了为传入指标设置参数，还需设置时间戳参数。根据"主电动机报警"的计算规则，设置"motor_dah"的属性当前值为"5"，当"motor_alarm"为"1"时，即主电动机为报警状态。由于主电动机报警时长的单位为 s，

16.3 "今日主电动机报警时长"调试

而获取的时间戳的单位为 ms，故时间片段累加后近似等于"15"，验证通过。

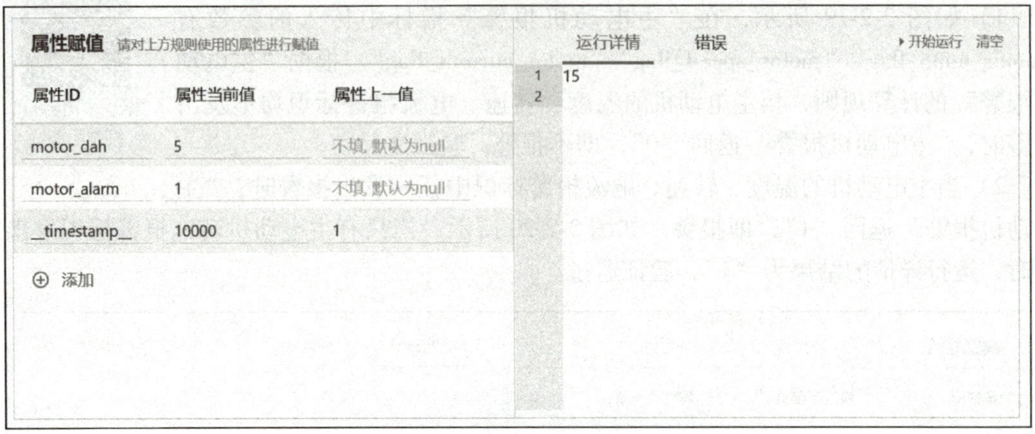

图 2-2-21 调试今日主电动机报警时长

> **说明**：添加完指标属性之后，需要返回到物模型的详情页，单击"更新发布"按钮，重新发布物模型。

7. 创建设备物实例

如图 2-2-22 所示，单击"物"→"物实例"按钮，进入物实例创建页面，单击"注册"按钮，创建冲压机物模型对应物实例。类型选择"设备"，物标识为该物实例的唯一标识，本书示例为"XMSL002"。联网方式选择"通过网关连接"，详见表 2-2-17。最后单击"注册"按钮，此时冲压机物实例已创建成功，如图 2-2-23 所示。

17.创建设备物实例

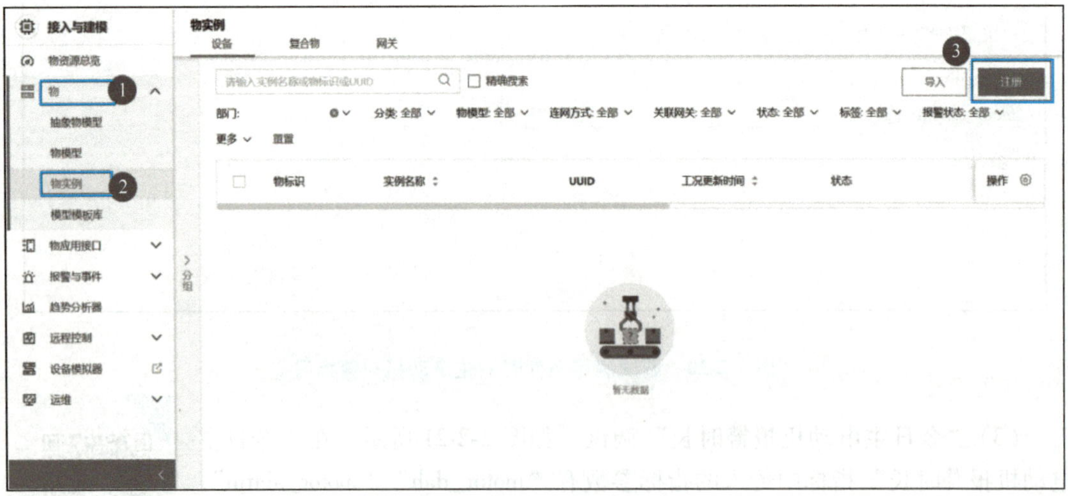

图 2-2-22 注册冲压机物实例

项目 2　工业设备健康运维分析

表 2-2-17　物实例示例

内容	图示
基本信息 类型：设备 实例名称：冲压机 物标识：XMSL002	
物联信息 物模型：冲压机模型 联网方式：通过网关连接 关联网关：冲压机网关实例 通信标识：XMSL002	

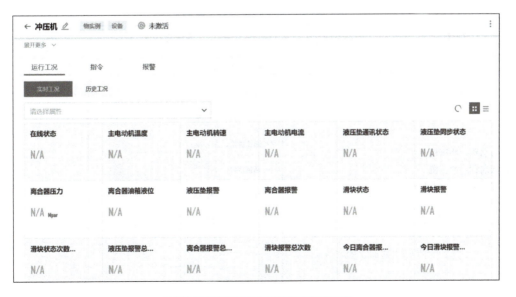

图 2-2-23　冲压机物实例创建完成

119

说明：若要使设备激活，可使用设备模拟器创建仿真设备，详见任务拓展中的设备模拟器和采集模拟器相关介绍。

2.2.4 拓展资料

拓展资料3—设备模拟器操作步骤

1. 设备模拟器操作步骤

1）打开设备模拟器，进入"设备仿真程序"页面，单击"设备模拟器"按钮，如图 2-2-24 所示。单击"新建仿真设备"按钮，弹出"新增仿真设备"对话框，本书示例参数信息填写见表 2-2-18。

图 2-2-24 新建仿真设备

表 2-2-18 新增仿真设备信息设置

内容	图示
设备名称：冲压机 模板名称：冲压机 IP 地址：192.168.1.3 端口号：1	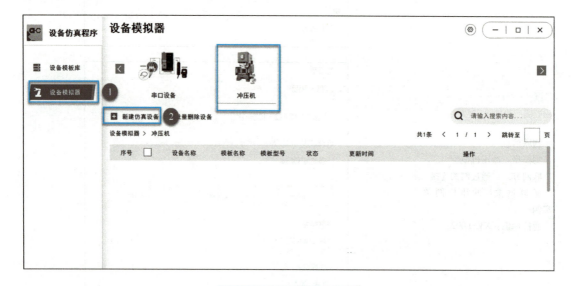

2)"冲压机"创建完成后,单击"编辑"按钮,如图 2-2-25 所示。

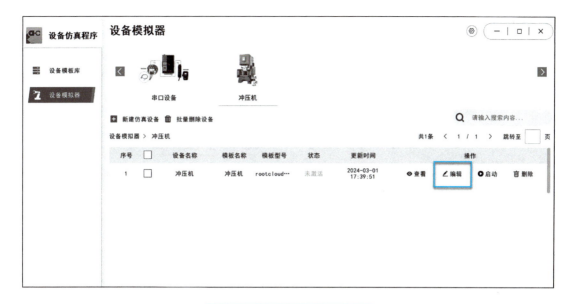

图 2-2-25　单击"编辑"按钮

3)进入设备详情页面,单击"设备参数"按钮,在"历史数据"选项卡中单击"导入"按钮,如图 2-2-26 所示,导入本书配套资源中的"冲压机历史数据.xlsx"文件,导入完成的结果如图 2-2-27 所示。

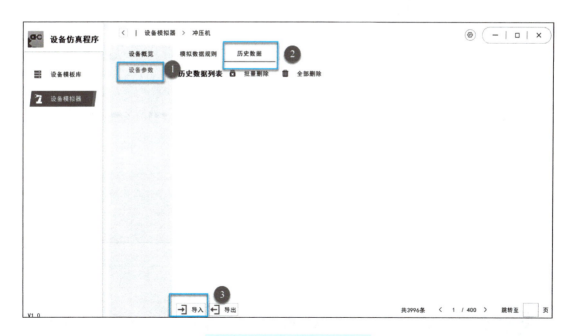

图 2-2-26　单击"导入"按钮

4)如图 2-2-28 所示,单击"启动"按钮,设备开始运行。

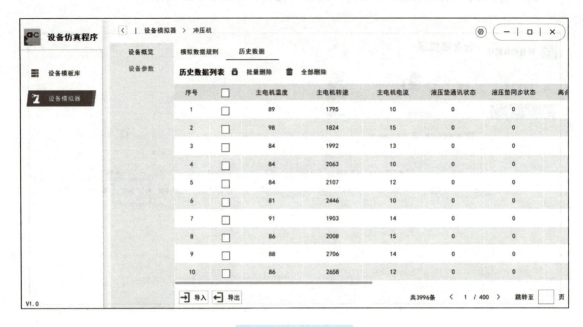

图 2-2-27　导入完成

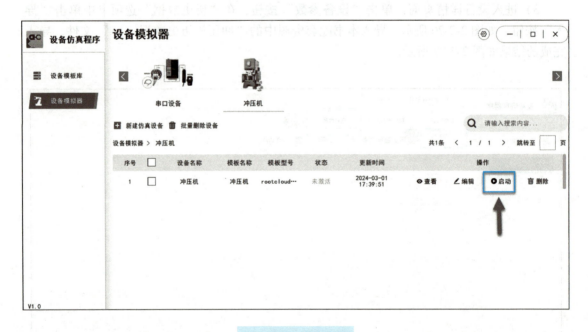

图 2-2-28　启动设备

2. 采集模拟器操作步骤

1）打开采集模拟器，进入网关采集程序页面，单击"采集模拟器"按钮，如图 2-2-29 所示，再单击"新建采集"按钮，弹出"新增采集"对话框，本书示例参数信息填写见表 2-2-19。

拓展资料4—采集模拟器操作步骤

项目 2 工业设备健康运维分析

图 2-2-29 新建采集模拟器

表 2-2-19 新建采集模拟器信息设置

内容	图示
采集名称：冲压机 模板名称：冲压机 通信协议：Siemens S7 通信接口：网口 设备名称：冲压机 网关名称：通用网关 采集频率：1 IP 地址：192.168.1.3 端口号：1	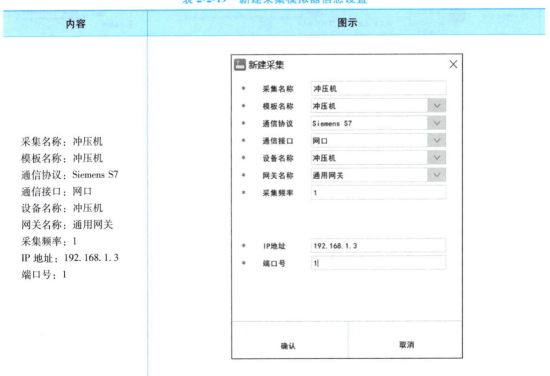

2）如图 2-2-30 所示，单击"网关配置"按钮，进入"网关配置"页面。如图 2-2-31 所示，打开"数据列表"选项卡，单击"新增参数"按钮，根据表 2-2-20 进行数据采集。

123

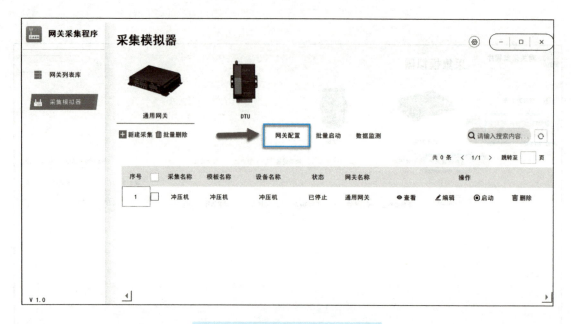

图 2-2-30 单击"网关配置"按钮

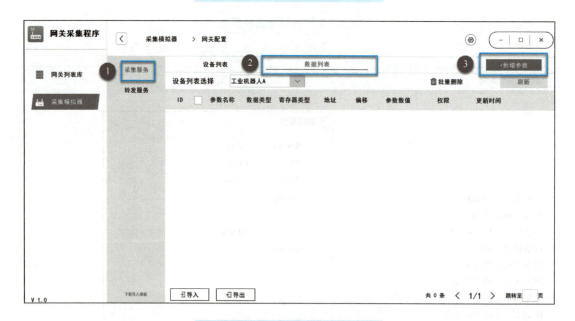

图 2-2-31 单击"新增参数"按钮

表 2-2-20 采集参数信息

ID	参数名称	读写权限	单位	数据类型	寄存器类型	寄存器地址	位偏移地址
motor_temp	主电动机温度	读写	℃	FLOAT	M	10	—
motor_speed	主电动机转速	读写	r/min	FLOAT	M	20	—
motor_current	主电动机电流	读写	A	FLOAT	M	30	—
io_com	液压垫通信状态	读写	—	Integer	Q	1	0

项目 2　工业设备健康运维分析

（续）

ID	参数名称	读写权限	单位	数据类型	寄存器类型	寄存器地址	位偏移地址
io_syn	液压垫同步状态	读写		Integer	Q	1	1
clutch_pre	离合器压力	读写	Mpar	FLOAT	M	40	—
liquid_level	离合器油箱液位	读写	MM	FLOAT	M	50	—
block_sta	滑块状态	读写		Integer	Q	1	2
device_status	设备状态	读写		Integer	Q	1	3

3）根据表 2-2-20 设置新增参数信息，详见表 2-2-21。同理依次添加其他采集参数。

表 2-2-21　新增采集参数信息

内容	图示
ID：motor_temp 参数名称：主电动机温度 读写权限：读写 单位：℃ 数据类型：FLOAT 寄存器类型：M 寄存器地址：10 位偏移地址：-	（编辑参数对话框） * ID: motor_temp　　* 参数名称: 主电动机温度 * 读写权限: 读写　　　单位: ℃ * 数据类型: FLOAT　　寄存器类型: M * 寄存器地址: 10　　　位偏移地址: - [确认]　[取消]

4）在"转发服务"页面单击"新增"按钮，如图 2-2-32 所示，新增转发服务，弹出"新增转发"页面，进行参数配置，见表 2-2-22。

图 2-2-32　单击"新增"按钮

表 2-2-22　新增转发服务设置

内容	图示
名称：冲压机数据上云 协议：MQTT 连接标识：XMSL002 IP 地址：mqtt-broker.rootcloud.com 端口号：1883 本地设备：冲压机 ClientID：drBTPrY5fpz 用户名：drBTPrY5fpz 密码：cPRwUSOyjzB	

5）在"转发服务"页面单击"编辑"按钮，如图 2-2-33 所示，进入"编辑"对话框，如图 2-2-34 所示，选择"点表映射"选项卡，单击"新增"按钮，在"添加映射"对话框中，将每个参数进行映射。

说明：参数名称与物模型的属性 ID 应一一对应。

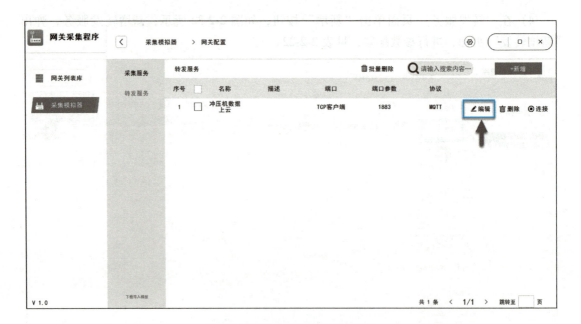

图 2-2-33　单击"编辑"按钮

6）当点表映射添加完成后，需在"采集模拟器"页面中单击"启动"按钮进行数据采

项目 2　工业设备健康运维分析

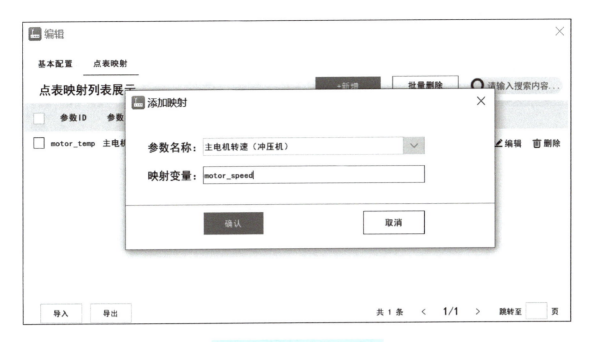

图 2-2-34　"添加映射"对话框

集，如图 2-2-35 所示。进入"转发服务"页面，单击"连接"按钮，如图 2-2-36 所示。然后登录根云平台，进入物实例页面查看数据，此时物实例显示在线状态，如图 2-2-37 所示。

图 2-2-35　启动数据采集

127

工业数据处理与分析

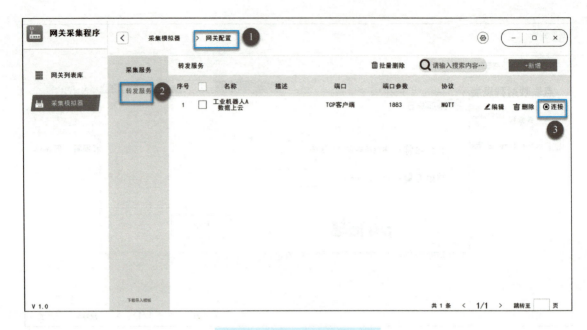

图 2-2-36 单击"连接"按钮

图 2-2-37 物实例在线状态

【任务训练】

1. 单选题

（1）若时间窗口的步长设置为3s，这意味着什么？（　　）

A. 每3s计算一次窗口内的数据

128

B. 窗口长度为 3s

C. 每 3s 重置一次窗口数据

D. 每 3s 停止一次数据计算

(2) timestamp 变量的单位是什么？（　　）

A. s　　　　　　　B. min　　　　　　C. ms　　　　　　D. h

(3) 在控制语句中，for 语句的作用是什么？（　　）

A. 条件判断　　　　　　　　　B. 执行一次语句

C. 在特殊条件下进行迭代　　　D. 创建新的变量

(4) 下面哪个选项最准确地描述了 while 语句的执行条件？（　　）

A. 只要循环条件为真，就执行一次

B. 只有当循环条件为假时，才执行

C. 只要循环条件为真，就重复执行

D. 与循环条件无关，始终执行一次

(5) Math.floor（　　）函数的作用是什么？（　　）

A. 向上取整　　　　　　　　　B. 向下取整

C. 四舍五入取整　　　　　　　D. 计算绝对值

2. 多选题

(1) 在使用 for 语句进行迭代时，可能需要哪些元素？（　　）

A. 元素变量名　　　　　　　　B. 数组变量名

C. 循环条件　　　　　　　　　D. 累加器变量

(2) 关于 while 语句的描述，以下哪些是正确的？（　　）

A. 需要一个循环条件

B. 可以用于执行累加操作

C. 通常与条件判断结合使用

D. 仅在循环条件为假时执行

(3) 在处理物模型属性时，内置变量和控制语句的重要性体现在哪些方面？（　　）

A. 简化计算过程　　　　　　　B. 提高执行效率

C. 增加编程复杂性　　　　　　D. 使得模型更灵活

(4) 哪些函数可以用于取整操作？（　　）

A. Math.round（　　）　　　　B. Math.floor（　　）

C. Math.ceil（　　）　　　　　D. Math.abs（　　）

(5) 在使用时间窗口进行数据处理时，哪些参数是必须设置的？（　　）

A. 默认值　　　　　　　　　　B. 步长

C. 窗口长度　　　　　　　　　D. 聚合函数类型

3. 实操训练

按照附录 D 所描述的计算规则，给各属性设置属性规则，并对规则进行验证。在此过程中，需要手动添加附录 D 中相关的计算属性，包含属性名称、属性 ID 和数据类型，数据来源统一选择"规则指定"，其中"滑块状态次数（1h 内）"需要使用时间窗口完成。最终发布设置好的物模型。

任务 2.3 设备报警定义和计算

2.3.1 任务说明

本任务的目标是在已建立的故障报警模型中完善报警机制。开发工程师需针对特定设备在模型中添加报警属性并严格定义清晰、规范的报警规则。这些规则应当在实际设备满足特定条件时触发报警信息。同时，开发工程师也可以根据需要自定义报警消除规则。因此，本任务的学习导图和任务目标如图 2-3-1 所示。开发工程师需完成以下三项任务。

1) 报警点表梳理：分析并确定哪些设备状态或事件需要设置报警。
2) 报警规则添加：基于业务需求，为每个报警点定义具体的触发规则。
3) 报警查看：确保报警信息在平台上清晰可见，并且易于理解和追踪。

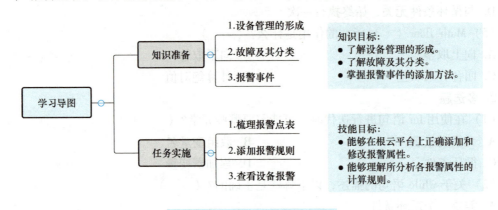

图 2-3-1 学习导图和任务目标

2.3.2 知识准备

1. 设备管理的形成

设备管理从产生直至今日，经历了以下几个发展时期。

（1）事后维修 在 20 世纪初，工业设备逐步代替了手工作业，克服了手工作业质量不稳定、无法大批量生产、成本高等缺点。随着制造加工对机械设备的依赖性越来越突出，伴随而来的设备故障率也与日俱增，严重影响着产品品质和生产率的进一步提升。为了解决这类问题，部分制造业提出"事后维修（Breakdown Maintenance，BM）"，也就是当设备出现故障后马上采取应急措施进行事后处置。因此，这一时期，设备最显著的特点是半自动、手动操作设备多，因其结构简单，工人可以自己动手修理。

（2）预防性维修 20 世纪 50 年代后，开始出现复杂设备。复杂设备通常由大量零部件组成，修理所占用的时间已成为影响生产的一个重要因素。同时，人们发现设备故障总在某些部位出现，因此在维护时主要去查找薄弱部分并对其进行改良。为了尽量减少设备维修对实际生产的影响，预防性维修（Preventive Maintenance，PM）被提出，即通过对设备的"物理性检查"来预防其故障的发生，从而达到延长设备使用寿命的目的。预防维修的开展包括三个方面的活动：①设备的日常维护（清洁、检查和润滑）；②对设备进行定期检查，及时掌握设备的劣化状况；③对设备的劣化采取复原活动。

自推行预防性维修策略以来，设备管理领域经历了重大转变，由传统的事后维修模式逐步转向定期的预防性维修体系。这一转变基于对设备潜在损害进行前瞻性分析，从而制定并实施必要的预防性维修计划，旨在有效保障设备的持续、稳定运行。

（3）改善性维修　随着设备管理的深入，人们发现设备的许多故障是周期性出现的，于是出现了通过对设备进行改进以减少故障的发生；或者优化对故障的检查和修复，以延长设备寿命的改善活动，即改善性维修（Corrective Maintenance，CM）。CM 将维修人员和部分操作人员共同纳入到活动之中。开展改善性维修需要进行两方面活动：①对故障发生源进行有效的改善；②记录日常检查结果和发生故障的详细情况。

（4）全面生产维修　全面生产维修（Total Productive Maintenance，TPM）是以提高设备综合效率为目标，以全系统的预防性维护为过程，以全体人员参加为基础的设备保养和维修体制。TPM 的特点是三个"全"，即全效率、全系统和全员参加。全效率指设备寿命周期费用评价和设备综合效率。全系统指生产维修系统的各个方法都要包括在内，即 BM、PM 和 CM 等都要包含。全员参与强调的是设备的计划、使用、维修等各个环节均需涵盖所有相关部门的人员，尤其要突出操作者自发组织的小组活动在其中的核心作用。三个"全"之间的关系为：全员参与为基础，全系统的预防性维修为载体，全效率为目标。

TPM 的目标概括为四个"零"，即停机为零、废品为零、事故为零、速度损失为零。①停机为零：指计划外的设备停机时间为零。因为任何计划外的停机都会给生产带来巨大冲击，导致生产流程受阻，产品配给出现困难，进而引发资源闲置和其他不必要的浪费现象。计划时间要有一个合理值，不能为了满足非计划停机为零而使计划停机时间值很高。②废品为零：指由设备原因造成的废品数量为零。"完美的质量需要完善的机器"，机器是保证产品质量的关键，而人是保证机器好坏的关键。③事故为零：指设备运行过程中事故数量为零。设备事故的危害非常大，不仅影响生产，还可能造成人身伤害。④速度损失为零：指设备速度降低造成的产量损失为零。由于设备保养不好、设备精度降低而不能按高速度使用设备、等于降低了设备性能。

2. 故障及其分类

（1）故障的概念　故障，作为一个广泛应用于工业、电子、计算机科学和其他技术领域的概念，通常指的是系统、设备或组件在正常运行中出现的异常状态或功能失效。故障的存在不仅影响设备的正常运行，还可能导致生产率下降、成本增加，甚至引发安全事故。理解故障的定义和概念，对于确保工业生产的稳定性和安全性至关重要。

广义上，故障是指任何偏离预期性能或功能的情况。它可能表现为设备完全停止工作、运行效率下降、产出质量降低或操作不当。例如，一个工业机器人的故障可能表现为无法执行特定动作，或其动作不够精确。

（2）故障的分类　故障可以根据其性质、原因、影响范围和检测方式进行分类。从性质上看，故障可以分为机械故障、电气故障、软件故障等。根据原因分类，故障可以分为人为故障、自然故障、设计缺陷等。从影响范围来看，故障可以是局部的，也可以是整个系统的。从检测方式来看，包括直接和间接的检测故障。

1）按照故障性质分类，分为机械故障、电气故障以及控制系统故障。机械故障通常指的是机械设备的结构、部件或连接方式出现的问题，如轴承损坏、齿轮磨损、密封失效、振动异常等；电气故障，如电机故障、电路断路、绝缘损坏、接触不良等；控制系统故障包括自动化控制系统中的故障，如传感器故障、逻辑错误、通信故障等。

2）按故障原因分类，分为人为故障、设计缺陷、维护不当以及环境影响。人为故障是指由操作人员的不当操作造成的故障，如误操作、操作程序错误等；设计缺陷是指由于设计不合理或计算错误造成的故障，如结构设计不当、材料选用错误等；维护不当是指因为缺乏适当的维护和保养导致的故障，如润滑不足、未定期检查等；环境影响是指外部环境对设备的影响，如温度、湿度、粉尘、腐蚀性气体等。

3）按照故障的影响分类，分为安全性故障、生产率故障、质量故障等。安全性故障是指直接威胁到操作人员安全或设备安全的故障；生产率故障是指影响生产率的故障，如机器停机、产能下降等；质量故障是指影响产品质量的故障，如尺寸不准确、表面处理不良等。

4）按故障检测方式分类，分为直接检测故障和间接检测故障。直接检测故障是指影响产品质量的故障，如尺寸不准确、表面处理不良等；间接检测故障是指需要通过仪器仪表或专业软件来检测的故障，如温度异常、电流变化等。

工业场景中的故障多种多样，其检测和预防是保证生产安全、提高效率、降低成本的关键。随着技术的发展，特别是物联网、大数据、人工智能等技术的应用，故障的预测、检测和处理变得更加高效和智能。例如，通过实时数据分析可以预测设备故障，通过自动化控制系统可以迅速定位故障并采取措施，从而大幅提高工业生产的稳定性和安全性。

3. 报警事件

物模型一般由属性、动作和事件三种元素来定义，属性即描述设备运行时的某种状态；动作是指设备可以被调用的能力或方法；事件是指设备在运行过程中产生的信息、报警和故障等。这三种元素分别对应根云平台物模型的属性、指令功能和报警功能。

根云平台提供报警功能，用于在云端监控设备的运行状态和健康状态，提醒设备管理员设备失去或降低了其规定功能，如水温过高报警。设备管理员依据报警信息，可以及时对设备进行分析和处理。设备管理员还可以依据物模型的所有历史报警信息，提前分析和诊断设备的工作能力和状态，降低设备故障的风险，提高设备维护的效率。

设备管理员需要在物模型中为设备添加报警，定义物模型报警规则。当实际设备满足触发规则后，平台会发出报警信息，报警产生后，默认当设备不符合触发条件时报警会自动消除，用户也可自定义报警消除规则。例如，设置机床离开固定位置时产生报警，机床恢复原来位置后报警消除。操作员还可以自定义机床产生报警后，将实时工况数据同步上报到平台。

与运行工况和指令不同，报警信息需要触发才能显示，因此，首次查看报警页面可能为空白，当设备上报的数据满足了设置的报警规则后，报警页面才会展示具体的报警信息。

自定义报警参数主要包括：报警 ID、报警名称、报警级别、设置报警触发规则、设置报警解除规则、报警方式、报警延迟时间、与报警同时上报的属性值、报警原因和解决方案等。自定义报警参数说明见表 2-3-1。

表 2-3-1 自定义报警参数说明

参数	说明
报警 ID	用户自定义，例如，alarm001
报警名称	用户自定义，例如，水温过高报警
描述	关于此报警的描述，例如，此报警用于监控水温的变化
报警级别	用于表示报警严重程度的标识，按照从严重到一般的程度划分，默认有以下几个级别：紧急、重要、警告、一般、不确定

（续）

参数	说明
报警原因	触发此报警的原因
解决方案	触发此报警的解决方案
报警标签	用户自定义，用于对报警进行分类，以便于查询。一个报警可以添加多个标签，例如，温度类。可批量添加或导出标签
与报警同时上报的属性值	报警上报的时候，可以把指定属性的值也一起展示出来，例如，水温大于100℃时产生报警，同时上报的属性值选择水温和燃油温度，此时上报到平台的数据为水温105℃，燃油温度200℃，那么在上报这条报警的同时，也会展示水温105℃，燃油温度200℃的数据
设置报警触发规则	报警触发规则有三种方式：简单规则、多条件规则、Groovy 表达式 1）简单规则：满足单一条件时触发报警 2）多条件规则：满足全部条件时触发报警 3）Groovy 表达式：可以选择是否默认添加 $ recent 函数，勾选后会对所有属性添加 $ recent 函数的计算方式
报警规则最小执行间隔（单位：ms）	在设定范围内工况出现异常则触发报警规则，计算生成报警信息。一个间隔内最多只执行一次报警规则计算。一般应用于属性值累计等不需要频繁执行报警规则的场景，以节约计算资源
报警延迟时间（单位：s）	设备触发规则后，一段时间内，持续满足报警条件，平台才产生报警。例如设置报警延迟时间为 10s，则当水温大于 100℃，且这个状态持续了 10s 后，平台才产生报警。该功能可一定程度上过滤掉误报的情况，提高报警的可信度
报警方式	仅报警一次：设备触发规则后，平台产生一次报警，规则持续被触发，平台不再产生相同报警 持续报警：设备触发规则后，平台产生一次报警，规则持续被触发，平台持续产生相同报警。最低时间间隔可设置为 3min 报警一次，最多仅报警 5 条
设置报警解除规则	报警解除规则有自动解除、简单规则、多条件规则、Groovy 表达式四种方式 1）自动解除：不满足报警触发规则后自动解除报警 2）简单规则：满足某一条件时解除报警 3）多条件规则：全部条件满足时解除报警 4）Groovy 表达式：Groovy 条件满足时解除报警

2.3.3 任务实施

1. 梳理报警点表

梳理出报警指标点表，详见表 2-3-2。

表 2-3-2 报警指标点表

报警名称	报警 ID	描述	报警级别
主电动机温度报警	motor_temp_alarm	当电动机温度信号值大于 130℃时报警	紧急
主电动机转速报警	motor_speed_alarm	转速超过 3000r/min，主电动机转速报警	紧急
主电动机电流报警	motor_current_alarm	设备工作时，电流值不在正常值（10~20A）内报警	紧急
液压垫通信报警	io_com_alarm	液压垫通信状态为 1 时，报警	重要

（续）

报警名称	报警 ID	描述	报警级别
液压垫同步报警	io_syn_alarm	液压垫同步状态为1时，报警	重要
离合器压力报警	clutch_alarm	离合器压力上限为78MPa、下限为65MPa	警告
离合器油箱液位报警	liquid_level_alarm	离合器油箱液位上限为1000mm，下限为200mm	一般
滑块报警	block_alarm	滑块1h内滑动上限为15次	一般

18.1 添加"主电动机温度报警"属性

2. 添加报警规则

（1）添加"主电动机温度报警"属性

1）打开"冲压机模型"的物模型详情页，先单击"报警"按钮，然后单击"修改模型"按钮，此时物模型进入"草稿"状态。

2）如图2-3-2所示，单击"添加报警"按钮。

3）根据表2-3-3中的"主电动机温度报警"基本参数添加报警信息。

图2-3-2 单击"添加报警"按钮

表2-3-3 "主电动机温度报警"基本参数

内容	图示
报警名称：主电动机温度报警 报警ID：motor_temp_alarm 描述：当电动机温度信号值大于130℃时报警 报警级别：紧急 报警原因：当设备长时间运行后，电流增大，转速增大，设备温度会升高 解决方案：请维修工人进行核查维修 报警标签：1级报警 与报警同时上报的属性值："主电动机转速""主电动机电流"	

4）设置"主电动机温度报警"触发报警规则，如图 2-3-3 所示，勾选"规则使用的属性默认添加 $ recent 函数"。

图 2-3-3　主电动机温度报警触发规则

5）设置"主电动机温度报警"的报警解除规则，如图 2-3-4 所示，在编辑框中输入"$ recent ('motor_temp')<=130"。然后，设置"主电动机温度报警"的其他信息，报警方式选择"仅报警一次"，设置延迟报警时间为 2s。

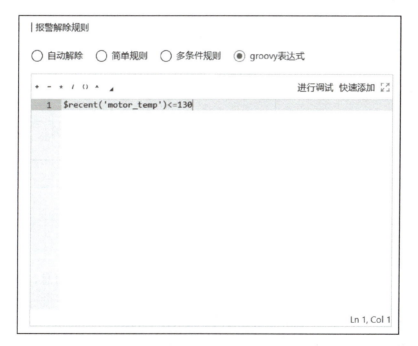

图 2-3-4　主电动机温度报警解除规则

（2）添加"主电动机转速报警"属性

1）根据表 2-3-4 中的"主电动机转速报警"基本参数添加报警信息。

2）设置"主电动机转速报警"触发报警规则，勾选"规则使用的属性默认添加 $ recent 函数"。

3）勾选"groovy 表达式"的报警解除规则，在编辑框中输入如下代码。

18.2 添加"主电动机转速报警"属性

工业数据处理与分析

表 2-3-4 "主电动机转速报警"基本参数

内容	图示
报警名称：主电动机转速报警 报警 ID：motor_speed_alarm 描述：转速超过 3000r/min，主电动机转速报警 报警级别：紧急 报警原因：当设备长时间运行后，电流增大，转速增大，设备温度会升高 解决方案：请维修工人进行核查维修 报警标签：1 级报警 与报警同时上报的属性值："主电动机温度""主电动机电流"	

```
//当前主电动机转速小于或等于3000r/min
motor_speed<=3000
```

18.3 添加"主电动机电流报警"属性

4）设置"主电动机转速报警"的其他参数信息，报警方式选择"仅报警一次"，设置延迟报警时间为 2s。

(3) 添加"主电动机电流报警"属性

1）根据表 2-3-5 中的"主电动机电流报警"基本参数添加报警信息。

2）设置"主电动机电流报警"触发报警规则，勾选"规则使用的属性默认添加 $ recent 函数"，且选择使用"复杂规则"。在编辑框中输入如下代码。

```
//当设备处于作业状态,且当前主电动机电流大于20A或者小于10A时,触发报警规则
($recent("motor_current")>20 || $recent("motor_current")<10)&&$recent("device_status")==1
```

表 2-3-5 "主电动机电流报警"基本参数

内容	图示
报警名称：主电动机电流报警 报警 ID：motor_current_alarm 描述：设备工作时，电流值不在正常值（10~20A）内报警 报警级别：紧急 报警原因：当设备长时间运行后，电流增大，转速增大，设备温度会升高 解决方案：请维修工人进行核查维修 报警标签：1 级报警 与报警同时上报的属性值："主电动机温度""主电动机转速"	

3) 设置"主电动机电流报警"解除报警规则，在编辑框中输入如下代码。

```
//当前主电动机电流小于或等于20A,并且大于或等于10A时解除报警规则
$recent("motor_current")<=20 && $recent("motor_current")>=10
```

4) 参照主电动机转速报警和主电动机温度报警属性的相关设置，设置"主电动机电流报警"的其他参数信息。

> 说明：添加完指标属性之后，返回到物模型的详情页，单击"更新发布"按钮，重新发布物模型。

3. 查看设备报警

如图 2-3-5 所示，进入冲压机物实例详情页面，打开"报警"选项卡，查看具体的报警信息。

2.3.4 任务拓展

工业设备运维的发展路径可大致划分为初期的预防性维护、条件监测和预测性维护、基于可靠性的维护和智能维护。

（1）初期的预防性维护　在工业革命早期，设备的维护主要依赖于预防性维护，这种方法基于固定时间表或设备运行时长来进行例行检查和维

19.查看设备报警

图 2-3-5 查看冲压机报警信息

护，目的是通过定期维护来预防故障的发生，以避免生产中断和大规模的设备损坏。然而，这种方法并没有考虑设备的实际工作状况和负荷差异，可能会导致过度维护或忽视了真正需要关注的问题，从而增加了不必要的维护成本和停机时间。

（2）条件监测和预测性维护 随着电子技术和信息技术的发展，特别是在 20 世纪后半叶，条件监测和预测性维护开始兴起。这个阶段利用传感器技术对设备的关键运行参数（如温度、振动、声音等）进行实时监测，通过收集和分析这些数据，可以实时了解设备的健康状况。预测性维护通过分析趋势和模式来预测设备潜在的故障点，从而在问题发生之前进行干预，减少了无计划的停机时间和维护成本。

（3）基于可靠性的维护 基于可靠性的维护（Reliability-Centered Maintenance，RCM）在 20 世纪 70 年代得到发展，它进一步优化了维护决策过程。RCM 方法强调根据设备的重要性和故障对生产过程影响的程度来制定维护策略，而不是单纯依赖时间表或仅仅基于设备状况。这种方法关注确定哪些维护活动是必要的，以确保设备的可靠性和安全性，同时考虑维护活动的成本效益，以达到最优的维护效果。

（4）智能维护 21 世纪初，随着工业物联网（Industrial Internet of Things，IIoT）、大数据和人工智能技术的快速发展，智能维护成了最新的趋势。这一阶段的特点是通过在设备上安装更多的智能传感器，收集大量的操作和性能数据，利用高级数据分析和机器学习算法，可以更准确地预测故障，自动调整维护计划，甚至实现设备的自我诊断和自我修复。智能维护大大提高了维护效率，减少了设备的停机时间，并优化了资源的使用。

【任务训练】

1. **单选题**

（1）在 20 世纪初，制造业中设备管理主要采用的维修方式是什么？（   ）

A. 预防性维修　　　　B. 改善性维修　　　　C. 事后维修　　　　D. 全面生产维修

（2）改善性维修的目的是什么？（   ）

A. 预防故障的发生　　　　　　　　　　B. 减少故障的发生

C. 确保设备全自动操作　　　　　　　　D. 增加设备的自动化程度

（3）全面生产维修的特点不包括以下哪一项？（   ）

A. 全效率　　　　　B. 全自动化　　　　C. 全员参加　　　　D. 全系统
（4）人为故障是由什么原因引起的？（　　）
A. 设计不合理　　　　　　　　　　B. 维护不当
C. 操作人员的不当操作　　　　　　D. 外部环境影响
（5）故障的哪种分类侧重于故障对生产的具体影响？（　　）
A. 按照故障性质分类　　　　　　　B. 按故障原因分类
C. 按照故障影响分类　　　　　　　D. 按故障检测方式分类

2. **多选题**

（1）20世纪50年代以后，预防性维修的实施包括哪些活动？（　　）
A. 设备的日常维护　　　　　　　　B. 对设备进行定期检查
C. 对设备的劣化采取复原活动　　　D. 对故障发生源进行有效的改善
（2）TPM的目标概括为四个"零"，具体包括哪几方面？（　　）
A. 停机为零　　　B. 废品为零　　　C. 事故为零　　　D. 速度损失为零
（3）以下哪些是设备管理发展过程中出现的维修方式？（　　）
A. 事后维修　　　　　　　　　　　B. 预防性维修
C. 改善性维修　　　　　　　　　　D. 全面生产维修
（4）故障可以按哪些性质分类？（　　）
A. 机械故障　　　B. 电气故障　　　C. 设计故障　　　D. 控制系统故障
（5）故障的原因可以分为哪些类别？（　　）
A. 人为故障　　　B. 设计缺陷　　　C. 维护不当　　　D. 环境影响

任务 2.4　设备运维数据分析

2.4.1　任务说明

设备运维数据分析报告可以帮助提高设备的运维效率和可靠性，预测故障和需求，优化维护策略，辅助决策和规划。这对保证设备的正常运行和提高企业的竞争力都具有重要意义。

由此，项目经理下达设备运维数据分析的任务，数据分析师需每周或每月汇报一份设备故障管理相关的数据分析报告。通过分析相关属性的某时间段内的变化趋势，从中发现问题，为故障报警、资源预警提供线索和依据，为预测属性未来的变化情况提供帮助。因此，本任务的学习导图和任务目标如图2-4-1所示。

2.4.2　知识准备

1. 数据分析报告

数据分析报告是根据数据分析的原理和方法，运用数据来反映、研究和分析事物的现状、问题、原因、本质和规律，并得出结论，提出解决办法的一种分析应用文体。

数据分析报告是决策者认识事物、了解事物、掌握信息、搜集相关信息的主要工具之一。数据分析报告通过对事物数据全方位的科学分析来评估其环境及发展情况，为决策者提供科学、严谨的依据，以降低风险。

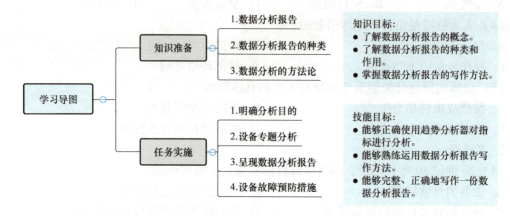

图 2-4-1 学习导图和任务目标

数据分析报告实质上是一种沟通与交流的形式，主要目的在于将分析结果、可行性建议以及其他有价值的信息传递给管理人员。它需要对数据进行适当的包装，让阅读者能对结果做出正确的理解与判断，并可以根据结果做出有针对性、操作性、战略性的决策。

数据分析报告主要有三个方面的作用，即展示分析结果、验证分析质量和为决策者提供参考依据。

1）展示分析结果。数据分析报告以某一种特定的形式将数据分析结果清晰地展示给决策者，使决策者能够迅速理解、分析、研究问题的基本情况、结论与建议等内容。

2）验证分析质量。从某种角度上来讲，数据分析报告也是对整个数据分析项目的一个总结。通过报告中对数据分析方法的描述、对数据结果的处理与分析等几个方面来检验数据分析的质量，并且让决策者能够感受到这个数据分析过程是科学且严谨的。

3）提供参考依据。大部分的数据分析报告都是具有时效性的，因此所得到的结论与建议可以作为决策者在决策方面的一个重要参考依据。虽然大部分决策者（尤其是高层管理人员）没有时间去通篇阅读数据分析报告，但是在决策过程中，报告的结论与建议或其他相关章节将会被重点阅读，并根据结果辅助其最终决策。所以，数据分析报告是决策者获得二手数据的重要来源之一。

2. 数据分析报告的种类

由于数据分析报告的对象、内容、时间、方法等不同，因而存在着不同形式的报告类型。常用的数据分析报告有专题分析报告、综合分析报告和日常数据通报等。

（1）专题分析报告 专题分析报告是对社会经济现象的某一方面或某一个问题进行专门研究的一种数据分析报告，它的主要作用是为决策者制定某项政策、解决某个问题提供决策参考和依据。专题分析报告有以下两个特点。

1）单一性。专题分析报告不要求反映事物的全貌，主要针对某一方面或某一个问题进行分析，如用户流失分析、提升用户消费分析、提升企业利润率分析等。

2）深入性。由于专题分析报告内容单一、重点突出，因此便于集中精力抓住主要问题进行深入分析。它不仅要对问题进行具体描述，还要对引起问题的原因进行分析，并且提出切实可行的解决办法。这就要求对业务的认知要有一定的深度，由感性上升至理性，切忌蜻蜓点水，泛泛而谈。

（2）综合分析报告　综合分析报告是全面评价一个地区、单位、部门业务或其他方面发展情况的一种数据分析报告，如世界人口发展报告、全国经济发展报告、企业运营分析报告等。综合分析报告有以下两个特点。

1）全面性。综合分析报告反映的对象，无论一个地区、一个部门还是一个单位，都必须以这个地区、这个部门、这个单位为分析总体，站在全局的高度，反映总体特征，做出总体评价，得出总体认识。在分析总体现象时，必须全面、综合地反映对象各个方面的情况。

2）联系性。综合分析报告要把互相关系的一些现象、问题综合起来进行全面、系统的分析。这种综合分析不是对全面资料的简单罗列，而是在系统地分析指标体系的基础上，考察现象之间的内部联系和外部联系。这种联系的重点是比例关系和平衡关系，分析、研究它们的发展是否协调、是否适应。因此，从宏观角度反映指标之间关系的数据分析报告一般属于综合分析报告。

（3）日常数据通报　日常数据通报是以定期数据分析报表为依据，反映计划执行情况，并分析影响和形成原因的一种数据分析报告。这种数据分析报告一般是按日、周、月、季、年等时间阶段定期进行，所以也称定期分析报告。

日常数据通报可以是专题性的，也可以是综合性的。这种分析报告的应用十分广泛，各个企业、部门都在使用。日常数据通报有以下三个特点。

1）进度性。由于日常数据通报主要反映计划的执行情况，因此必须把计划执行的进度与时间的进展结合起来分析，观察、比较两者是否一致，从而判断计划完成的好坏。为此，需要进行一些必要的计算，通过一些绝对数据和相对数据指标来突出进度。

2）规范性。日常数据通报基本上成了数据分析部门的例行报告，定时向决策者提供。所以这种分析报告就形成了比较规范的结构形式，一般包括以下几个基本部分：反映计划执行的基本情况；分析完成或未完成的原因；总结计划执行中的成绩和经验；找出存在的问题；提出措施和建议。这种分析报告的标题也比较规范，一般变化不大，有时为了保持连续性，标题只变动一下时间，如《××月××日业务发展通报》。

3）时效性。这一分析报告的特性由其日常数据通报的即时性以及其承载的任务和性质共同塑造，成为所有报告中时效性最为显著的一类。只有及时提供业务发展过程中的各种信息，才能帮助决策者掌握企业经营的主动权，否则将会丧失良机，贻误工作。对大多数企业而言，这些报告主要通过办公软件来表现。

3. 数据分析的方法论

在工业场景中，数据分析报告常常采用统计分析方法论。

（1）描述统计　描述统计是通过图表或数学方法，对数据资料进行整理、分析，并对数据的分布状态、数字特征和随机变量之间的关系进行估计和描述的方法。其目的是描述数据特征，找出数据的基本规律。描述统计包括数据的频数分析和数据的集中趋势分析。

1）数据的频数分析。频数分析可以发现一些统计规律。例如，收入低的被调查者满意度比收入高的被调查者高，或者女性用户的满意度比男性用户低等。但是，这些规律只是表面的特征，在后面的分析中还要经过检验。

2）数据的集中趋势分析。数据的集中趋势分析用来反映数据的一般水平，常用的指标有平均值、中位数和众数等。平均值是衡量数据的中心位置的重要指标，反映了一些数据必然性的特点，包括算术平均值、加权算术平均值、调和平均值和几何平均值。中位数是另外一种反映数据的中心位置的指标，其确定方法是将所有数据以由小到大的顺序排列，位于中央的数据值就是中位数。众数是指在数据中发生频率最高的数据值。如果各个数据之间的差异程度较小，用平均值就有较好的代表性；而如果数据之间的差异程度较大，特别是有个别的极端值的情况，用中位数或众数有较好的代表性。

（2）相关分析　　相关分析是研究现象之间是否存在某种依存关系，并对具体有依存关系的现象探讨其相关方向以及相关程度，是研究随机变量之间关系的一种统计方法。常见的有线性相关分析、偏相关分析和距离分析。相关分析与回归分析在实际应用中有密切关系。在回归分析中，所关注的是一个随机变量 Y 对另一个（或一组）随机变量 X 的依赖关系的函数形式。而在相关分析中，所讨论的变量的地位一样，分析侧重于随机变量之间的种种相关特征，例如，以 X、Y 分别记录小学生的数学与语文成绩，感兴趣的是二者的关系如何，而不在于由 X 去预测 Y。

（3）时间序列分析　　经典的统计分析都假定数据序列具有独立性，而时间序列分析则侧重研究数据序列的互相依赖关系。时间序列分析实际上是对离散指标随机过程的统计分析，所以又可看作是随机过程统计的一个组成部分。例如，记录了某地区第一个月、第二个月、…、第 N 个月的降雨量，利用时间序列分析方法，可以对未来各月的降雨量进行预报。

2.4.3　任务实施

1. 明确分析目的

机械冲压是整车制造的第一道工序，由于冲压设备大型化，导致设备运行时承受冲击振动大、故障多，且发生故障后不便于巡检，故障维修时间长、费用大，容易造成停产损失。传统企业设备日常巡检、保养、检修计划制定、备件储量核算等工作主要为人工统计、离线报表管理等方式，这些方式耗时、耗力，并且信息传递过程中失真严重，导致整个工作流程效率低下。设备运维管理需要建立一个以设备为核心的全生命周期管理平台，对设备的运行、维护、维修形成管理整体闭环。

在本任务中，将设备数据采集到工业互联网平台，能实时监控设备并发现设备故障。围绕设备管理业务主要场景，数据分析师发现在日常的运维管理、维修决策、备件决策中均存在不足，因此需要对设备管理业务领域的当前现状进行数据分析和问题梳理。

定期输出设备数据分析报告（周报、月报），能优化和改善设备决策管理。

20. 设备故障次数

2. 设备专题分析

（1）设备故障次数

1）根据统计分析原理，首先对设备故障进行统计，统计设备零部件故障次数、故障时长和故障原因。进入"接入与建模"页面，查看"冲压机物实例"报警历史，如图2-4-2所示。

2）如图2-4-3所示，时间范围选择"本月"，全选报警历史，然后单击"导出"按钮。

3）利用Excel数据透视表，对本周不同报警情况进行统计，统计轴为"报警名称"，统计值为"报警名称"计数项，详见表2-4-1。操作详情如图2-4-4所示。

项目 2　工业设备健康运维分析

图 2-4-2　查看"冲压机物实例"报警历史

图 2-4-3　导出报警历史

表 2-4-1　报警情况统计

报警名称	计数项：报警名称
滑块报警	2
离合器油箱液位报警	1
液压垫通信报警	2
液压垫同步报警	6
主电动机电流报警	9
总计	20

143

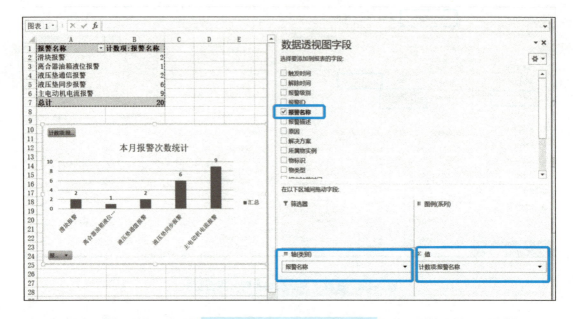

图 2-4-4　Excel 数据透视表设置

（2）冲压机报警分析

21.冲压机报警分析、设备健康度分析

1）进入"接入与建模"页面，单击"趋势分析器"按钮，再单击"创建"按钮，如图 2-4-5 所示。

2）如图 2-4-6 所示，可以自定义分析报告名称，本任务分析报告名称为"冲压机报警分析"，数据样本时间选择"过去 7 天"，单击"添加分析属性"按钮，弹出"添加分析属性"页面，选择"冲压机模型"下的"冲压机物实例"，选中级别相关属性（主电动机报警、液压垫报警、离合器报警、滑块报警），然后单击"确定"按钮。

图 2-4-5　创建趋势分析器

3）查看分析报告，单击"导出"按钮，导出趋势图，如图 2-4-7 所示。

4）重复上述操作，时间范围选择"过去 7 日"，导出今日主电动机报警次数、今日离合器报警次数、今日液压垫报警次数、今日滑块报警次数的趋势图，如图 2-4-8 所示。由于

项目 2　工业设备健康运维分析

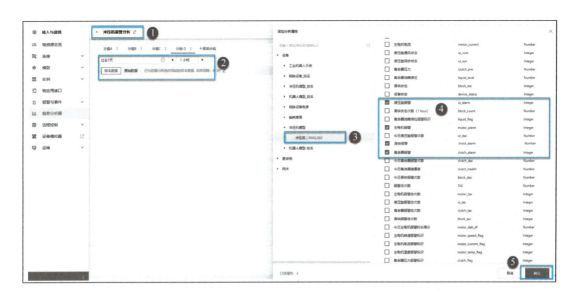

图 2-4-6　选择属性

图 2-4-7　导出趋势图（一）

滑块报警是由 1h 内滑块滑动次数决定的，没有报警持续时长，故得到今日主电动机报警时长、今日离合器报警时长、今日液压垫报警时长的趋势图，如图 2-4-9 所示。

145

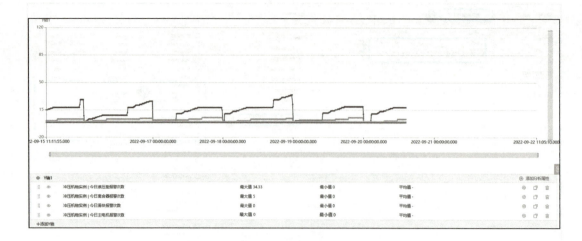

图 2-4-8 导出趋势图（二）

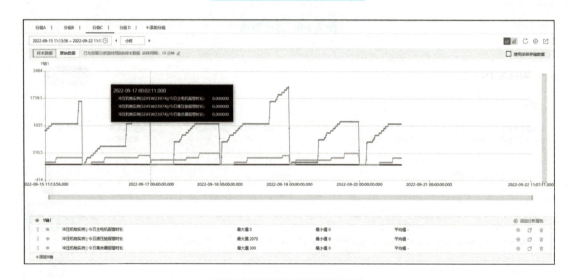

图 2-4-9 导出趋势图（三）

（3）设备健康度分析

1）同样选择"今日主电动机健康度""今日液压垫健康度""今日离合器健康度""今日滑块健康度"进行分析，时间范围选择"过去 7 天"，单击"图表设置"按钮，如图 2-4-10 所示，勾选"标记数据点"和"参考线"，以今日滑块健康度为参考线，范围设置为"0~100"。

2）如图 2-4-11 所示，得到冲压机零件健康度趋势图。

3. 呈现数据分析报告

本任务呈现的数据分析报告以月报为例。

（1）本月设备故障统计表　本月设备故障统计表见表 2-4-2。

图 2-4-10 图表设置

项目 2　工业设备健康运维分析

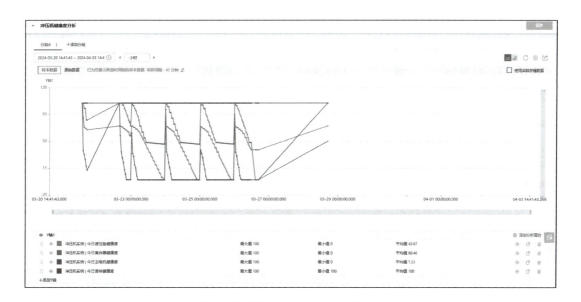

图 2-4-11　冲压机零件健康度趋势图

表 2-4-2　本月设备故障统计表

触发时间	报警级别	报警 ID	报警名称	报警描述
2022-07-28 16:27:30.349	重要	io_syn_alarm	液压垫同步报警	液压垫同步状态为1时
2022-07-20 09:15:30.349	重要	io_com_alarm	液压垫通信报警	液压垫通信状态为1时，报警
2022-07-20 06:06:30.349	紧急	motor_current_alarm	主电动机电流报警	设备工作时，电流值不在正常值（10~20A）内报警
2022-07-20 05:18:30.349	紧急	motor_current_alarm	主电动机电流报警	设备工作时，电流值不在正常值（10~20A）内报警
2022-07-20 04:48:00.000	紧急	motor_current_alarm	主电动机电流报警	设备工作时，电流值不在正常值（10~20A）内报警
2022-07-20 02:06:30.349	紧急	motor_current_alarm	主电动机电流报警	设备工作时，电流值不在正常值（10~20A）内报警
2022-07-20 01:59:30.349	紧急	motor_current_alarm	主电动机电流报警	设备工作时，电流值不在正常值（10~20A）内报警
2022-07-20 01:34:30.349	一般	liquid_level_alarm	离合器油箱液位报警	离合器油箱液位上限为1000mm，下限为200mm
2022-07-20 01:03:30.349	紧急	motor_current_alarm	主电动机电流报警	设备工作时，电流值不在正常值（10~20A）内报警
2022-07-19 23:24:00.000	紧急	motor_current_alarm	主电动机电流报警	设备工作时，电流值不在正常值（10~20A）内报警
2022-07-19 23:12:00.000	重要	io_syn_alarm	液压垫同步报警	液压垫同步状态为1时
2022-07-19 22:33:30.350	重要	io_syn_alarm	液压垫同步报警	液压垫同步状态为1时

（续）

触发时间	报警级别	报警 ID	报警名称	报警描述
2022-07-19 21:48:30.349	一般	block_alarm	滑块报警	—
2022-07-19 21:47:30.349	重要	io_syn_alarm	液压垫同步报警	液压垫同步状态为1时
2022-07-19 20:57:30.349	重要	io_syn_alarm	液压垫同步报警	液压垫同步状态为1时
2022-07-19 19:48:02.188	一般	block_alarm	滑块报警	—
2022-07-19 19:36:00.000	紧急	motor_current_alarm	主电动机电流报警	设备工作时，电流值不在正常值（10~20A）内报警
2022-07-19 19:36:00.000	重要	io_com_alarm	液压垫通信报警	液压垫通信状态为1时，报警
2022-07-19 17:07:02.188	重要	io_syn_alarm	液压垫同步报警	液压垫同步状态为1时
2022-07-19 16:48:00.000	紧急	motor_current_alarm	主电动机电流报警	设备工作时，电流值不在正常值（10~20A）内报警

（2）本月设备故障分类

1）冲压机本月报警次数统计如图2-4-12所示。冲压机本月报警由滑块报警、主电动机电流报警、液压垫通信报警、液压垫同步报警和离合器油箱液位报警组成，其中主电动机电流报警和液压垫同步报警次数占比最大。

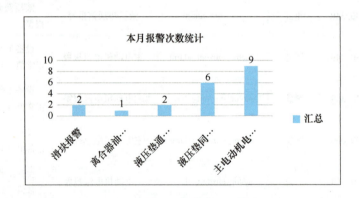

图 2-4-12　冲压机本月报警次数统计

2）不同级别报警总次数如图2-4-13所示，根据图中内容可以得出如下结论：4级报警总次数在7月16日后一直趋于一条直线，说明报警级别为4的设备在本月未发生异常；3级报警总次数在7月16日至7月19日处于直线上升状态，7月19日后处于水平直线，说明在7月19日进行故障排除，使得报警级别为3的设备正常运行；1级报警和2级报警总次数一直处于直线上升状态，说明报警级别为1的设备还待维修，报警级别为2的设备在一天内，故障次数处于线性上升后平稳，说明报警级别为2的设备在运行一段时间后会产生故障，故需要合理安排操作员对报警级别为2的设备进行定时作业和定时停机。

3）如图2-4-14所示，今日1级报警次数、今日2级报警次数、今日3级报警次数、今日4级报警次数呈驼峰形，可以看出每日报警次数会不断上升，隔天报警次数做了清零处

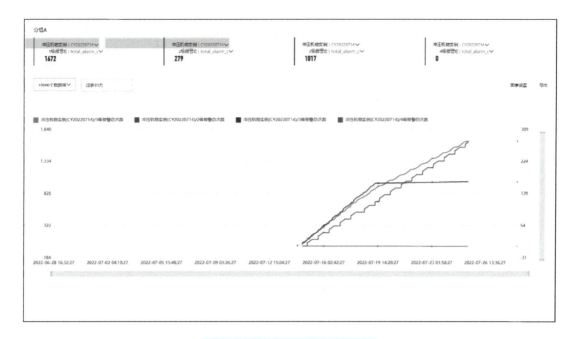

图 2-4-13　不同级别报警总次数

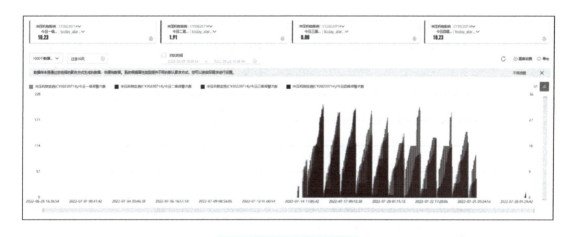

图 2-4-14　今日报警次数

理；以及设备在 7 月 25 日至 7 月 28 日数据为空的状态，说明设备处于离线状态，需要维修人员或车间经理去检查设备物联设备的接线是否断开；图 2-4-15 所示为 3 级报警时长在 7 月 20 日后处于较低状态，说明 3 级报警设备处于平衡状态，未出现异常。

4）如图 2-4-16 所示，离合器健康度在 7 月 14 至 7 月 18 日呈现负值，其可能存在算法问题和设备运行故障问题，通过排除，发现模型算法配置有问题，经过优化模型算法，7 月 19 日后离合器健康度趋于正常范围（80～100）；液压垫健康度算法优化不太明显，需要继续排查问题；主电动机健康度每日会渐渐趋于 0，说明主电动机故障依旧在不可控范围内；滑块健康度在优化后呈现健康良好趋势。

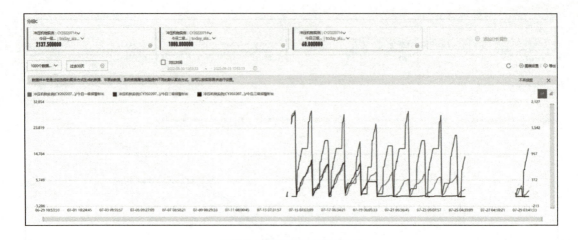

图 2-4-15 今日报警时长

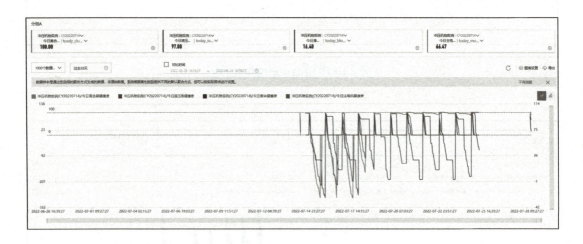

图 2-4-16 健康度曲线

4. 设备故障预防措施

针对数据分析报告所呈现的问题点，提出如下设备故障预防措施。

1）因日常巡检维护不到位而发生的故障占比较大，重复性故障占比也较大，需要加强日常点检维护，特别是主电动机和液压垫巡检维护，检修过程中应严控质量。

2）在维检作业区和生产作业区做好检修协调组织以及过程把控，衔接好上下检修网络节点，杜绝发生检修超时情况。

3）在生产作业区做好设备操作前的确认工作，杜绝因操作原因引发的设备故障。

2.4.4 任务拓展

数据分析报告的结构通常是"总—分—总"，包括开篇、正文、结尾三部分。开篇包括标题页、目录、前言（分析背景、目的、思路）；正文涵盖分析过程和结果；结尾则包含结论、建议和附录。

（1）标题页　标题页的标题应简短明了，最多两行文字。标题的目的是表达主题并吸引读者。标题分为四类,分别为表明观点、概括内容、介绍分析主题、提出问题。标题制作需直接、确切、简洁并具艺术性,如使用修辞手法增强表现力。标题页还应包括报告作者、部门名称以及完成日期,以便参考和体现时效性。

(2) 目录　目录为读者提供快速查找报告主要章节及页码的便利,适宜列出关键章节和重要的二级标题。它作为报告的分析大纲,展现分析逻辑,避免过度繁琐。对于决策者而言,图表目录可快速查阅关键分析。

(3) 前言　前言应精准概括报告解决业务问题的能力及对决策制定的支撑作用,涵盖分析所处的背景、明确的目标设定以及所采用的方法论。具体而言,需阐述分析的驱动因素、其重要性及预期达成的目标,同时清晰描绘出分析工作的具体实施步骤与路径。

(4) 正文　正文详细论述数据分析过程及结果,依据分析思路,应用数据分析技术,结合图表和文字,清晰展示分析内容,是报告的核心。正文内容要求科学严谨,以确保观点可信。

(5) 结尾　结尾包括结论、建议及附录。结论基于数据分析,提炼总体论点,与报告主体相连贯。建议针对分析结果,提出改进方案,须结合业务实际,确保可行性。同时,附录应补充正文未尽之处,包括专业术语、计算方法等。

注意:分析报告的结论须明确、精准、逻辑清晰;报告应图表化,保持风格统一;分析基于可靠数据,确保可读性。

【任务训练】

1. **单选题**

(1) 数据分析报告的主要目的是什么?(　　)

A. 展示分析结果　　　　　　B. 验证分析质量

C. 为决策者提供参考依据　　D. 提高报告编写能力

(2) 数据分析报告的结论部分应该如何?(　　)

A. 长篇大论　　　　　　　　B. 明确、精准、逻辑清晰

C. 包含大量数据　　　　　　D. 采用复杂术语

(3) 数据分析报告应该如何展现分析内容?(　　)

A. 仅文字描述　　　　　　　B. 仅图表展示

C. 结合图表和文字　　　　　D. 通过视频讲解

(4) 专题分析报告的特点是什么?(　　)

A. 全面性　　　　　　　　　B. 单一性和深入性

C. 进度性　　　　　　　　　D. 规范性

(5) 在描述统计中,哪个指标用来反映数据的中心位置?(　　)

A. 方差　　　B. 标准差　　　C. 平均值　　　D. 极差

2. **多选题**

(1) 数据分析报告的作用包括什么?(　　)

A. 展示分析结果　　　　　　B. 验证分析质量

C. 为决策者提供参考依据　　D. 提高个人数据处理能力

(2) 在编写数据分析报告时,应注意什么?(　　)

A. 结论须明确、精准、逻辑清晰
B. 保持图表风格统一
C. 分析基于可靠数据
D. 使用尽可能多的专业术语

(3) 以下哪些是数据分析报告的类型？（　　）

A. 专题分析报告　　　　　　　B. 综合分析报告
C. 日常数据通报　　　　　　　D. 市场调查报告

(4) 综合分析报告的特点包括哪些？（　　）

A. 全面性　　　B. 联系性　　　C. 时效性　　　D. 规范性

(5) 描述统计分为哪些部分？（　　）

A. 集中趋势分析　　　　　　　B. 离中趋势分析
C. 相关分析　　　　　　　　　D. 回归分析

项目 3
生产能耗管理分析

【项目背景】

2020 年 9 月 22 日，习近平总书记在第七十五届联合国大会上首次提出，中国力争 2030 年实现碳达峰，2060 年前实现碳中和的目标。"双碳"目标的实现给各行业带来了重大挑战和机遇。这一政策尤其影响能源消耗大的行业，如石化、钢铁和建材行业。在此环境下，低碳、绿色技术和创新领域受到重视，获得政策支持。针对钢铁行业，节能和提高能源效率成为减少二氧化碳排放的关键策略。

A 钢铁公司作为行业的先行者，响应这一政策，采用了物联网技术进行生产监控和管理，显著提升了装备管理效率和生产组织的有效性。这一措施不仅使公司管理层满意，还为更广泛的决策参与和生产优化奠定了基础。

然而，面对用电量上升的问题，公司总经理认识到需要更进一步的行动来贯彻落实"碳达峰、碳中和"方针。总经理办公室在市场调研后发现，通过收集和管理能源数据，可以在能效管理、设备管理、排产优化和运营效率等方面提高资源利用率，从而实现经济效益和环境保护的双重目标。因此，总经理办公室开始评估实施第二阶段项目的可行性。

【项目要求】

A 钢铁公司总经理针对第二期项目提出以下 4 个需求。

1) 构建能耗指标。这意味着需要设计一个规则来跟踪和记录公司的能源消耗情况，并计算相关的能耗指标，如累计能耗和电费支出等。

2) 根据能耗指标规则计算指标。根据既定的计算公式，开发计算程序，确保数据的准确性和及时性。

3) 根据电费标准输出每日电费数据。了解电费计算的规则，包括基本电费、力率电费以及可能的峰谷电价等。将能耗数据和电费计算规则结合，开发电费计算模块。

4) 提供数据分析报告。这需要对已收集的数据进行分析，从中提炼出有用的信息，为公司的能源管理和成本控制提供参考和决策依据。

【项目计划】

1. 项目设计

基于 A 钢铁公司总经理针对第二期项目提出的 4 个需求，R 公司制定如下的项目计划。

1）针对设备能耗指标的需求，项目团队将首先开展深入的需求分析，然后制定完善的能耗指标和计算规则逻辑。

2）针对能耗指标规则计算指标，采用工业互联网平台的实时数据开发工具，通过数据计算输出数据。

3）针对每日电费数据的需求，采用工业互联网平台的离线数据开发工具，根据每日设定时间进行离线计算，输出每日数据。

4）针对提供设备数据分析报告的需求，提供详尽的数据分析报告，支持能源管理和成本控制的决策。

2. 人员分工

实施人员分工以及实施路径如图 3-0-1 所示，本项目配置 1 位实施工程师负责设备数据采集，在调研期间实现与工业互联网平台通信；1 位数据分析师负责梳理设备数据并制定指标体系和报告；1 位开发工程师负责设备建模和数据计算。

阶段	角色	任务	输出	完成情况
企业调研、实施数据采集	实施工程师	调研能耗数据和设备相关数据	完成所有设备的接入和数据采集	已完成
能耗指标体系搭建	数据分析师	确定指标构建过程中各数据采集值的权重和规则	根据数据采集值、搭建能耗指标体系	未完成
能耗数据分析报告	数据分析师	1.明确分析问题 2.进行能耗数据分析 3.结论和建议	能耗数据分析报告	未完成
实时数据计算	开发工程师	1.在工业互联网平台搭建物模型 2.实时数据任务开发	完成实时数据计算	未完成
IT&OT数据融合计算	开发工程师	1.离线数据计算 2.离线任务流编排 3.离线数据开发	完成离线数据开发	未完成

图 3-0-1 实施人员分工以及实施路径

任务 3.1　设备能耗指标体系搭建

3.1.1　任务说明

A 钢铁公司经过一轮市场调查，认识到数字化转型的重要性，特别是在能耗管理方面。为了进一步推进这一转型，公司希望实现能耗的数字化管理。R 公司决定派遣一名数据分析师前往 A 钢铁公司，目的是详细了解其设备情况。通过对 A 钢铁公司的调查，数据分析师发现公司内只有一台大型设备耗电量巨大。因此，数据分析师的主要任务是围绕这台大型设备制定能耗指标体系。本任务的学习导图和任务目标如图 3-1-1 所示，数据分析师需完成以下两项任务。

1）根据设备的使用状况和特点，进行必要的数据收集，包括设备的运行数据、能耗记录等。

2）利用收集到的数据，为 A 钢铁公司制定一个合理、有效的能耗指标体系，以便更好地管理和优化大型设备的能耗。

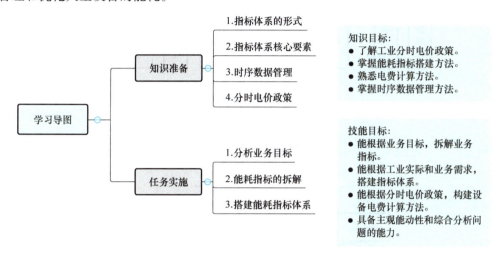

图 3-1-1　学习导图和任务目标

3.1.2　知识准备

1. 指标体系的形式

根据指标体系的表现形式，可将指标体系分为单层指标体系、树形多层指标体系、非树形多层指标体系三种。

（1）单层指标体系　单层指标体系的指标层为单层，指标直接隶属于总目标。单层指标体系的一般形式如图 3-1-2 所示。

（2）树形多层指标体系　树形多层指标体系中除总目标外，至少含有两个不同的指标层，同一层的不同指标之间是并列的关系，下一层的任一指标只隶属于与之相邻的上一层指标中的一个指标，整个指标体系呈现出明显的树形结构。树形多层指标体系的一般形式如图 3-1-3 所示。

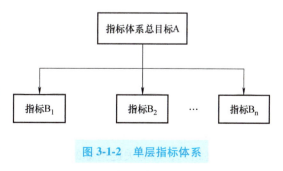

图 3-1-2　单层指标体系

（3）非树形多层指标体系　非树形多层指标体系中除总目标外，至少包含两个指标层，同一指标层中的不同指标之间为并列关系，彼此之间不存在隶属关系；在相邻的两个指标层中，下一层中的某一指标可以同时隶属于上一层中的多个指标。非树形多层指标体系的一般形式如图 3-1-4 所示。

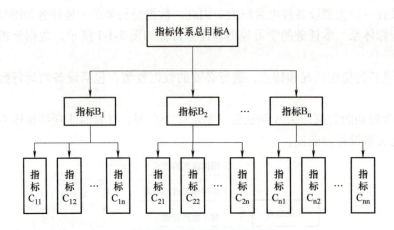

图 3-1-3 树形多层指标体系

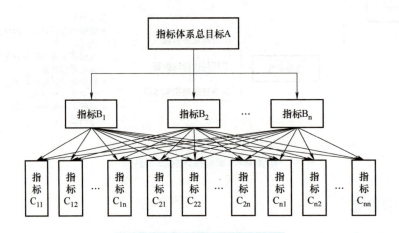

图 3-1-4 非树形多层指标体系

2. 指标体系核心要素

在本任务中，A 钢铁公司指标体系构建包含 4 个核心要素，分别为关键指标、子指标、过程指标和分类维度，如图 3-1-5 所示。

（1）关键指标　与"金字塔"原则相结合，从"塔尖"到"塔基"，以核心指标作为衡量业务的最直接、最重要的指标，称为关键指标。关键指标不会单独呈现，通常是伴随其他关键指标出现，以进行综合评价。

（2）子指标　根据关键指标分解计算逻辑，每个关键指标拆解方式不尽相同，除了遵循独立且穷尽原则外，还需要引起注意的是，关键指标与下级的子指标存在计算逻辑，一个关键指标可能会被拆分为多个子指标。

（3）过程指标　过程指标是构成多个业务环节中的子指标集合，单个过程指标虽无法直接体现最终结果，却对关键指标的形成起着至关重要的影响作用。任何一个过程指标表现不佳，都可能成为最终导致关键指标不达标的潜在因素。因此，过程指标常被用于进行高频且实时的追踪，以确保业务过程的每个环节都能得到有效监控和调整。

（4）分类维度　在建立指标体系的过程中，要从时间维度、空间维度、组织维度等维度来构建指标体系。时间维度有日、月、年的统计范围；空间维度包括不同的厂房、不同的产线；组织维度的划分主要有不同的生产组织、不同的生产班组。

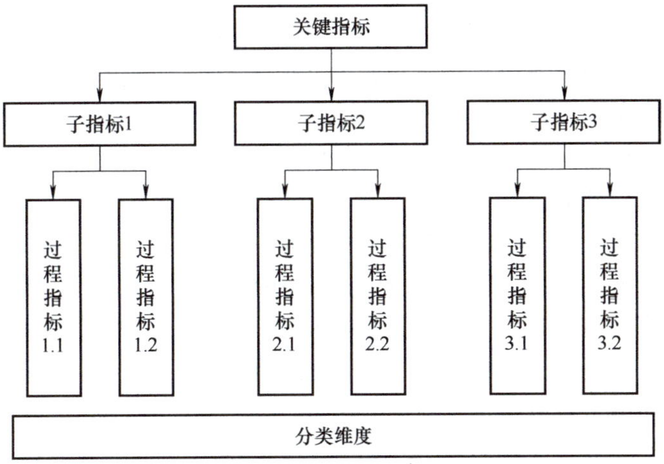

图 3-1-5 指标体系

3. 时序数据管理

工业企业为了监测设备、生产线以及整个系统的运行状态，在各个关键点配有传感器，以采集各种数据。万物互联的思想，就是利用物联网设备的传感器传输设备的实时数据到时序数据库。这些通过设备、传感器采集来的数据有一个显著的特点，即数据是按照时间顺序产生的，是一个按时间分布的序列数据，因此被称为时序数据。时序数据管理即通过对时序数据的采集、处理和分析，帮助企业实时监控企业的生产与经营过程。

工业企业的时序数据具有如下特点。

1）数据是时序的，一定带有时间戳。联网的设备按照设定的周期，或受外部事件的触发，源源不断地产生数据，每个数据点是在哪个时间点产生的，这个时间对于数据的计算和分析十分重要，必须要记录。

2）数据是结构化的。网络爬虫的数据、微博、微信的海量数据都是非结构化的，可以是文字、图片、视频等。但物联网设备产生的数据往往是结构化的，而且是数值型的，例如，智能电表采集的电流、电压就可以用4B（字节）的标准的浮点数来表示。

3）数据极少有更新操作。联网设备产生的数据是机器日志数据，一般不允许修改，也没有修改的必要。很少有场景需要对采集的原始数据进行修改。但对于一个典型的信息化或互联网应用，记录是一定可以修改和删除的。

4）数据源是唯一的。一台物联网设备采集的数据与另外一台设备采集的数据是完全独立的。一台设备的数据一定是这台设备产生的，不可能是人工或其他设备产生的，也就是说一台设备的数据只有一个生产者，数据源是唯一的。

5）相对互联网应用，写多读少。对于互联网应用，一条数据记录，往往是一次写，很多次读。例如，一条微博文章，一次写，但有可能会有上百万人读。但物联网设备产生的数据不一样，对于产生的数据，一般是计算、分析程序自动读，而且计算、分析次数不多，只有分析事故等场景，人才会主动查看原始数据。

6）用户关注的是一段时间的趋势。一条银行记录或者一条微博、微信，对于它的用户而言，每一条都很重要。但对于物联网数据，每个数据点与数据点的变化并不大，一般是渐变的，大家关心更多的是一段时间的趋势，如过去 5min、过去 1h 数据变化的趋势，一般对某一特定时间点的数据值并不关注。

7）数据是有保留期限的。采集的数据一般都有基于时长的保留策略，如仅保留一天、一周、一个月、一年甚至更长时间。为节省存储空间，系统最好能自动删除数据。

8）数据的查询分析往往是基于时间段和某一组设备的。对于物联网数据，在进行计算和分析时，一定是指定时间范围的，不会只针对一个时间点或者整个历史进行。而且往往需要根据分析的维度，对物联网设备的一个子集采集的数据进行分析，如某个地理区域的设备，某个型号、某个批次的设备，某个厂商的设备等。

9）除存储查询外，往往需要实时分析的计算操作。对于大部分互联网大数据应用，更多的是离线分析，即使有实时分析，但要求并不高。例如，用户画像，可以在积累一定的用户行为数据后进行。但是对于物联网应用，对数据的实时计算要求往往很高，因为需要根据计算结果进行实时报警，以避免事故的发生。

10）流量平稳、可预测。给定物联网数量和数据采集频次，就可以较为准确地估算出所需要的带宽和流量、每天新生成的数据大小。

11）数据处理的独特性。数据处理相较于典型的互联网环境，展现出了一系列不同的处理需求与挑战。这些特殊需求要求采取更加定制化和针对性的策略来应对。例如，要检查某个具体时间的设备采集的某个量，但传感器实际采集的时间不是这个时间点，这时往往需要做插值处理。还有很多场景需要基于采集量进行复杂的数学函数计算。

12）数据量巨大。以智能电表为例，一台智能电表每隔 15min 采集一次数据，每天自动生成 96 条记录，全国有接近 5 亿台智能电表，每天生成近 500 亿条记录。一台联网的汽车每隔 10~15s 就采集一次数据并发送到云端，一台汽车一天产生上千条记录。如果中国 2 亿辆车全部联网，那么每天将产生上千亿条记录。5 年之内，物联网设备产生的数据将占世界数据总量的 90% 以上。

4. 分时电价政策

由于尖峰负荷（电力负荷供应紧缺）会导致电网系统的备用容量紧缺并威胁到电网运行安全，因此需要通过调控尖峰电价，利用电价杠杆调控手段来有效削减尖峰负荷。

尖峰电价（Critical Peak Pricing，CPP）隶属于分时电价（Time-of-use Pricing，TOU）的范畴，即在高峰时增加电价，在低谷时降低电价，从而激发用户的用电行为，从而实现对负荷侧资源的合理调度，优化资源配置，达到移峰填谷的效果。

钢铁企业的生产具有很高的自动化水平，因为大部分的材料都是经过高温处理的，而且对温度的精确控制和能量的精确控制，导致了设备耗电量的增加。

以长沙市为例，大工业用电实行两部制电价，包括基本电价和电度电价（峰谷分时电价）。基本电价有容量电价和需量电价。目前，大工业电度电价按电压等级分为 4 级，见表 3-1-1。

表 3-1-1 电度电价等级

时间	尖时段时间 （19:00-22:00）	峰时段时间 （8:00-11:00， 15:00-19:00）	谷时段时间 （23:00-次日 7:00）	平时段时间 （其余时间）
电度电价 （元/kW·h）	0.8937	0.7937	0.4437	0.6437

3.1.3 任务实施

1. 分析业务目标

为明确"十四五"时期我国能源双控的工作思路,进一步完善能源消耗双控制度,钢铁行业需要进一步节能降耗,推动绿色高质量发展。

在本任务中,实施工程师利用智能电表来收集能源消耗数据。在云平台上,用户需要对不同时间段的能源消耗情况进行分析,以寻找节约能源的方法。

1)了解 A 钢铁公司需求。根据整个公司的财务月报,发现电费呈上升趋势。总经理发现问题,每月用电量增长。车间电工经理调查后发现,每日用电量保持平衡,与增加的生产计划不匹配。

2)业务分析第一步。明确问题,发现 A1 车间在 1 月至 7 月间,每月电费持续上涨。

3)业务分析第二步。得出结论,电费的计算方式包括尖时电费、峰时电费、平时电费和谷时电费。电费是衡量排产计划是否正确的重要指标。

4)业务分析第三步。如图 3-1-6 所示,确定业务分析思路。导致电费高的原因可能有内部原因和外部原因。内部原因包括生产产量增加、设备操作员操作不当、排产计划不合理以及设备在尖峰时段的高能耗等。外部原因可能涉及电费计价政策有变化。

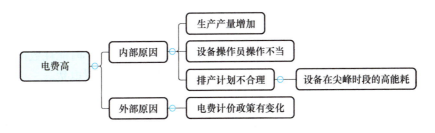

图 3-1-6 业务分析思路

5)最后,确定关键指标,详见表 3-1-2。

表 3-1-2 关键指标

维度	关键指标	维度	关键指标
能耗分析	每日工作能耗	电费分析	每日尖时电费占比
	每日待机能耗		每日峰时电费占比
	每日故障能耗		每日平时电费占比
	每日尖时能耗		每日谷时电费占比
	每日峰时能耗		每日尖时电费
	每日平时能耗		每日峰时电费
	每日谷时能耗		每日平时电费
	每日总能耗		每日谷时电费
			每日总电费

2. 能耗指标的拆解

在钢铁企业中,能耗最主要的表现形式是用电。企业领导希望实时监测设备的能耗并进行基本分析，其核心指标为电费。大工业电费分为 4 级，根据不同时间段包括尖时电费、峰时电费、谷时电费和平时电费。

1）每日尖时电费占比拆解如图 3-1-7 所示。每日尖时电费占比＝尖时电费/每日总电费。因此，每日尖时电费占比可拆解成每日尖时电费和每日总电费两个指标；而每日尖时电费和每日总电费由每小时的电费计算得出。同样，可对每日峰时电费占比、每日谷时电费占比和每日平时电费占比进行拆解。每日总电费为一天中各个时段的电费总和。

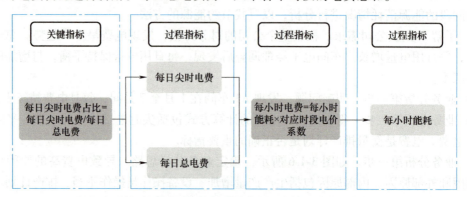

图 3-1-7　每日尖时电费占比拆解

2）每日尖时电费拆解如图 3-1-8 所示。每日尖时电费可表示为尖时段每小时电费之和；而每小时电费则对应于每小时能耗与对应时段电价系数的乘积。每小时能耗数据来自累计能耗的采集。同样，可以拆解每日峰时电费、每日谷时电费和每日平时电费。

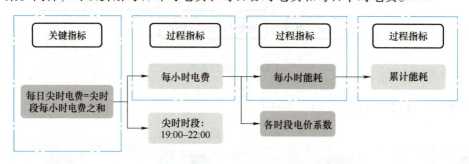

图 3-1-8　每日尖时电费拆解

3）设备在工作、待机、故障和停机四种状态下能耗不同。停机状态不会产生能耗，而工作和待机状态都会有相应的能耗，同时设备出现故障时也会产生能耗。因此，设备状态的能耗可以拆分为工作能耗、待机能耗和故障能耗。这些能耗数据可以根据时、日和月三个时间区间进行统计，并计算各时间区间的总能耗。

如图 3-1-9 所示，工作能耗指标可以拆解成：每日工作能耗等于每小时状态能耗的总和，而每小时状态能耗则由每分钟状态能耗汇总得出。同样，可以对每日待机能耗和每日故障能耗进行类似的拆解。

说明：本任务中，设备的状态包括工作、待机、故障和停机，这四种状态分别相互独立，遵循 MECE 法则。

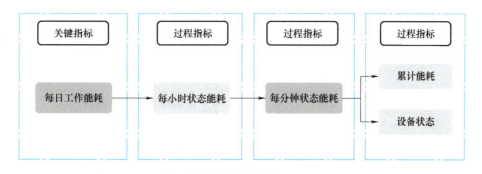

图 3-1-9　工作能耗指标拆解

3. 搭建能耗指标体系

1）确定能耗指标，设计属性名称、属性 ID、数据类型、读写操作设置、属性值来源，关键原始属性见表 3-1-3。

表 3-1-3　关键原始属性

属性名称	属性 ID	数据类型	读写操作设置	属性值来源	属性说明
总有功电度	APTE	Number	只读	连接变量	一个时间段内的有功电能总和，单位是千瓦时（kW·h）
A 相电压	Ua	Integer	读写	连接变量	三角形联结时相与相之间的电压
开机信号	open_io	Integer	读写	连接变量	设备起动的信号
故障标识	fault_flag	Integer	读写	规则指定	当电压过小或者过大时发生报警
作业信号	work_io	Integer	读写	规则指定	当设备电流大于待机时的电流时，表示设备开始作业
设备状态	device_status	Integer	读写	规则指定	规则指定，如果故障标识为1，返回3，表示设备故障；如果设备开机标识为1，且设备作业标识为1，则返回1，表示设备处于作业状态；如果设备开机标识为1，且设备作业标识为0，则返回2，表示设备处于待机状态；其他条件，返回0，表示停机状态

2）按设备状态维度拆解，能耗可划分为工作能耗、待机能耗、故障能耗，如图 3-1-10 所示，而这些能耗来源于总有功电度属性。

3）电费指标体系搭建如图 3-1-11 所示，根据分时电价政策，可将电费划分为尖时电费、峰时电费、平时电费和谷时电费。

3.1.4　拓展资料

钢铁行业能耗概况

我国是主要的能源消费和二氧化碳排放大国之一，钢铁行业所用能源占全国总能源消耗的 11%。目前，我国钢铁行业碳排放量约占中国碳排放总量的 15%，是碳排放量最高的制造行业。全球每年生产和使用高达 18 亿 t 钢铁，其中将近 50% 的钢产于中国内地，中国钢

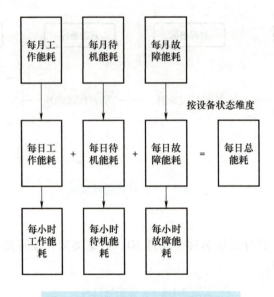

图 3-1-10　按设备状态维度拆解能耗

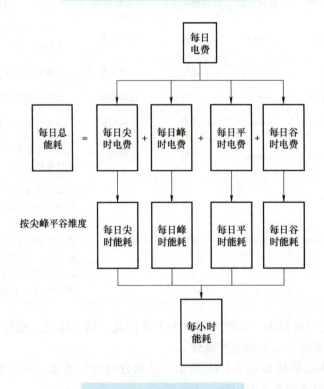

图 3-1-11　电费指标体系搭建

铁行业碳排放量也约占全球钢铁行业碳排放总量的50%。实现钢铁行业的节能、低碳发展对国家的"双碳""双控"工作有深远的影响。

钢铁行业作为国民经济的重要支柱产业，也是我国能源消耗与环境污染的重要领域。我国是全球钢铁产能的一大强国，粗钢产能占全球一半以上，但产能利用率仅为78.2%，整体能源消耗呈逐年增加趋势。目前，我国钢铁行业面临着严重的产能过剩和高能源消耗问题。尽管在节能减排方面取得了一定成效，但其发展潜力依然很大。因此，除了强化能源管理外，正确选择能源管理模式也至关重要。

自20世纪以来，我国钢铁行业逐步进行了能源管理的优化和建设。鞍钢集团在1981年率先提出了建设能源枢纽的概念；1985年，宝钢股份成立了首个能源管理中心。目前，国内许多钢铁公司都建立了自己的能源管理中心。这些中心通过科学管理、合理分配、高效转化和使用能源，有效促进钢铁企业进行能源管理模式的革新，逐步转变为以生产过程和生产计划为核心的动态管理模式。然而，由于各种因素的限制，我国钢铁行业中仍存在大量传统的能源管理模式。

当前，我国钢铁企业能源管理面临的主要问题包括能源产生和使用效率不高、能源综合利用水平低、能源均衡与调度方法不够完善、能源消耗过程的综合利用率不高、能源系统的运行稳定性需要进一步改善、异常条件下的调度方式单一、反应速度较慢、能源设备装备水平低、能源管理人员对能源管理的控制水平和管理水平还不够高。

为解决这些问题，工业和信息化部、国家发展和改革委等六部委于2022年6月29日联合印发了《工业能效提升行动计划》，其中明确指出：到2025年，重点工业行业能效全面提升，数据中心等重点领域能效明显提升，绿色低碳能源利用比例显著提高，节能提效工艺技术装备广泛应用，标准、服务和监管体系逐步完善，钢铁、石化化工、有色金属、建材等行业重点产品能效达到国际先进水平，规模以上工业单位增加值能耗比2020年下降13.5%。

企业的能源管理中，能源消耗扮演着重要的角色，而节能减排则是其效率的重要标志。通过采集、分析工业数据等技术手段，可在工业互联网平台基础上实现实时优化。

【任务训练】

1. **单选题**

（1）指标体系中不存在隶属关系的是哪种结构？（　　）

A. 单层指标体系　　　　　　　　B. 树形多层指标体系

C. 非树形多层指标体系　　　　　D. 无此选项

（2）在指标体系构建中，以下哪个不是核心要素？（　　）

A. 关键指标　　　B. 子指标　　　C. 过程指标　　　D. 指标更新频率

（3）时序数据的特点不包括下列哪一项？（　　）

A. 数据是时序的　　　　　　　　B. 数据源是唯一的

C. 数据经常进行更新操作　　　　D. 数据是结构化的

（4）树形多层指标体系中，同一层不同指标的关系是什么？（　　）

A. 上下级关系　　B. 交叉关系　　C. 并列关系　　D. 隶属关系

（5）在指标体系中，关键指标的特点是什么？（　　）

A. 单独呈现　　　　　　　　　　B. 与其他指标无关

C. 仅用于细分计算　　　　　　　D. 伴随其他关键指标出现

2. **多选题**

（1）指标体系构建的核心要素包括哪些？（　　）

A. 关键指标　　　B. 子指标　　　C. 过程指标　　　D. 分类维度

（2）在树形多层指标体系中，指标体系的结构特点是什么？（　　）

A. 单层　　　　B. 多层　　　　C. 树形结构　　　　D. 网状结构

（3）子指标的特点是什么？（　　）

A. 独立且穷尽　　　　B. 依赖关键指标

C. 随机变化　　　　D. 只属于一个关键指标

（4）时序数据的特点包括哪些？（　　）

A. 带有时间戳　　　　B. 是结构化的

C. 极少有更新操作　　　　D. 数据源是唯一的

E. 写多读少

（5）在物联网应用中，与互联网应用相比，数据处理的不同之处包括哪些？（　　）

A. 写多读少　　　　B. 需要实时分析计算

C. 数据量巨大　　　　D. 用户关注的是一段时间的趋势

E. 需要基于采集量进行复杂的数学函数计算

3. **实操训练**

（1）参照每日作业能源指标拆解步骤，对每日待机能源指标进行拆解。

（2）参照每日尖时电费占比，对每日峰时电费占比进行指标拆解。

（3）对每小时能源指标进行拆解。

任务 3.2　能耗管理实时数据计算

3.2.1　任务说明

在现代企业运营中，实时数据处理是提升效率和适应市场变化的关键。通过使用 Flink 框架进行实时数据处理，企业能够有效地处理数据流，加快决策过程。Flink 提供的高级功能，如窗口计算、数据聚合和状态管理，强化了对实时数据处理的支持。针对企业业务目标和政府的分时电价政策，数据分析师建立了一个能耗指标体系。本任务的学习导图和任务目标如图 3-2-1 所示，开发工程师需要完成以下三个任务。

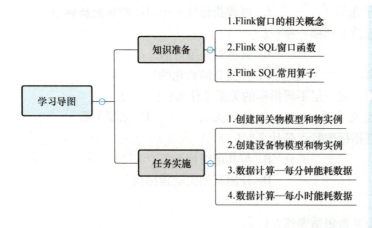

图 3-2-1　学习导图和任务目标

1）熟悉并理解建立的能耗指标体系，包括指标定义和计算方法。
2）搭建能耗管理的物模型和物实例。
3）实施数据库表的创建和连接，根据能耗指标体系实时分析和处理数据。

3.2.2 知识准备

1. Flink 窗口的相关概念

Flink 的窗口概念是处理无界数据流中的有界数据块的一种机制。在实时数据处理领域，窗口使得系统能够对数据流中的事件进行分组、聚合或处理，这些操作基于某些特定的时间或数据属性。窗口按照数据到达的时间或者事件的特定属性（如事件发生的时间戳）来分割数据流。如图 3-2-2 所示，窗口将数据流划分为多个固定大小的"桶"。每条数据被分配到相应的桶中。当窗口结束时，系统会对每个桶中积累的数据进行处理和计算。

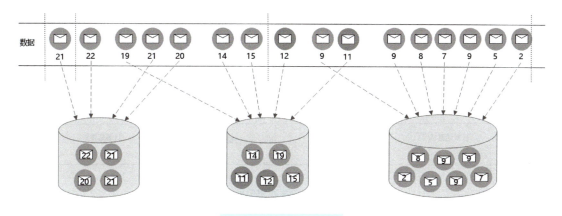

图 3-2-2 窗口示意图

在 Flink 中，窗口按照驱动机制分为时间窗口（Time Window）与计数窗口（Count Window）两大类。如图 3-2-3 所示，时间窗口根据时间点定义窗口的开启与关闭，专门处理一定时间段内的数据集。一旦达到设定的结束时间，窗口便停止数据收集，触发数据处理并随即关闭。该机制的核心理念可类比于"定时发车"。而计数窗口则依据数据元素的数量来截取和处理数据，每当数据量达到预设的个数时，便自动触发处理流程并关闭窗口，此方式的基本理念则相当于"满员发车"。

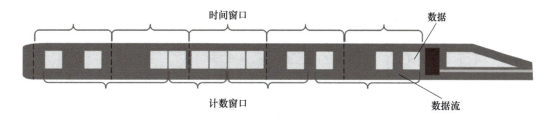

图 3-2-3 时间窗口和计数窗口

时间窗口与计数窗口仅是对窗口概念的一种粗略分类。在实际应用中，为确保数据能够准确无误地归入相应窗口，还需制定更为详尽的规则。这些精细化的规则决定了数据分配的具体方式，进而支持不同功能应用的实现，使得每种应用都能根据需求灵活处理数据。按照窗口分配的规则分类，窗口还可以分为三种类型：滚动窗口、滑动窗口、会话窗口。

（1）滚动窗口　滚动窗口是一种固定大小的窗口，在处理数据流时，这个窗口会按照固定的大小不断滚动，覆盖数据流上的不同部分。当一个窗口的时间结束时，会触发相应的计算并输出结果，然后移动到下一个窗口。时间单位可以是秒、分钟、小时或天。例如，设定一个1分钟的时间窗口，该时间窗口将只计算当前1分钟内的数据，如图3-2-4所示。

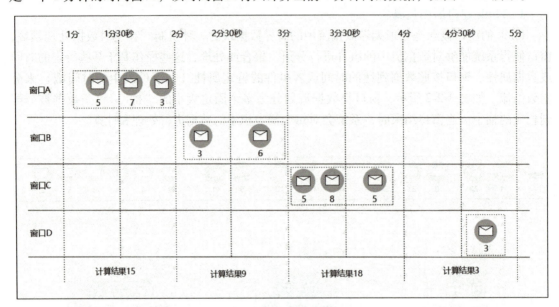

图 3-2-4　滚动窗口示例

（2）滑动窗口　滑动窗口也是固定大小的窗口，但相邻窗口之间有重叠部分。在滑动窗口中，窗口的开始和结束时间之间会存在一定的重叠，以便更好地捕捉数据流中的变化情况。滑动窗口允许在相同数据上多次执行计算。使用滑动窗口时，要设置步长和大小。步长的大小决定了Flink以多大的频率来创建新的窗口，步长较小，窗口的个数会很多。步长小于窗口的大小时，相邻窗口会重叠，一个事件会被分配到多个窗口；步长大于设置的窗口的大小时，有些事件可能被丢掉。如图3-2-5所示，设定一个1分钟，滑动距离0.5分钟的窗口，会在每0.5分钟得到一个新的窗口，其中包含之前1分钟到达的数据。

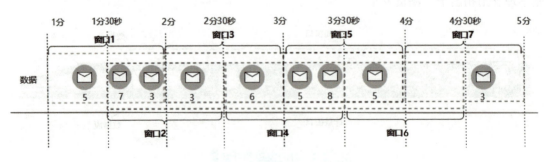

图 3-2-5　滑动窗口示例

（3）会话窗口　会话窗口采用会话持续时长作为窗口处理依据。会话窗口根据会话间隔切分不同的窗口，当一个窗口在大于会话间隔的时间内没有接收到新数据时，窗口将关闭。在这种模式下,窗口的长度是可变的,每个窗口的开始和结束时间并不是确定的。例如,每只股票超过 2 秒没有交易事件时计算窗口内交易总金额,如图 3-2-6 所示图中"消息A""消息 B"代表两只不同的股票。

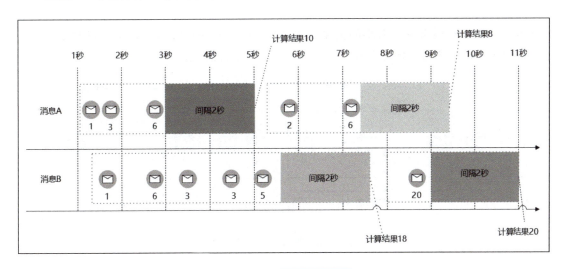

图 3-2-6 会话窗口示例

计数窗口也可以分为滚动计数窗口和滑动计数窗口。

(1)滚动计数窗口 滚动计数窗口的大小是固定的,并且随着时间的推移不断滚动。具体来说,滚动计数窗口会根据指定的元素数量来划分窗口,当窗口内达到预先设定的元素数量时,窗口会关闭并触发相应的计算操作,然后立即滚动到下一个窗口。例如,以用户分组,当每位用户有 3 次付款事件时计算一次该用户付款总金额,如图 3-2-7 所示,图中"消息 A"~"消息 D"代表 4 位不同用户,以 A、B、C、D 分组并计算金额。

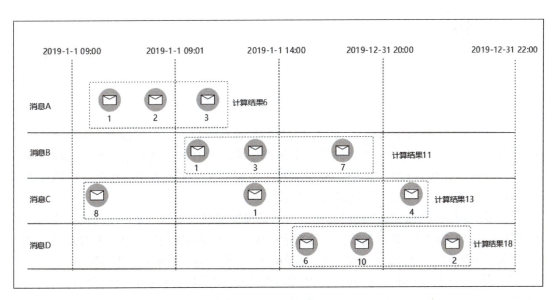

图 3-2-7 滚动计数窗口示例

（2）滑动计数窗口　滑动计数窗口由两个主要参数定义，分别为窗口大小和滑动间隔。窗口大小指的是窗口中能够容纳的数据元素的最大数量，而滑动间隔则指定了新的窗口与前一个窗口之间开始点的元素数量差异。这意味着每当累积的数据元素数量达到滑动间隔所指定的数量时，窗口就会向前滑动，形成一个新的窗口。新窗口会包含部分旧窗口的数据（取决于滑动间隔与窗口大小的关系）新收集的数据。图 3-2-8 所示为滑动计数窗口示例，一位用户每两次付款事件需要计算最近 3 次付款事件总金额。

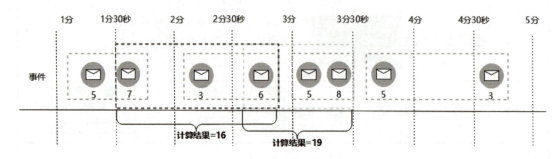

图 3-2-8　滑动计数窗口示例

Flink 中的窗口机制和时间类型是完全解耦的。如图 3-2-9 所示，在流处理中，存在事件时间、进入时间、处理时间三种时间类型。

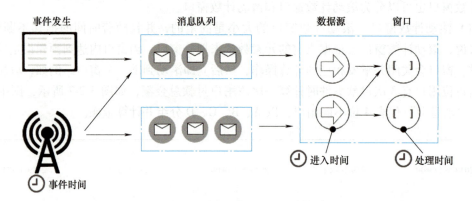

图 3-2-9　Flink 中的三种时间类型

（1）事件时间（Event Time）　事件时间是数据本身所包含的时间戳或时间信息，用于表示事件发生的实际时间。这个时间通常由数据生成时的时间戳或者事件发生的时间来确定。在流处理中，基于事件时间进行分析能够更好地反映真实世界中事件的发生顺序和间隔，因此在处理延迟、重复等问题时具有重要意义。

（2）进入时间（Ingestion Time）　进入时间是指数据进入流处理系统的时间，也可以称为接收时间或到达时间，即数据被流处理系统所接收或观察到的时间。在一些场景下，进入时间可能会影响数据处理的方式和结果，特别是在处理具有时效性要求的数据时。

（3）处理时间（Processing Time）　处理时间是指数据被流处理系统处理的时间，也就是处理引擎实际对数据进行计算和操作的时间。处理时间通常由流处理系统所管理，能够提供较低的延迟和简化系统的复杂度。然而，在处理时间的情况下，可能无法准确反映出事件发生的时间顺序，这在某些分析场景下可能会带来问题。

事件时间、进入时间、处理时间的优势和劣势见表 3-2-1。

表 3-2-1　三种时间的优势和劣势

类别	事件时间	进入时间	处理时间
优势	一般由数据生产方自身携带，从消息的产生就诞生了，不会改变	可以防止 Flink 内部处理数据时发生乱序的情况	Flink 的时间系统中最简单的概念，不需要数据流和机器之间的协调。它提供了最佳的性能和最低的延迟
劣势	设备离线后，没有数据上传，窗口不结算；设备上线后，窗口恢复计算，离线前统计数据延迟输出	数据进入 Flink 前出现数据积压或者断线，缓冲数据将导致数据延迟，数据会统计到下个周期中；设备离线同理	前面会发生数据积压，时间窗口内数据量暴增，占用内存大

注意：工业互联网推荐使用处理时间。

2. Flink SQL 窗口函数

滚动窗口、滑动窗口及会话窗口对应的主要函数为 TUMBLE、HOP、SESSION，具体函数说明见表 3-2-2。

表 3-2-2　Flink SQL 窗口函数

窗口函数	描述	举例
TUMBLE（time_attr, interval）	滚动时间窗口，将行分配给具有固定持续时间（interval）的非重叠、连续窗口	一个 5min 的滚动窗口即每 5min 分组一次，这 5min 内的数据为一组
HOP（time_attr, interval, interval）	跳跃时间窗口，具有固定的持续时间（第二个 interval 参数），并按指定的跳跃间隔（第一个 interval 参数）跳跃	一个 5min 的跳跃窗口，其中跳跃间隔为 3min，即每 5min 分组一次，这 5min 内的数据为一组，等待 3min 再进行下一次分组
SESSION（time_attr, interval）	会话时间窗口没有固定的持续时间，但它们的界限由 interval 不活动的时间定义，即如果在定义的间隙期间没有事件出现，则会话窗口关闭	设置 interval 为 5min，若窗口在上一次发生事件至今超过 5min，则该窗口关闭

TUMBLE、HOP、SESSION 三类 Flink SQL 窗口函数的使用示例见表 3-2-3。

表 3-2-3　Flink SQL 窗口函数使用示例

窗口名称	滚动窗口	滑动窗口	会话窗口
示例	SELECT count(event), TUMBLE_START (time_attr, INTERVAL'30'SECOND) AS ts_start,FROM tumble_stream GROUP BY TUMBLE (time_attr,INTERVAL'30'SECOND)	SELECT count(event), HOP_START(time_attr,INTERVAL'30' SECOND,INTERVAL'1'MINUTE) AS ts_start,FROM slide_stream GROUP BY HOP(time_attr, INTERVAL'30'SECOND, INTERVAL'1'MINUTE)	SELECT count(event),SESSION_START (time_attr,INTERVAL'30'SECOND) AS ts_start,FROM session_stream GROUP BY SESSION(time_attr,INTERVAL'30'SECOND)

另外，Flink SQL 窗口还会使用一些辅助函数，具体说明见表 3-2-4。

表 3-2-4 Flink SQL 窗口辅助函数

辅助函数	描述
TUMBLE_START(time_attr,interval) HOP_START(time_attr,interval,interval) SESSION_START(time_attr,interval)	返回相应滚动、跳跃或会话窗口的包含下限的时间戳
TUMBLE_END(time_attr,interval) HOP_END(time_attr,interval,interval) SESSION_END(time_attr,interval)	返回对应的滚动、跳跃或会话窗口的独占上限的时间戳 注意：在后续的基于时间的操作中，例如，区间连接和组窗口或跨窗口聚合中，不能将独占上限时间戳用作行时间属性
TUMBLE_ROWTIME(time_attr,interval) HOP_ROWTIME(time_attr,interval,interval) SESSION_ROWTIME(time_attr,interval)	返回相应滚动、跳跃或会话窗口的包含上限的时间戳 结果属性是一个行时间属性，可用于后续基于时间的操作，如间隔连接和组窗口或窗口聚合
TUMBLE_PROCTIME(time_attr,interval) HOP_PROCTIME(time_attr,interval,interval) SESSION_PROCTIME(time_attr,interval)	返回一个 proctime 属性，该属性可用于后续基于时间的操作，如间隔连接和组窗口或窗口聚合
TUMBLE_START(time_attr,interval) HOP_START(time_attr,interval,interval) SESSION_START(time_attr,interval)	返回相应滚动、跳跃或会话窗口的包含下限的时间戳

3. Flink SQL 常用算子

（1）SELECT　SELECT 用于从数据集/数据流中选择数据，用于筛选出某些列。

> 示例：
> SELECT * FROM Table;　　// 取出表中的所有列
> SELECT name,age FROM Table;　　// 取出表中 name 和 age 两列
> 与此同时 SELECT 语句中可以使用函数和别名，如 WordCount 中：
> SELECT word,COUNT(word) FROM table GROUP BY word;

（2）WHERE　WHERE 用于从数据集/数据流中过滤数据，与 SELECT 一起使用，用于根据某些条件对关系进行水平分割，即选择符合条件的记录。

> 示例：
> SELECT name,age FROM Table where name LIKE '% 小明 %';
> SELECT * FROM Table WHERE age=20;
> WHERE 是从原数据中进行过滤，那么在 WHERE 条件中，Flink SQL 同样支持 =、<、>、<>、>=、<=，以及 AND、OR 等表达式的组合，最终满足过滤条件的数据会被选择出来。并且 WHERE 可以结合 IN、NOT IN 联合使用。例如：
> SELECT name,age
> FROM Table
> WHERE name IN(SELECT name FROM Table2)

（3）DISTINCT　DISTINCT 用于从数据集/数据流中根据 SELECT 的结果进行去重。

示例：

SELECT DISTINCT name FROM Table;

对于流式查询,计算查询结果所需的状态可能会无限增长,用户需要自己控制查询的状态范围,以防止状态过大。

(4) GROUP BY　GROUP BY 是对数据进行分组操作。例如,需要计算成绩明细表中每个学生的总分。

示例：

SELECT name,SUM(score) as TotalScore FROM Table GROUP BY name;

(5) UNION 和 UNION ALL　UNION 用于将两个结果集合并起来,要求两个结果集字段完全一致,包括字段类型、字段顺序。不同于 UNION ALL 的是,UNION 会对结果数据去重。

示例：

SELECT * FROM T1 UNION(ALL) SELECT * FROM T2;

(6) JOIN　JOIN 用于把来自两个表的数据联合起来形成结果表,Flink 支持的 JOIN 类型包括 JOIN-INNER JOIN、LEFT JOIN-LEFT OUTER JOIN、RIGHT JOIN-RIGHT OUTER JOIN、FULL JOIN-FULL OUTER JOIN。这里 JOIN 的语义和在关系型数据库中使用的 JOIN 语义一致。

示例：

JOIN(将订单表数据和商品表数据进行关联)

SELECT * FROM Orders INNER JOIN Product ON Orders.productId = Product.id

LEFT JOIN 与 JOIN 的区别在于,当右表没有与左表相匹配的数据时,LEFT JOIN 会返回 NULL 值,而 JOIN 不会返回任何结果。RIGHT JOIN 与 LEFT JOIN 功能相同,只是左右两个表交互一下位置。FULL JOIN 相当于 RIGHT JOIN 和 LEFT JOIN 的合集,即它返回左表、右表中所有的匹配和不匹配的结果。

示例：

SELECT * FROM Orders LEFT JOIN Product ON Orders.productId = Product.id

SELECT * FROM Orders RIGHT JOIN Product ON Orders.productId = Product.id

SELECT * FROM Orders FULL OUTER JOIN Product ON Orders.productId = Product.id

说明：①SQL 语句可以单行或多行书写,以分号结尾。②SQL 语句不区分大小写,建议关键字使用大写。③可使用空格和缩进增加语句的可读性。④注释有单行注释和多行注释,单行注释的格式为：--注释内容或#注释内容（mysql 特有）；多行注释的格式为：/* 注释 */。

3.2.3 任务实施

1. 创建网关物模型和物实例

创建智能电表的网关物模型和物实例的示例见表 3-2-5。

22.创建网关物模型和物实例

表 3-2-5　创建智能电表的网关物模型和物实例示例

内容	图示
基本信息 类型：网关 模型名称：智能电表网关-01	 类型：网关 模型名称：智能电表网关-01 部门：树根教育 支持自动组网 支持自动注册物实例
基本信息 类型：网关 实例名称：智能电表网关实例 物标识：XM0301	类型：网关 实例名称：智能电表网关实例 物标识：XM0301 部门：树根教育
物联信息 物模型：智能电表网关-01 连接信息密钥认证：VoL9zg-RDeoL 连接信息密钥认证：ux-Cm3ponDAl	物模型：智能电表网关-01 自定义属性显示状态 连接信息：密钥认证 VoL9zgRDeoL uxCm3ponDAl 从连接库选择 SIM卡IMSI号 支持自动组网

2. 创建设备物模型和物实例

1）根据任务 3.1 的能耗指标体系，可以得到本项目的原始属性点表，见表 3-2-6。

23.创建设备物模型和物实例

表 3-2-6　原始属性点表

属性名称	属性 ID	数据类型	读写操作设置	属性值来源
在线状态	__online__	Json	只读	规则指定
B 相电压	Ub	Integer	只读	连接变量
C 相电压	Uc	Integer	只读	连接变量
AB 线电压	Uab	Integer	只读	连接变量
BC 线电压	Ubc	Integer	只读	连接变量
CA 线电压	Uca	Integer	只读	连接变量
A 相电流	Ia	Number	只读	连接变量
B 相电流	Ib	Number	只读	连接变量
C 相电流	Ic	Number	只读	连接变量
A 相有功功率	APa	Number	只读	连接变量
B 相有功功率	APb	Number	只读	连接变量
C 相有功功率	APc	Number	只读	连接变量
总有功功率	TAPabc	Number	只读	连接变量
A 相无功功率	RPa	Number	只读	连接变量
B 相无功功率	RPb	Number	只读	连接变量
C 相无功功率	RPc	Number	只读	连接变量
总无功功率	TRPabc	Number	只读	连接变量
A 相视在功率	TPa	Number	只读	连接变量
B 相视在功率	TPb	Number	只读	连接变量
C 相视在功率	TPc	Number	只读	连接变量
总视在功率	TTPabc	Number	只读	连接变量
A 相功率因数	PFa	Number	只读	连接变量
B 相功率因数	PFb	Number	只读	连接变量
C 相功率因数	PFc	Number	只读	连接变量
总功率因数	TPFabc	Number	只读	连接变量
A 相频率	FRa	Number	只读	连接变量
B 相频率	FRb	Number	只读	连接变量
C 相频率	FRc	Number	只读	连接变量

（续）

属性名称	属性 ID	数据类型	读写操作设置	属性值来源
频率	FRabc	Number	只读	连接变量
总有功电度	APTE	Number	只读	连接变量
A 相电压	Ua	Integer	读写	连接变量
开机信号	open_io	Integer	读写	连接变量
故障标识	fault_flag	Integer	读写	规则指定
作业信号	work_io	Integer	读写	规则指定
设备状态	device_status	Integer	读写	规则指定

2）创建设备物模型，见表 3-2-7。创建完设备物模型即可进行模型发布。

表 3-2-7　创建设备物模型示例

内容	图示
基本信息 类型：设备 模型名称：钢铁设备	

3）进入物实例页面，单击"注册"按钮，创建物模型对应的物实例，详见表 3-2-8，最后单击"注册"按钮。

表 3-2-8　创建物实例示例

内容	图示
基本信息 类型：设备 实例名称：钢铁设备物实例 物标识：XMSL003	

(续)

内容	图示
物联信息 物模型：钢铁设备 联网方式：通过网关连接 关联网关：智能电表网关实例 XM0301 通信标识：XMSL003	

4）进入物模型页面，单击"继续修改"按钮，进入物模型"草稿"状态，单击"批量添加"按钮，在弹出的"批量添加属性"对话框中，选择本书配套资源中的 Excel 文件"能耗属性点表.xlsx"进行上传，如图 3-2-10 所示。单击"更新发布"按钮，发布模型。最后进入物实例页面，查看设备物实例。

图 3-2-10　批量添加原始属性

说明：若要激活设备，可使用设备模拟器创建仿真设备，详见任务拓展中的设备模拟器和采集模拟器的操作介绍。

24.1 添加数据源

3. 数据计算——每分钟能耗数据

1）数据源分为外部数据源和内部数据源，外部数据源支持的类型有 MySQL、PostgreSQL 和 Oracle，可以根据实践应用场景进行选择添加。本任务采用 MySQL 外部数据源，具体操作示例见表 3-2-9。

表 3-2-9　添加数据源示例

步骤	图示
单击"外部数据源"→"添加"按钮	
选择"MySQL"关系型数据库	
① 自定义数据源名称：project3 ② 数据库版本：5.7.x ③ 勾选"使用 JDBC" ④ JDBC URL：根据实际填写 ⑤ 用户名：根据实际填写 ⑥ 密码：根据实际填写 ⑦ 单击"测试连通性"按钮，显示"连通性测试成功"，即添加成功	

说明：JDBC URL 内容请根据实际的数据库 IP 和数据库名称填写；用户名和密码根据实际填写，本书只做参考。

24.2 建立实时数据开发任务

2）添加数据源之后，在"数据开发"中建立实时数据开发任务，首先建立文件夹，详见表 3-2-10。

表 3-2-10　创建文件夹示例

步骤	图示
登录控制台，进入"数据计算"页面，在菜单栏选择"数据开发"→"实时数据开发"，单击"⋮"按钮，选择"添加同级文件夹"命令	
在弹出的"添加文件夹"对话框中，自定义文件夹名称为"能耗管理"，单击"确定"按钮	

3）创建完文件夹，即可在文件夹中创建任务流，详见表 3-2-11。

表 3-2-11　创建任务流示例

步骤	图示
单击"⊕"按钮，创建任务流	

(续)

步骤	图示
在"创建实时数据开发"对话框中,自定义任务名称为"能耗管理",上级文件夹选择"课程项目"	
完成任务流的创建	

4)编辑实时数据开发,包含输入节点、处理节点和输出节点的设置,详见表 3-2-12。

表 3-2-12　编辑实时数据开发示例

步骤	图示
编辑输入节点:单击"实时数据"节点,自定义节点名称为"能耗实时数据",拉取数据位置选择"从上次的位置拉取数据",数据类型选择"实时数据"	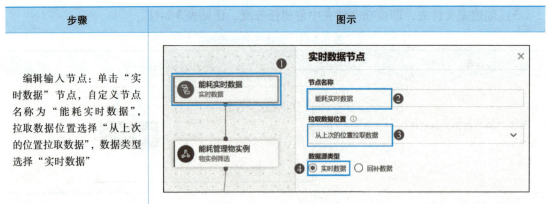

（续）

步骤	图示
编辑物实例筛选节点：自定义节点名称为"能耗管理物实例"，物实例选择"钢铁设备"	
编辑物实例筛选节点：在输出映射（模型公有属性）列表下方，单击"添加字段"按钮，添加"设备状态""总有功电度"字段，然后单击"保存"按钮	
采用 Flink SQL 查询流入数据，按照编写的语句进行处理，计算结果流入下一个节点。将处理节点"Flink SQL 查询"节点拖拽到画布中，在页面右边定义节点名称为"每分钟状态能耗数据"，然后单击"保存"按钮	
单击"能耗管理物实例"与"MySQL1"之间的连接线，按\<Delete>键删除连接线。 在"能耗管理物实例"节点下方的连接点处，拖动连线至名为"每分钟状态能耗数据"的 Flink SQL 查询节点 单击"每分钟状态能耗数据"节点下方的连接线，将其连接至"MySQL1"节点 连接完成后，"每分钟状态能耗数据"节点和"MySQL1"节点将显示"警告"符号	

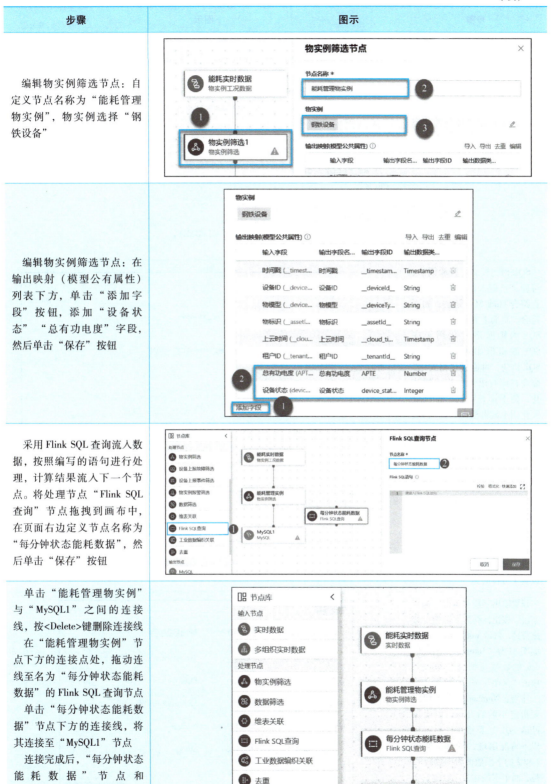

179

（续）

步骤	图示
| 单击名称为"每分钟状态能耗数据"的 Flink SQL 查询节点，查询每分钟状态能耗数据 | ```
SELECT
  tumble_start(rowtime,interval '1' MINUTE) as __timestamp__,
  __deviceId__,
  MAX(APTE)-MIN(APTE) AS PWR_C,
  LAST_VALUE(device_status) as work_status,
  date_format(
    TIMESTAMPADD(HOUR,8,tumble_start(rowtime,interval '1' MINUTE)),
    'yyyy-MM-dd HH:mm:ss'
  ) as record_date
FROM
  {}
group by
  tumble(rowtime,interval '1' MINUTE),
  __deviceId__
``` |
SQL 语句校验：校验语法，可验证已输入的 SQL 语句是否符合 Flink SQL 语法，如不符合，页面上方会出现警告；SQL 编辑框格式化用于在 SQL 编辑框中编写完成的 SQL 语句，可通过"格式化"命令将原有语句的格式规范化，便于排查错误；窗口最大化用于编辑栏窗口的放大、缩小，便于查看编辑	
数据延迟时间：为了缓解写 MySQL 节点的压力，如果没有时间窗口的设置，实时数据产生后就写入 MySQL，MySQL 无法承受写入的压力，可能会宕机。为解决此类问题，可设置数据延迟时间，解决数据丢失的问题。本例设置 1 分钟时延	
设置输出字段：单击"同步字段"按钮，然后手动指定数据类型，修改 work_status 的数据类型为"Integer"，record_date 的数据类型为"String"，单击"保存"按钮 注意：Number 数据类型需要指定小数后几位，以确保 Flink SQL 运算准确。要避免以下情况出现，Number 类型 1 和 2 的字段数值为小数后 12 位，两个字段相乘小数位就会溢出，Flink SQL 输出就为 null，会影响数据的准确性	
```

(续)

步骤	图示
单击处理节点"MySQL1"，自定义节点名称为"每分钟能耗数据输出"。单击目标数据源，选择自己所创建的外部数据源	
插入方式选择"插入"，输出映射必须包含数据表中非 null 字段，当插入方式选择"更新插入"时，还必须包含已选插入键的非自增类型的全部字段，否则更新数据会失败。输出字段必须与数据库字段对应	

> **说明：** 在进行 Flink SQL 查询节点的字段同步时，如果选择了同步功能，在同步过程中会忽略 Flink SQL 的别名，并将输出数据类型默认设置为 Decimal 类型。根据需要，用户可以手动将数据修改为 String 或 Integer 等其他类型。对于 Flink SQL 输出节点，如果数据类型为 Timestamp，需确保将其输出到目标表时字段类型设定为 Datetime 类型。

5）完成输入节点、处理节点和输出节点设置后，发布任务流，具体操作见表 3-2-13。

表 3-2-13 发布任务流

步骤	图示
单击"发布并启动"按钮	
页面弹出"确定要发布该任务吗？"弹框，单击"确定"按钮	

(续)

步骤	图示
任务发布成功，会弹出"数据处理任务发布成功"弹框	

25.数据计算—每小时能耗数据

4. 数据计算—每小时能耗数据

1）为了计算每小时能耗数据，需要将已发布的任务流撤回，添加每小时能耗数据处理任务，撤回数据处理任务示例见表 3-2-14。

表 3-2-14 撤回数据处理任务示例

步骤	图示
单击"撤回"按钮	
页面弹出"您确定要撤回任务吗?"弹框，单击"确定"按钮	
任务撤回成功则会弹出"数据处理任务撤回成功"弹框	

2）在任务流中添加处理节点和输出节点。处理节点添加"Flink SQL"查询，添加输出节点将计算结果输出到数据库中，操作步骤见表 3-2-15。

表 3-2-15 添加处理节点和输出节点

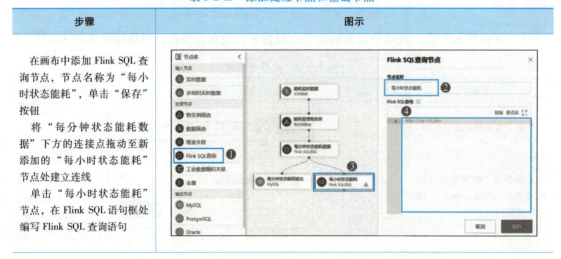

步骤	图示
在画布中添加 Flink SQL 查询节点，节点名称为"每小时状态能耗"，单击"保存"按钮 将"每分钟状态能耗数据"下方的连接点拖动至新添加的"每小时状态能耗"节点处建立连线 单击"每小时状态能耗"节点，在 Flink SQL 语句框处编写 Flink SQL 查询语句	

（续）

步骤	图示
| 编写 Flink SQL 查询语句，查询每小时能耗数据 | ```sql
SELECT
  tumble_start(
    rowtime,
    interval '1' HOUR
  ) as __timestamp__,
  __deviceId__,
  SUM(PWR_C) AS PWR_C,
  work_status,
  DATE_FORMAT(CURRENT_TIMESTAMP,'yyyy-MM-dd') as record_date
FROM
  {}
group by
  tumble(
    rowtime,
    interval '1' HOUR
  ),
  __deviceId__,
  work_status
``` |
| 设置数据延迟时间为"1分钟"。单击"同步字段"按钮，将输出字段名称为"work_status"的输出数据类型改为"Integer"；将输出字段名称为"record_date"的输出数据类型改为"String" |  |
| 将输出节点"MySQL2"拖拽至画布中，并单击"保存"按钮
拖动"每小时状态能耗"Flink SQL 查询节点下方的连接点，将其连线至"MySQL2"节点
单击"MySQL2"节点，自定义节点名称为"每小时能耗数据输出"
单击目标数据源，选择所创建的外部数据源
单击目标数据表，选择所创建的目标数据表
插入方式选择"插入"。输出字段必须与数据库字段对应。最后单击"保存"按钮，并发布任务 | 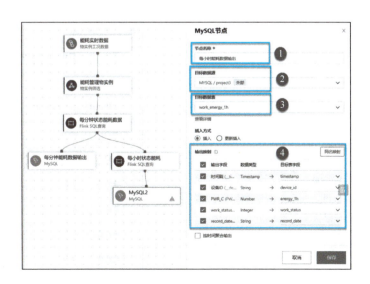 |
```

拓展资料5—设备模拟器操作步骤

3.2.4　拓展资料

1. 设备模拟器操作步骤

1）打开设备模拟器，进入"设备仿真程序"页面，单击"设备模拟器"，如图3-2-11所示。在设备模拟器页面中单击"新建仿真设备"按钮，弹出"新增仿真设备"对话框，本书示例填写见表3-2-16。

图3-2-11　单击"新建仿真设备"按钮

表3-2-16　新增仿真设备示例

内容	图示
设备名称：钢铁设备智能电表 模板名称：智能电表 通信协议：Modbus RTU 通信接口：串口 串口：COM0 波特率：300 数据位：4 停止位：1 校验位：无 从站地址：1	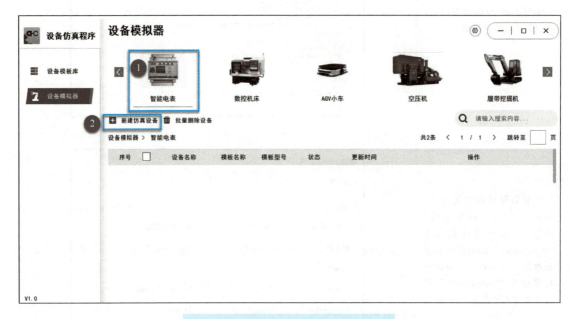

2）如图 3-2-12 所示，单击"启动"按钮，设备开始运行。

图 3-2-12　启动设备

2. 采集模拟器操作步骤

1）打开采集模拟器，进入网关采集程序。单击"采集模拟器"，如图 3-2-13 所示。在采集模拟器页面中单击"新建采集"按钮，弹出"编辑采集"对话框，本书示例填写见表 3-2-17。

拓展任务6—采集模拟器操作步骤

图 3-2-13　单击"新建采集"按钮

表 3-2-17　新建采集模拟器示例

内容	图示
采集名称：采集电表 模板名称：智能电表 通信协议：Modbus RTU 通信接口：串口 设备名称：钢铁设备智能电表 网关名称：通用网关 采集频率：2 串口：COM0 波特率：300 数据位：4 停止位：1 校验位：无 从站地址：1	（编辑采集对话框：采集名称 采集电表；模板名称 智能电表；通信协议 Modbus RTU；通信接口 串口；设备名称 钢铁设备智能电表；网关名称 通用网关；采集频率 2；串口 COM0；波特率 300；数据位 4；停止位 1；校验位 无；从站地址 1）

2）根据表 3-2-18 进行数据采集配置。

表 3-2-18　数据采集配置

步骤	图示
单击"网关配置"按钮，进入"网关配置"页面	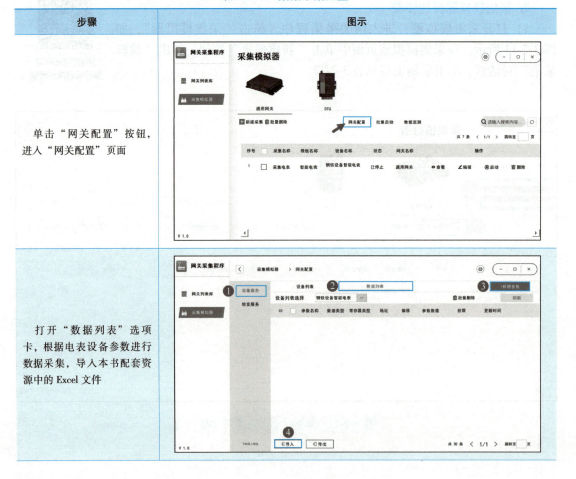
打开"数据列表"选项卡，根据电表设备参数进行数据采集，导入本书配套资源中的 Excel 文件	

（续）

步骤	图示
导入文件后，单击"刷新"按钮	

3）在转发服务页面，进行数据上云配置，数据转发服务操作见表3-2-19。

表3-2-19　数据转发服务操作

步骤	图示
在"转发服务"页面单击"新增"按钮，弹出"新增转发"对话框	
名称：钢铁设备电表上云 协议：MQTT 连接标识：XMSL003 IP 地址：mqtt-broker.rootcloud.com 端口号：1883 本地设备：钢铁设备智能电表 ClientID：VoL9zgRDeoL 用户名：VoL9zgRDeoL 密码：uxCm3ponDAI	

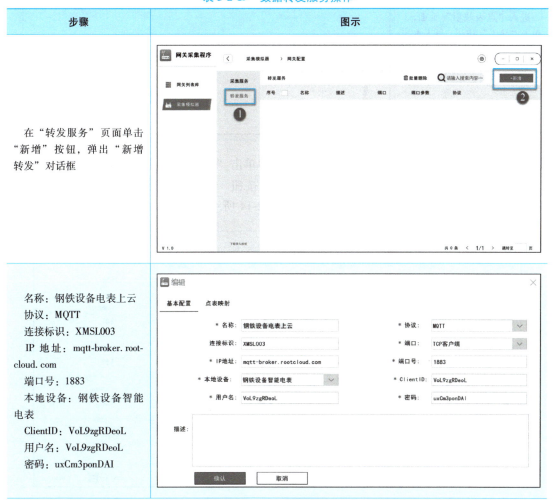

187

（续）

步骤	图示
在"转发服务"页面单击"编辑"按钮，进入"点表映射"页面，单击"新增"按钮，在"添加映射"页面对每个参数进行映射	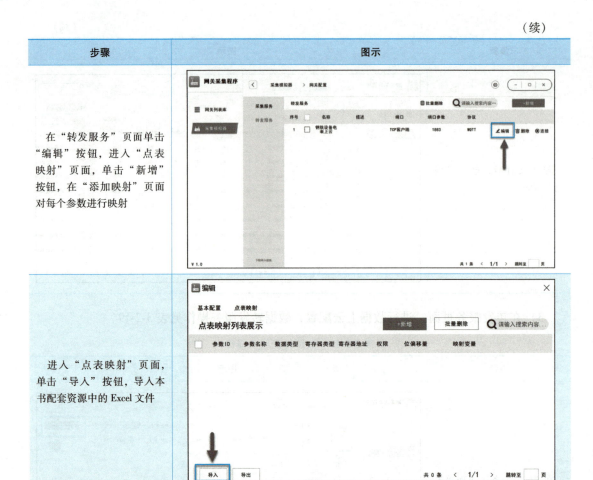
进入"点表映射"页面，单击"导入"按钮，导入本书配套资源中的 Excel 文件	

4）点表映射完成后，需在采集模拟器页面中单击"启动"按钮进行数据采集。采集模拟器开启后，进入转发服务页面，单击"连接"按钮。最后登录根云平台，进入物实例页面查看数据，此时物实例显示在线状态，如图 3-2-14 所示。

图 3-2-14　物实例在线状态

【任务训练】

1. 单选题

（1）在 Flink 中，时间窗口根据什么定义窗口的开启与关闭？（　　）
  A. 数据到达时间　　　　　　　　B. 事件发生的时间戳
  C. 数据元素的数量　　　　　　　D. 处理时间

（2）滚动计数窗口的核心概念基于什么来划分窗口？（　　）
  A. 时间点　　　　　　　　　　　B. 数据到达顺序
  C. 指定的元素数量　　　　　　　D. 活跃时长

（3）事件时间主要指的是什么？（　　）
  A. 数据进入系统的时间　　　　　B. 数据处理时的时间
  C. 数据本身所包含的时间戳　　　D. 系统触发数据处理时的时间

（4）下列哪个函数用于定义滚动时间窗口？（　　）
  A. TUMBLE　　　　B. HOP　　　　C. SESSION

（5）以下哪个关键字用于从数据集/数据流中选择数据以筛选出某些列？（　　）
  A. SELECT　　　　B. WHERE　　　C. DISTINCT　　　D. GROUP BY

2. 多选题

（1）SELECT 语句的正确用法包括哪些内容？（　　）
  A. 选择数据集中的所有列　　　　B. 只选择数据集中特定的某些列
  C. 使用函数和别名　　　　　　　D. 直接删除数据集中的数据

（2）WHERE 子句的特点是什么？（　　）
  A. 可以与 SELECT 一起使用，进行数据筛选
  B. 支持各种比较和逻辑运算符
  C. 可以与 IN、NOT IN 联合使用，进行过滤
  D. 直接对数据集进行分组

（3）在 SQL 中，哪些操作可以影响数据集/数据流的内容或结构？（　　）
  A. 使用 DISTINCT 去重
  B. 使用 GROUP BY 对数据进行分组
  C. 使用 UNION 合并两个结果集并去重
  D. 使用 JOIN 联合两个表的数据

（4）三种时间的优缺点包括哪些？（　　）
  A. 事件时间的优势是由数据生产方自身携带
  B. 进入时间可以防止 Flink 内部处理数据时发生乱序的情况
  C. 处理时间提供了最佳性能和最低的延迟
  D. 事件时间的劣势是设备离线后，没有数据上传，窗口不结算
  E. 进入时间会导致数据进入 Flink 前出现数据积压或者断线，造成缓冲数据导致数据延迟
  F. 处理时间可能会导致时间窗口内数据量暴增，占用内存大

（5）窗口机制的驱动方式可以分为下列哪几种？（　　）
  A. 事件驱动　　　　B. 数据驱动　　　　C. 时间驱动　　　　D. 条件驱动

任务 3.3 IT 和 OT 数据融合计算

3.3.1 任务说明

IT 和 OT 数据融合计算可以帮助企业获取综合的数据视角，优化业务流程，能够进行实时决策和调整，并实现智能化应用。这对于提高企业运营效率、降低成本、优化资源利用具有重要意义。本任务的学习导图和任务目标如图 3-3-1 所示，开发工程师需要完成以下任务。

1）结合业务目标进行分析，明确关键的业务指标及其运算方案。
2）搭建离线数据开发任务，进行任务流编排。

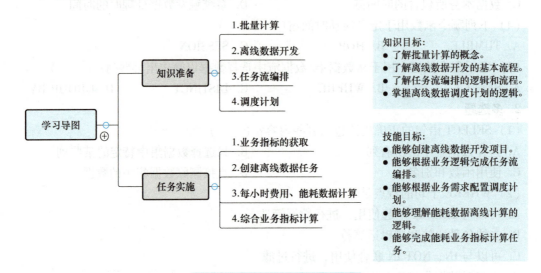

图 3-3-1 学习导图和任务目标

3.3.2 知识准备

1. 批量计算

批量计算也称批处理计算，是一种数据处理方式。批量计算是指对静态数据的批量处理，批量计算处理的是"固定""有界"的数据集。也就是说，首先会统一收集数据，并且把数据以数据表的形式存储到数据库中，再按照不同的计算逻辑，对全部的数据进行统一的批量处理，待全部数据处理完成后，才会输出最终的结果。

传统的数据处理方式通常是将数据导入特定的数据分析工具中，这样会面临两个问题，一是如果数据源非常大时，数据的移动要花费较长时间；二是传统的数据处理工具往往是单机模型，面对海量数据时，数据处理的时间也是一个很大的问题。

批量计算的主要特点可以概括为以下 5 方面。

（1）大量数据处理 批量计算通常用于处理大量数据，这些数据可以是存储在文件系统中的数据、数据库中的数据、网络中的数据等。

（2）批量处理 批量计算通常是在一个固定时间段内，将数据按照一定的逻辑分组，进行一次性批量处理。

（3）离线分析　批量计算通常适用于离线分析和历史趋势分析，这些分析往往需要大量数据支撑。

（4）数据一致性　数据一致性是数据融合的前提，首先要求数据不能丢失，其次要保证端到端的一致性，即输入、处理、输出的每一个环节都要保证其自身数据的一致性。

（5）处理速度　批量计算通常需要在处理的时间窗口内完成所有数据的处理，处理速度是非常重要的。

批量计算一般应用于那些离线批量、延时较高的静态数据处理过程，适用于实时性要求不高的场景，例如，定时周期执行一个任务，任务周期可以是天、周、月或年。在计算开始前已知所有输入数据，输入数据不会产生变化，一般计算量级较大，计算时间也较长，例如，每天早上固定时间，把昨天累积的日志计算出所需结果。一般是根据前一天的数据生成报表，虽然统计指标、报表繁多，但是对时效性不敏感。从技术操作的角度看，这部分属于批量处理的操作。批量计算的典型应用场景包括但不限于以下情况。

1）数据仓库的数据同步与更新：定期将来自不同源的大量数据整合、清理、转换，并加载到数据仓库中；

2）大规模数据分析：对大数据集进行复杂的分析，如模式识别、趋势预测等，这些任务往往不需要即时反馈；

3）日志文件分析：收集和分析大量日志文件，以便进行性能监控、安全分析或用户行为分析。

流式计算与批量计算是两种不同的数据处理范式，它们在处理数据的方式、适用场景以及实现技术上有所区别，详见表3-3-1。

表3-3-1　流式计算与批量计算的区别

类别	流式计算	批量计算
数据处理方式	流式计算是一种实时数据处理方式，它可以持续地、即时地处理数据流。数据以连续的流形式进入系统并被实时处理，每接收到一条新数据或数据块时，系统会立即处理	批量计算处理的是静态的数据集。数据被累积一段时间后，形成一个完整的批次，然后作为一个整体进行处理。这种处理通常发生在数据集已经完全收集后
适用场景	适用于需要即时响应的场景，如实时监控、实时分析、实时决策支持系统等	适合处理历史数据集，进行大规模的数据分析、统计汇总、报告生成等，这些场景不要求即时响应
性能考量	关注延迟的最小化，即数据从输入到输出的时间应尽可能短	关注吞吐量的最大化，即单位时间内处理的数据量最大
数据处理模型	基于事件的处理，每个数据项或小批数据项被视为一个事件	基于批次的处理，数据分为不同的批次，每个批次包含大量数据

计算模式的选择取决于具体应用场景的需求，如对实时性的要求、数据量的大小、处理复杂度等因素。在实际应用中，很多系统会同时采用流式计算和批量计算，以满足不同的业务需求和处理不同特性的数据。

2. 离线数据开发

离线数据开发包含输入节点、处理节点和输出节点。

（1）输入节点　输入节点可以是外部数据，也可以是内部数据。输入节点主要包含 Hive、MySQL、PostgreSQL、Oracle 和工业数据编码。本书主要详细介绍 MySQL 输入节点，见表 3-3-2。

表 3-3-2　输入节点说明

输入节点	说明	节点配置
MySQL	外部数据	节点名称：支持字符串数据，最多可输入 64 个字符（1 个汉字为 2 个字符） 输入数据源：节点配置可以选择 MySQL 外部数据源和数据源下的数据库表 输出映射：节点配置选择了数据库表后，可以自动显示数据库表的字段列表，包括输入字段、输出字段名称、输出字段 ID、输出数据类型 查询语句：支持 where、order by、limit、offset 关键词，查询最大记录数限制在 1000000 之内

（2）处理节点　处理节点包含数据筛选、Flink SQL 查询、表关联和去重。本书详细介绍 Flink SQL 查询。

在离线数据开发中，常需要获取以下内置参数进行 Flink SQL 查询，见表 3-3-3。

表 3-3-3　内置参数

字段 ID	数据类型	说明
zoonId	String	时区 ID，表示不同的时区，如 UTC+00：00，UTC+08：00
systemDatetime	String	任务调度时间，格式：yyyy-MM-dd HH：mm：ss
bizStartDatetime	String	业务开始时间，格式：yyyy-MM-dd HH：mm：ss
bizEndDatetime	String	业务结束时间，格式：yyyy-MM-dd HH：mm：ss

（3）输出节点　本书主要介绍 MySQL 输出节点。MySQL 输出节点的配置包含目标数据源、插入键和输出映射。

1）目标数据源：经过处理后输出的数据存入指定数据库。

2）插入键：需选择数据库表的主键或者唯一索引作为更新数据的唯一标识。

3）输出映射：计算过程中，Flink 数据类型需要按 MySQL 数据类型输出，输出映射支持类型匹配，有明确支持的 MySQL 数据类型，以及 Flink 数据类型可转换成 MySQL 类型的映射表。

说明：可以查询 MySQL 数据表的主键字段，如果主键字段没有保存，节点配置会提示错误。

3. 任务流编排

任务流数量较多的时候，如果出现问题，恢复计算逻辑、重新执行任务和补录数据的操作会变得繁琐，例如，用电的小时任务执行失败，需要把小时任务、天任务和月任务都手动执行重跑。如果任务流连续 12h 出现故障，就有 12×3＝36 个任务需要手动重跑，而且手动执行任务的顺序必须是小时、天和月逐个完成。

用电统计的小时定时任务、天定时任务和月定时任务按顺序调度执行，只有前一个任务执行成功后，后一个任务才能执行。在任务实施过程中需要把任务的定时时间错开，例如，8:00 执行小时定时任务，8:15 执行天定时任务，8:30 执行月定时任务。如果时间间隔设计得不合理，或者任务调度出现了延迟执行的情况，就会出现天任务和月任务在小时任务未完成的情况下提前执行。

基于以上一些场景需要，为了提高效率，可以将用电的小时任务、天任务和月任务三个任务统一编排到一个任务流中，方便及时定位和解决问题。在根云平台的数据计算模块中，可以通过任务流编排来实现，平台创建任务流编排的界面如图 3-3-2 所示。具体步骤如下：①在离线数据开发模块中，创建 3 个离线任务编排（小时任务、天任务、月定时任务）并发布；②创建任务流编排，将创建好的 3 个离线任务按顺序作为节点添加到任务流中，确保按小时、天、月的顺序依次执行；③发布任务流编排；④配置调度，每隔 1h 自动触发任务流；⑤通过任务流运维功能查看任务流的运行详情，检查运行状态。

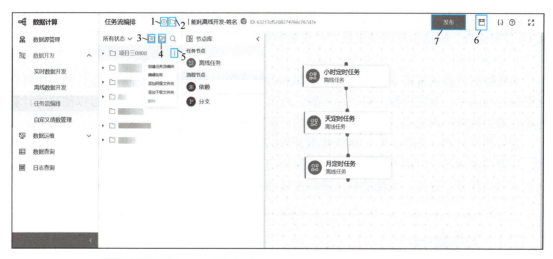

图 3-3-2　任务流编排的界面
1—创建任务流编排　2—添加文件夹　3—收起/展开文件夹　4—编辑文件夹
5—管理文件夹　6—保存任务流编排　7—发布任务流编排

1）创建任务流编排。可以在页面左侧单击"创建任务流编排"按钮或在空白页处单击"创建任务流"按钮创建任务流编排，如图 3-3-3 所示。在弹出的对话框中填入自定义的名称并选择上级文件夹，单击"确定"按钮完成创建，平台自动跳转到开发页面，可在画布中以拖拽的方式进行任务流编排。

图 3-3-3　创建任务流编排

2）创建离线任务节点。创建任务流编排后，从任务节点中拖入一个离线任务节点至画布中，可配置离线任务节点的基本信息，包括选择已发布的离线任务和配置调度策略。任务流编排能对多个离线任务进行运行节点依赖顺序的编排，支持灵活设置每个任务的调度时间。

> 说明：一个离线任务节点只能有一个后续节点。

3）创建流程节点。流程节点包含依赖节点和分支节点。依赖节点：依赖节点支持选择某一任务流的具体节点或者全部节点，多个任务流之间支持 And 和 Or 的逻辑。分支节点：当分支节点只有一个上游节点时，逻辑判断条件为上游节点的执行状态，根据成功或失败执行不同的下游节点；当分支节点存在多个上游节点时，逻辑判断条件为上游节点状态的 And 和 Or 逻辑组合，根据最终的结果成功或失败执行不同的下游节点。

4. 调度计划

离线数据计算通常需要大量的计算资源和存储资源。通过制定合理的调度计划，可以优化资源的利用率，避免资源的浪费和闲置。合理分配计算任务和预定资源，可以使离线计算作业在最短的时间内完成，从而提高整体的计算效率。

配置调度计划（图 3-3-4）：离线数据开发需要系统定期自动执行。配置批处理的执行计划，应能够灵活基于时间点即时触发、按照固定的时间间隔周期性触发，或根据预设的执行次数来启动任务。这样，系统能够按照调度计划自动执行任务，无须人工干预。

图 3-3-4 配置调度计划

1）生效日期：调度计划生效时间及截止时间，在生效日期内，任务流按照调度周期重复执行。

2）数据时区：根据指定的时区进行生效日期的计算。场景举例：在中国编排的离线数据计算任务需发布于其他国家执行时，数据时区应选择任务执行地的时区。

3）调度周期：离线数据开发任务可以根据调度周期重复执行，分别为按小时、按天、按周、按月，详见表 3-3-4。

表 3-3-4 调度周期

时间分类		细分项	说明
按小时	每小时重复	重复时间点	指定在每小时的第几分钟执行
	间隔	间隔	指定间隔几小时重复一次
		重复时间点	指定在该小时的第几分钟执行
	指定时间	执行小时	指定在一天内的第几小时执行，可多选
		重复时间点	指定在该小时的第几分钟执行
按天		时间点	指定在每天中哪一个时刻执行
按周		执行周次	指定在每周的星期几执行，可多选
		时间点	指定在该天中哪一个时刻执行
按月		执行日期	指定每月的哪一天执行，可多选
		时间点	指定在该天中哪一个时刻执行

4）业务开始和结束时间：每次任务执行需要获取数据的时间段。业务逻辑为根据调度时间计算当前任务运行时，需要获取哪一时间段内的数据。如图 3-3-5 所示，最近一次调度计划的运行时间为 2021 年 11 月 11 日 12:00，即本次调度计划运行时，所选取的数据为调度时间前 2h 至调度时间前 1h 内的数据（即 2021 年 11 月 11 日 10:00 至 2021 年 11 月 11 日 11:00 这段时间内的数据）。

图 3-3-5 获取某一时间段内的数据

5）调度依赖：当前任务需要依赖于其他任务执行完成才能执行时，支持编排任务依赖，可以选择多个依赖任务。选择需要依赖的前置任务时，需要指定依赖周期和依赖时间。依赖周期：依赖前置任务完成的周期。依赖时间：每次任务执行前，前置任务需要提前完成的时间。举例：按照图 3-3-6 所示进行配置，即表示每次离线数据开发任务执行前，需保证"clh-test"编排任务在前 1h 已经执行完毕。

3.3.3 任务实施

1. 业务指标的获取

1）可以利用任务 3.2 中介绍的实时数据开发方式，通过实时监测获取每小时的能耗数据。数据库的"fee_energy_1h"数据表中的属性情况见表 3-3-5。

图 3-3-6　调度依赖示例

表 3-3-5　"fee_energy_1h" 数据表中的属性情况

字段名	类型
timestamp	timestamp
date_day	varchar
PWR_C	double
date_hour	varchar
device_id	varchar

2）通过整合每小时的电价与能耗数据，利用表连接及指标计算，能够精确地获得每日各个时段的电费支出及相应能耗情况。结合本任务的业务目标分析，明确本任务的关键指标点，具体见表 3-3-6。

表 3-3-6　关键指标说明

属性 ID	属性名称（关键指标）	数据类型	运算方案
tip_energy	每日尖时能耗	Number	计算每日尖时段（19:00-22:00）的能耗
peak_energy	每日峰时能耗	Number	计算每日峰时段（8:00-11:00，15:00-19:00）的能耗

（续）

属性 ID	属性名称（关键指标）	数据类型	运算方案
ordinary_energy	每日平时能耗	Number	实时计算每日平时段（7:00-8:00，11:00-15:00，22:00-23:00）的能耗
valley_energy	每日谷时能耗	Number	计算每日谷时段（23:00-0:00，00:00-7:00）的能耗
day_fee	每日电费	Number	每日尖、峰、平、谷的电费之和
tip_fee	每日尖时电费	Number	计算每日尖时段（19:00-22:00）的电费，电价为：0.8937元/kW·h
peak_fee	每日峰时电费	Number	计算每日峰时段（8:00-11:00，15:00-19:00）的电费，电价为：0.7937元/kW·h
ordinary_fee	每日平时电费	Number	计算每日平时段（7:00-8:00，11:00-15:00，22:00-23:00）的电费，电价为：0.6437元/kW·h
valley_fee	每日谷时电费	Number	计算每日谷时段（23:00-0:00，00:00-7:00）的电费，电价为0.4437元/kW·h
tip_fee_rate	每日尖时电费占比	Number	每日尖时日电费/每日电费
peak_fee_rate	每日峰时电费占比	Number	每日峰时日电费/每日电费
ordinary_fee_rate	每日平时电费占比	Number	每日平时电费/每日电费
valley_fee_rate	每日谷时电费占比	Number	每日谷时电费/每日电费
month_fee	每月总电费	Number	每日总电费之和

2. 创建离线数据任务

1）在"数据计算"页面中建立离线数据开发任务，首先建立文件夹，具体操作步骤见表3-3-7。

26.创建离线数据任务

表3-3-7 建立文件夹

步骤	图示
登录控制台，进入"数据计算"页面，单击"数据开发"→"离线数据开发"→":"按钮，选择"添加同级文件夹"命令	

(续)

步骤	图示
在弹出的"添加文件夹"对话框中,自定义文件夹名称为"能耗离线管理",单击"确定"按钮	

2)创建完文件夹,即可在文件夹中创建任务流,具体操作步骤见表 3-3-8。

表 3-3-8　创建任务流

步骤	图示
单击"⊕"按钮,创建任务流	
单击"空白创建"按钮,创建离线数据开发	
在弹出的对话框中填写创建任务的相关信息,自定义任务名称为"能耗离线开发",上级文件夹选择"能耗离线管理",单击"确定"按钮,完成离线数据开发的创建。此时,创建完成的离线数据开发的画布为空白画布	

27.每小时费用、能耗数据计算

3. 每小时费用、能耗数据计算

离线数据开发配置包含编辑输入节点、编辑处理节点、编辑输出节点、发布离线数据计算、创建任务流编排以及发布任务流编排等步骤。

1)编辑输入节点。在节点库中选择"输入节点"中的"MySQL",进行任务搭建,并将其拖拽到画布中(其他节点的搭建也是通过选择及拖拽到画布中进行的),详见表 3-3-9。

表 3-3-9　编辑输入节点

步骤	图示
选择"输入节点"中的"MySQL"	
将"MySQL"输入节点拖入画布后，编辑输入节点，自定义节点名称为"尖峰平谷电费表"，输入数据源选择"Project3"，勾选"直接选表"，选择数据表"fee"，在输出字段列表中会自动生成输出字段名称、输出字段ID、输出数据类型，可以根据业务需求添加、删除输出字段。最后单击"保存"按钮	
第二个输入节点选择"MySQL"，自定义节点名称为"每小时能耗数据"，输入数据源选择"project3"，勾选"直接选表"，然后选择在数据源目录下的数据表"fee_energy_1h"，最后单击"保存"按钮	

（续）

步骤	图示
搭建完成"尖峰平谷电费表"和"每小时能耗数据"两个输入节点	

2）编辑处理节点。选择"Flink SQL 查询"处理节点，可以自定义进行多个输入表的联合 Flink SQL 查询计算，具体操作步骤见表 3-3-10。

表 3-3-10　编辑处理节点

步骤	图示
使用 Flink SQL 查询进行数据查询，选择节点库中的"Flink SQL 查询节点"并将其拖拽到画布中，自定义名称为"hour 电费"，最后单击"保存"按钮	
分别单击两个"MySQL"输入节点下方的连接点并拖动连线至"hour 电费"节点	
编辑 Flink SQL 查询节点，单击"hour 电费"节点，此时可以看到关联的两个输入节点的节点名称和节点 ID。输入节点对应产生节点 ID，作为查询表名用于后续的 Flink SQL 语句编辑。在"Flink SQL 语句"下输入数据查询的 SQL 语句	

（续）

步骤	图示
在"Flink SQL 语句"下编写 SQL 语句进行多表查询，需要查询每小时电费和能耗数据	
单击"同步字段"按钮，然后手动指定数据类型，修改"date_day"的数据类型为"String"，"date_hour"的数据类型为"String"，"fee_h"的数据类型为"Double"，"PWR_C"的数据类型为"Double"。在这里也可以根据业务需求手动添加字段和删除字段，最后单击"保存"按钮	

3）编辑输出节点。在输入节点和处理节点配置完成后，需要将数据输出到数据库，以便企业人员使用，具体操作步骤见表 3-3-11。

表 3-3-11 编辑输出节点

步骤	图示
将输出节点"MySQL"拖拽到画布中，自定义输出节点名称为"输出"，然后单击"Flink SQL 查询"节点下方的连接点并拖动连线至"MySQL"输出节点	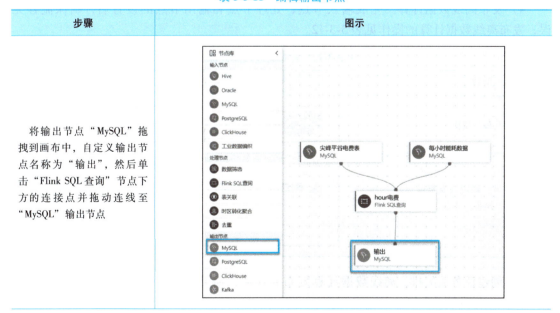

（续）

步骤	图示
选择对应的外部数据源及目标数据表	
在选择外部数据源和目标数据表后自动生成插入键"PRIMARY"和插入键字段 选择输出映射字段以及对应的数据库字段，最后单击"保存"按钮	

4）发布离线数据计算。完成输入节点、处理节点和输出节点的设置后，确保流程无误，发布离线数据计算的操作见表3-3-12。

表3-3-12 发布离线数据计算

步骤	图示
单击"发布"按钮	
页面弹出"确定要发布该任务吗？"弹框，单击"确定"按钮	

5）创建任务流编排。离线数据计算发布成功后，需开启任务流编排，实时监控任务流，具体操作见表3-3-13。

表 3-3-13 创建任务流编排

步骤	图示
在"任务流编排"菜单栏中单击一级文件夹右侧的":"按钮,创建任务流编排	
在弹出的对话框中填写创建任务流的相关信息,自定义任务流名称为"能耗离线开发",并选择上级文件夹,单击"确定"按钮	
节点库中包含离线任务和流程节点。在这里选择离线任务并将其拖拽到画布中,选择"能耗离线开发"离线任务,自定义节点名称为"能耗离线开发",最后单击"保存"按钮	

6)发布任务流编排,操作步骤见表 3-3-14。

表 3-3-14　发布任务流编排

步骤	图示
对建立的任务流编排进行保存后，单击"发布"按钮发布任务流编排，页面弹出"确定要发布该任务吗？"弹框，单击"确定"按钮，任务发布成功则弹出"数据处理任务发布成功"，单击"马上配置调度"按钮，可对任务流编排进行调度配置	
设置配置调度计划相关参数	

4. 综合业务指标计算

计算综合业务指标，包含配置撤回离线任务、处理节点、输出节点、发布离线数据计算、创建任务流编排以及发布任务流编排等步骤。

1）撤回离线任务。单击撤回按钮，撤回离线任务。
2）添加 Flink SQL 查询处理节点，具体操作步骤见表 3-3-15。

28.综合业务指标计算

表 3-3-15　添加 Flink SQL 处理节点操作步骤

步骤	图示
选择节点库中的"Flink SQL 查询"节点并将其拖拽到画布中，自定义节点名称为"每日基本信息"，单击"保存"按钮。然后单击名称为"hour 电费"的"Flink SQL 查询"输出节点下方的连接点，拖动连线至新建的"Flink SQL 查询"节点上方	

（续）

步骤	图示
单击新添加的 Flink SQL 查询节点，可以看到上一节点"hour 电费"产生的节点 ID 为"node1750"，此节点 ID 将作为查询表名，用于后续的 Flink SQL 语句的编辑	
在"Flink SQL 语句"下编写 SQL 语句进行多表查询，需要查询一级指标相关数据	
输出字段设置。首先单击"同步字段"按钮，然后手动指定数据类型，修改"date_day"的数据类型为"String"，其他数据类型为"Double"，在这里也可以根据业务需求手动添加字段和删除字段，最后单击"保存"按钮	

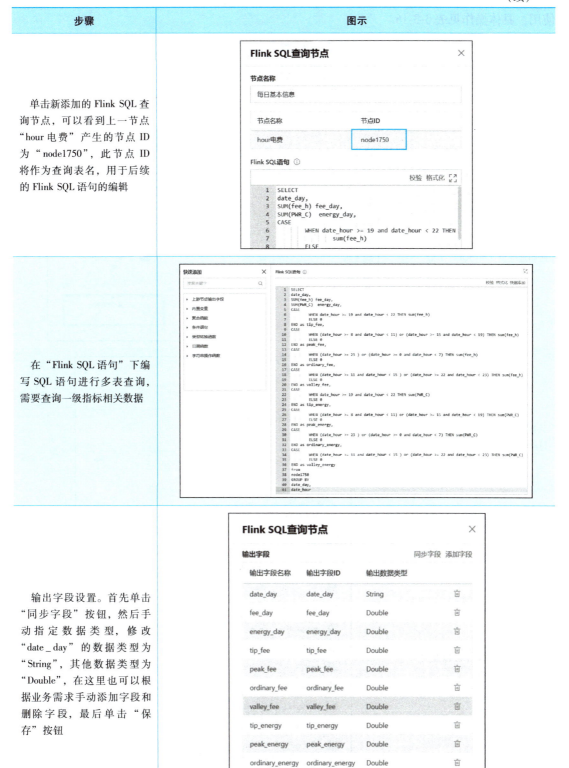

3）编辑输出节点。在处理节点配置完成后，需要将数据输出到数据库，以便企业人员使用，具体操作见表 3-3-16。

表 3-3-16 编辑输出节点

步骤	图示
将输出节点"MySQL"拖拽到画布中，自定义输出节点名称为"每日基本信息输出"，然后单击"Flink SQL 查询"节点下方的连接点并拖动连线至"MySQL"节点	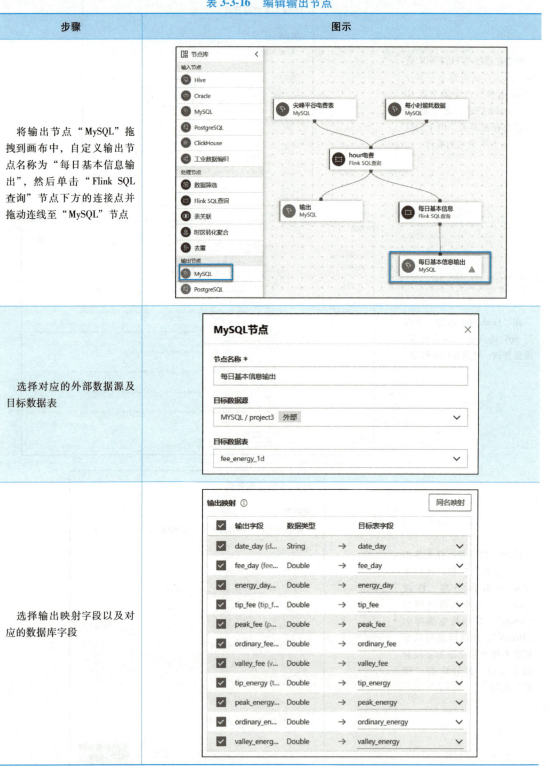
选择对应的外部数据源及目标数据表	
选择输出映射字段以及对应的数据库字段	

4）最后，对建立的离线任务进行保存，并单击"发布"按钮发布离线任务，页面弹出"确定要发布该任务吗？"弹框，单击"确定"按钮，任务发布成功则会弹出"数据处理任务发布成功"。

3.3.4 拓展任务

数据库和表的创建

1）打开 Navicat Premium 软件，右击数据库，选择"新建数据库"，在"新建数据库"对话框中，输入数据库名为"project_schema"，字符集选择"utf8mb4"，排序规则选择"utf8mb4_general_ci"，如图 3-3-7 所示。

图 3-3-7 创建数据库

2）根据表 3-3-17 创建"energy_1minute"表格，创建结果如图 3-3-8 所示。

表 3-3-17 "energy_1minute"表格结构

名称	类型	长度	小数点	注释
timestamp	datetime	0	0	时间
device_id	varchar	30	0	设备 id
PWR_C	double	10	6	一分钟能耗
work_status	int	10	0	设备状态
record_date	varchar	100	0	数据时间

3）根据表 3-3-18 创建"work_energy_1h"表格，创建结果如图 3-3-9 所示。

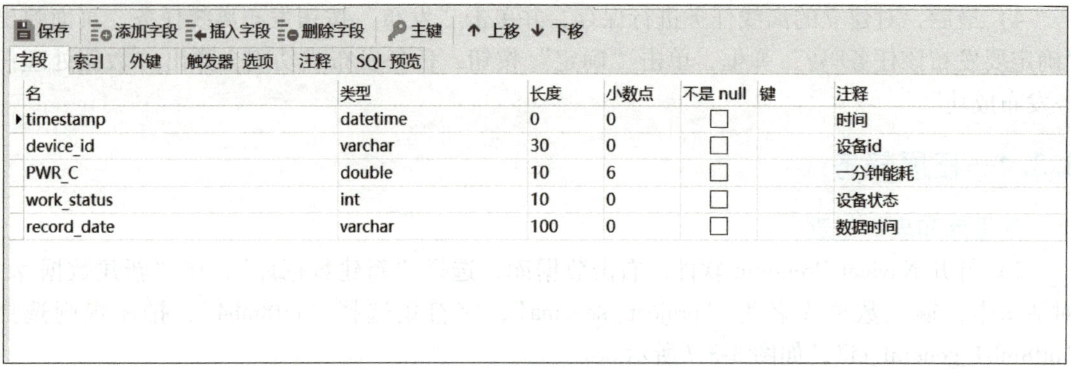

图 3-3-8 "energy_1minute" 表格

表 3-3-18 "work_energy_1h" 表格结构

名称	类型	长度	小数点	注释
timestamp	datetime	0	0	时间
energy_1h	double	10	2	每小时能耗
work_status	int	10	0	设备状态
device_id	varchar	30	0	设备id
record_date	varchar	100	0	数据时间

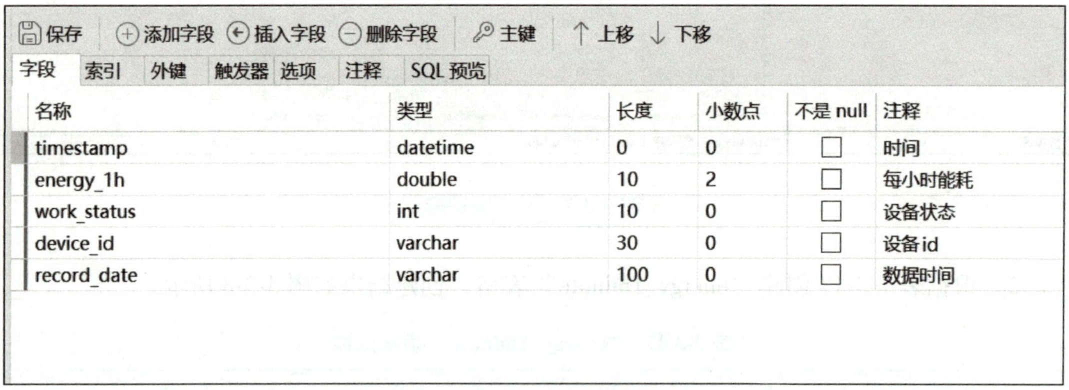

图 3-3-9 "work_energy_1h" 表格

4）根据表 3-3-19 创建 "fee_1h" 表格，创建结果如图 3-3-10 所示。

表 3-3-19 "fee_1h" 表格结构

名称	类型	长度	小数点	注释
date_day	varchar	30	0	日期
date_hour	varchar	30	0	小时
fee_h	double	10	4	每小时费用
PWR_C	double	10	4	每小时能耗

保存　添加字段　插入字段　删除字段　主键　上移　下移

字段　索引　外键　触发器　选项　注释　SQL 预览

名称	类型	长度	小数点	不是 null	键	注释
date_day	varchar	30	0	☐		日期
date_hour	varchar	30	0	☑	1	小时
fee_h	double	10	4	☐		每小时费用
PWR_C	double	10	4	☐		每小时能耗

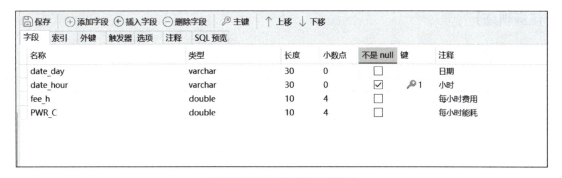

图 3-3-10　“fee_1h”表格

5）根据表 3-3-20 创建“fee_energy_1d”表格，创建结果如图 3-3-11 所示。

表 3-3-20　“fee_energy_1d”表格结构

名称	类型	长度	小数点	注释
date_day	varchar	30	0	时间
tip_energy	double	10	4	尖时能耗当日
peak_energy	double	10	4	峰时能耗当日
ordinary_energy	double	10	4	平时能耗当日
valley_energy	double	10	4	谷时能耗当日
energy_day	double	10	4	每天总能耗
tip_fee	double	10	4	尖时费用当日
peak_fee	double	10	4	峰时费用当日
ordinary_fee	double	10	4	平时费用当日
valley_fee	double	10	4	谷时费用当日
fee_day	double	10	4	每天总电费

保存　添加字段　插入字段　删除字段　主键　上移　下移

字段　索引　外键　触发器　选项　注释　SQL 预览

名	类型	长度	小数点	不是 null	键	注释
date_day	varchar	30	0	☑	1	时间
tip_energy	double	10	4	☐		尖时能耗当日
peak_energy	double	10	4	☐		峰时能耗当日
ordinary_energy	double	10	4	☐		平时能耗当日
valley_energy	double	10	4	☐		谷时能耗当日
energy_day	double	10	4	☐		每天总能耗
tip_fee	double	10	4	☐		尖时费用当日
peak_fee	double	10	4	☐		峰时费用当日
ordinary_fee	double	10	4	☐		平时费用当日
valley_fee	double	10	4	☐		谷时费用当日
fee_day	double	10	4	☐		每天总电费

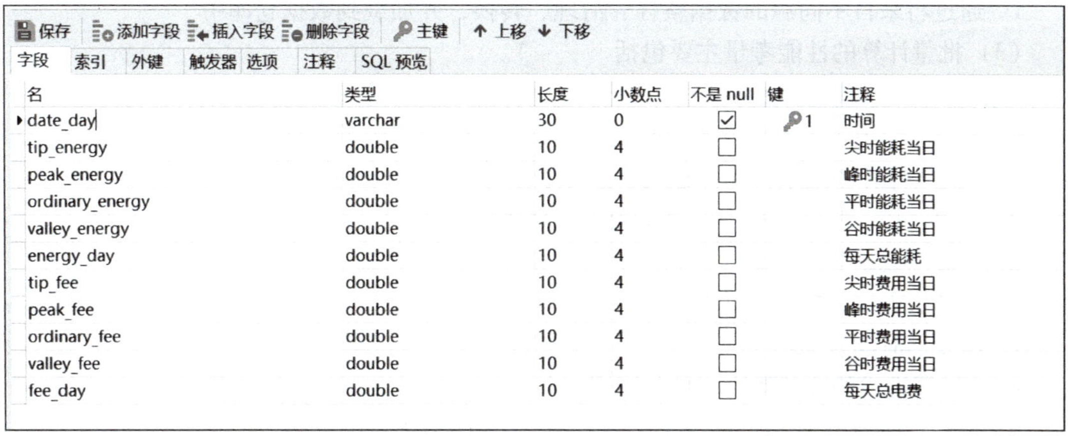

图 3-3-11　“fee_energy_1d”表格

【任务训练】

1. **单选题**

（1）批量计算主要用于处理哪种类型的数据？（　　）
A. 动态数据　　　　B. 固定数据　　　　C. 可变数据　　　　D. 无限数据

（2）传统数据处理工具面对海量数据时的主要问题是什么？（　　）
A. 数据安全性　　　　　　　　　　　B. 数据格式不兼容
C. 数据处理时间过长　　　　　　　　D. 数据可靠性

（3）哪种数据处理模型是基于批次的处理？（　　）
A. 基于事件的处理
B. 每个数据项或小批数据项被视为一个事件
C. 数据分为不同的批次，每个批次包含大量数据
D. 增量式处理

（4）对于离线数据计算，通过合理的调度计划可以实现什么目标？（　　）
A. 降低计算效率　　　　　　　　　　B. 提高资源利用率
C. 增加资源浪费　　　　　　　　　　D. 缩短数据处理时间

（5）在任务流较多时，出现问题需要恢复计算逻辑、重新执行任务和补录数据的繁琐操作是因为什么？（　　）
A. 任务间没有依赖关系　　　　　　　B. 手动执行任务的顺序要求不严格
C. 任务流存在连续性故障　　　　　　D. 任务流调度时间过长

2. **多选题**

（1）批量计算典型的应用场景包括（　　）。
A. 实时监控　　　　　　　　　　　　B. 数据仓库的数据同步与更新
C. 大规模数据分析　　　　　　　　　D. 日志文件分析

（2）批量计算在数据处理方面的特点包括（　　）。
A. 处理静态的数据集
B. 数据以连续的流形式进入系统
C. 通常发生在数据集已经完全收集后
D. 通过将来自不同源的数据整合、清理、转换，并加载到数据仓库中

（3）批量计算的性能考量主要包括（　　）。
A. 数据从输入到输出的时间　　　　　B. 吞吐量的最大化
C. 数据持续地进入系统并被实时处理　D. 延迟的最小化

（4）流式计算和批量计算的适用场景分别是什么？（　　）。
A. 实时监控、实时分析、实时决策支持系统
B. 大规模数据分析、统计汇总、报告生成等
C. 处理历史数据集
D. 需要即时响应的场景

（5）计算模式的选择取决于哪些因素？（　　）
A. 对实时性的要求　　　　　　　　　B. 数据量的大小
C. 处理复杂度　　　　　　　　　　　D. 系统同时采用流式计算和批量计算

任务 3.4 能耗数据分析报告

3.4.1 任务说明

开发工程师在前期已经基于能耗指标体系，成功实现了工业设备的数据实时与离线计算。在本任务中，数据分析师需进一步针对业务需求，深入分析能耗数据，最终编制并提交一份全面的能耗数据分析报告。这份报告不仅需要展示出精确的数据分析结果，还要提供对能耗趋势的预测和改进建议，为企业的节能减排措施和决策提供数据支撑和策略建议。数据分析师需要完成以下三项任务。

1）明确数据分析的业务背景和目标。
2）明确业务的关键问题，结合现有数据，运用数据分析工具制作直观、清晰的图表进行，深入分析。
3）根据数据分析的结果做出结论，并针对性地提出相关建议。

本任务的学习导图和任务目标如图3-4-1所示。

图 3-4-1 学习导图和任务目标

3.4.2 知识准备

1. 数据分析报告的前提

数据分析报告的前提包括以下内容。

1）清晰的问题定义。在进行数据分析之前，需要明确定义要解决的问题或探索的目标，确保数据分析的方向和目的清晰明了。
2）可靠的数据来源。数据分析报告的准确性和可靠性取决于所使用的数据来源，需要确保数据来源完整、准确,并且与研究问题相关。

3)数据质量。数据分析的前提是要有高质量的数据,包括数据的完整性、准确性、一致性和时效性。需要对数据进行清洗、处理和验证,以确保数据质量符合要求。

4)数据采集方法。报告应描述数据是如何收集和获取的,包括数据采集的方式、频率、时间范围等信息,以便读者理解数据的背景和来源。

5)分析方法和技术。报告应当说明所采用的数据分析方法和技术,确保分析结果的可信度和有效性。这包括数据可视化、统计分析、机器学习等方法的选择和应用。

6)结果解释。数据分析报告需要清晰地解释分析结果和结论,以便读者理解分析过程和得出的结论。解释应该简洁明了,避免使用过多的专业术语。

7)报告结构。报告应当具有清晰的结构,包括引言、背景介绍、分析方法、结果展示、结论和建议等部分,以便读者系统地了解分析过程和结果。

8)读者需求。考虑到数据分析报告的受众群体,应当根据不同读者的需求和背景调整报告的内容和表达方式,使报告更具说服力和可读性。

2. 数据分析报告的重要原则

1)清晰性。数据分析报告应当简洁明了,避免使用过多的专业术语和复杂的表述,确保读者能够轻松理解报告内容。

2)准确性。报告中所使用的数据和分析方法必须准确无误,结果应当真实反映数据情况,避免误导读者或做出错误的结论。

3)客观性。数据分析报告应当客观公正,不受主观因素影响,避免数据分析和结果被个人观点或偏见左右。

4)可靠性。报告应当基于可靠的数据来源和有效的分析方法,确保数据质量和分析结果的可信度,有助于读者对报告内容的信任。

5)相关性。分析报告应当紧密围绕问题定义或研究目标展开,确保分析结果与问题相关,并给出对问题有意义的结论和建议。

6)透明性。报告应当清晰地描述数据来源、分析方法和过程,使读者可以理解分析的过程和推断的依据,增加报告的可信度和可读性。

7)可操作性。分析报告应当提供具体的结论和建议,以指导决策或行动。报告中应该包含实际可操作的建议,帮助读者将分析结果转化为实际行动。

8)持续改进。数据分析报告应当是一个持续改进的过程,接受反馈意见并不断调整和完善报告内容,以提高报告的质量和效果。

3. 数据分析类型

常见的数据分析类型主要有日常监控、问题分析、专题分析。

(1)日常监控 日常监控是对业务或系统关键指标进行定期追踪和监测,以确保其运行情况正常、稳定。日常监控常用于生产制造、电商、金融等领域,用于监控销售额、库存量、交易额、服务器负载等关键指标的变化趋势。其主要特点是通常采用实时或定时更新的数据,关注数据的变化趋势,及时发现异常情况或突发事件。

(2)问题分析 问题分析旨在解决具体问题或挖掘潜在问题的根源,通常需要深入挖掘数据背后的原因和规律。它广泛应用于企业管理、市场营销、产品质量控制等领域,用于识别业务中的瓶颈、障碍或异常情况。通常需要结合多种分析方法,如趋势分析、对比分析、关联分析等,以揭示问题的本质和影响因素。

(3) 专题分析 专题分析是针对某一特定主题或业务需求展开的深入分析，旨在从不同角度全面了解该主题的相关信息和特征。它适用于品牌营销、用户行为分析、产品研发等领域，用于深入了解某一特定方面的情况。通常需要整合多维数据，采用多种分析手段，如数据挖掘、机器学习等，以深入挖掘目标主题的相关信息和见解。

总体来说，日常监控有助于保障运行的稳定性，问题分析有助于解决业务中的问题，专题分析有助于深入研究特定主题。这三类数据分析方法相辅相成，共同为企业提供决策支持和业务优化的基础，帮助企业更好地理解和应对复杂的商业环境。

4. 数据分析的常规流程

(1) 分析前——明确分析的对象和目的 分析前需要先明白分析的内容，这是分析工作流程中最重要的一点。如果在开始分析时没有清晰地定义分析内容，就容易偏离原始目标，导致最终得到的分析结果既无法满足需求方的期望，又浪费了大量时间。

有时候业务方可能提出模糊的需求，甚至自己都不清楚分析的目的，如"帮我看看用户现状"这类伪需求。对于这种情况，可以直接提供已有的报告供其参考，或者要求业务方进一步澄清想要达到的具体结果和目标。同样，当业务方提出类似"拉取指标数据"的请求时，数据分析师应询问数据的具体用途，以免在后续阶段需要反复调整和返工。

此外，有些需求可能需要数据分析师深入挖掘隐藏的需求。例如，在分析活动效果时，除了关注用户数量和收入增长外，还应考虑投资回报率（ROI）、用户留存率以及未来可能带来的收益等方面，这些可能是业务方未曾考虑的。因此，数据分析师需要补充并完善分析的维度和内容，以确保提供的分析结果全面且符合实际需求。

(2) 分析中——如何分析 在分析过程中，可以用到的万能的分析框架如图3-4-2所示。

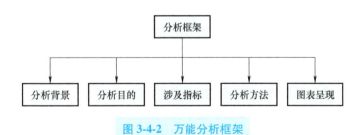

图3-4-2 万能分析框架

分析过程中主要的分析方法见表3-4-1。

表3-4-1 分析过程中主要的分析方法

分析方法	说明
对比分析	如渠道A和渠道B，分别带来的商品交易总额为（GMV）多少，哪个ROI高；与竞品相比，我方有什么优势与劣势
聚类分析	如将时间进行聚类，区分不同时刻用电情况，然后分别给予不同的电费策略
时序分析	如近12个月的GMV走势
漏斗分析	如用户在"曝光→单击→下单→支付"这样的步骤行为，每个漏斗环节的转化率、流失情况
相关分析	如共享单车的使用量与天气/工作日/季节的相关性、热销设备与地域之间的相关性等

（3）分析后——结果呈现和跟进　分析完成后，需要解释分析结果并将其呈现给利益相关者。这可通过报告、可视化图表、数据仪表板等形式进行，以便他们理解分析结论并做出决策。

最后，需要验证分析结果的准确性并评估分析过程的有效性。根据反馈和实际应用情况，不断改进数据分析方法和流程，以实现持续优化和提升业务价值。

5. 数据分析报告建议

（1）报告文案建议　通过数据描述来说明现象或趋势，如"9月GMV环比8月增长27%，主要由A活动带来（占比增量90%）"。解释可能的原因，如"A活动有一定的拉新效果，但对比同类型的B活动ROI偏低"。提出结论并给出具体的策略建议，如"建议后续对A活动的发放用户进行筛选，减少对羊毛党用户的补贴"。策略建议需要结合实际的业务场景。

（2）注意量化建议　尽量将描述程度的词用数据表达出来，如将标签准确率量化成具体的百分比，以突出差异性。在涉及数据误差时，应明确误差的具体数值，以便更准确地评估数据的可信度。

（3）沟通需求时建议　学会问问题，通过反问业务方的预期结果，能够更清楚地理解他们的目的和期望，有利于确定更明确的分析方向。

3.4.3　任务实施

1. 业务背景和目标

目前，我国钢铁行业的碳排放主要有化石燃料燃烧排放、工业生产过程排放、净购入使用的电力、固碳产品隐含的碳排放四大类。碳排放量与能耗管理紧密相关。大部分钢铁企业存在能耗生产、使用效率不高、能耗系统运行不稳定的问题。本任务从钢铁行业的能耗用电管理出发，对能耗用电的监测数据进行分析。

在一家工业企业中，电费支出是总支出的重要组成部分。在各类企业中，用电能耗管理对企业发挥着巨大作用。良好的用电管理能够使得企业降低生产成本，高效利用能耗，有效提高企业的收益。特别是钢铁行业，每年用电能耗在全社会用电能耗中占很大的比重，良好的用电管理对钢铁企业降低成本、节能减排有重要作用。

从本项目的案例来看，总经理收到了整个公司的财务月报，发现电费呈现上升的趋势。那么，公司对能耗管理的业务目标是发现能耗问题，有效地进行能耗管理，从而达到降低成本的目的。

总经理办公室经过市场调研，发现采集能耗数据并进行管理，可以很好地在能效管理、设备管理、排产优化和运营效率等方面提高资源效率，最终实现利润提升的目标。进行能耗管理的过程包括确定能耗指标，测量并收集能耗数据，发现待改进之处，采取节能措施，跟踪进度和持续改进。在本项目的任务3.1和任务3.2中已经实现能源消耗采集的主要工作，本任务主要是对采集的能耗数据进行数据分析工作。

2. 明确分析问题

从本项目的业务目标来看，本项目的目的是采集能耗数据，有效进行能耗管理，降低生产成本。结合分析目的以及任务3.1和任务3.2收集的信息，可以进行如下数据分析。

（1）能耗数据分析　在能耗数据采集中，能耗数据能够直接体现能源消耗状况。通过对能耗和状态的监测，分析设备状态与能耗之间的关系以及不同状态下能耗的稳定性。

(2)尖峰平谷数据分析 结合尖峰平谷的分布,可以分析某一天设备在尖峰平谷的能耗状况和平均能耗状况。同时,也可以延长观察时间,观察一周、半个月或一个月时间段中设备在尖峰平谷的能耗状况,研究其可能存在的分布规律,进而对设备的工作状态进行有效管理。

(3)电费消耗数据分析 结合大工业尖峰平谷电价表,可以看出电价在尖峰平谷时段还有较大的差异,这对电费存在较大的影响。结合尖峰平谷的能耗情况,为设备工作时间等方面给出分析建议。同时,也可以从尖峰平谷的电费情况进行观察,研究其可能存在的分布规律,进而对设备的工作状态和工作时间进行有效管理。

3. 能耗数据分析

(1)能耗监测 通过物实例将设备的实时功耗数据(总有功电度)传入实时数据开发任务流,计算每分钟能耗数据。根据采集设备在 12:48~16:06 采集的每分钟能耗进行分析,如图 3-4-3 所示,设备的能耗围绕均值线(26.47kW·h)在 1~60kW·h 范围内波动。结合设备在运行过程中的实际情况,设备能耗波动在正常范围内,没有出现较为极端的现象。

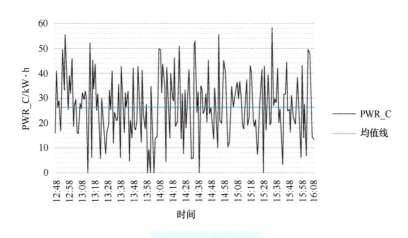

图 3-4-3 能耗监测

(2)设备状态监测 根据在 12:48~16:06 时间段内获取的每分钟设备状态数据,绘制饼图(因为数据只包括 0~3 四种状态)进行统计分析。如图 3-4-4 所示,在数据时间段中,设备作业状态占 17%,待机状态占 19%,故障状态占 24%,停机状态占 40%。从数据时间段的各状态占比来看,此时的设备大部分时间处于停机状态,其次,有较长的时间设备处于关机和待机状态,此时结合生产实际情况,应特别关注该设备的运行状况。

图 3-4-4 设备状态监测

(3)状态和能耗的关系 根据工业设备在 12:48~16:06 时段内每分钟的能耗状况,并结合设备的状态进行分析,观察设备状态(0 为停机;1 为作业;2 为待机;3 为故障)与能耗之间的关系。如图 3-4-5 所示,绘制折线图和柱状图进行可视化分析,设备的状态与能耗之前有一定的关系,但并非完全线性相关,可以假设能耗与电流、温度等有关联,结合设备的实际情况进行进一步分析。

工业数据处理与分析

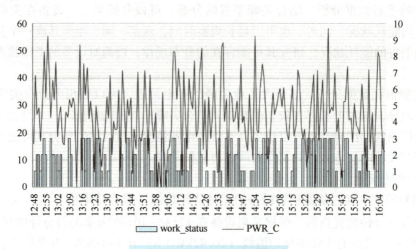

图 3-4-5 状态和能耗的关系

（4）设备稳定性分析 根据工业设备在七天内的能耗状况，并结合设备的状态进行分析，观察七天内设备状态与能耗消耗之间的关系，如图 3-4-6 所示，绘制折线图对设备七天运行的状态能耗进行分析。

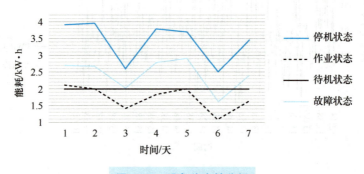

图 3-4-6 设备稳定性分析

设备在待机状态的能耗比较稳定，在 2kW·h 左右轻微波动。但对停机状态、作业状态和故障状态下的能耗进行分析，数据有一定的波动。从图中看，设备连续七天在故障状态和停机状态的能耗超过作业状态的能耗，设备可能存在漏电、老化和故障，应对设备进行进一步的检查。

4. 尖峰平谷能耗分析

以天为单位进行分析，根据工业设备在某一天内的尖峰平谷各时段的能耗状况进行分析，以便加强设备在各时段的工作管理，如图 3-4-7 所示。

结合尖峰平谷的时间分布来看，尖峰平谷各时段分别有 3h、7h、6h、8h。由设备在一天的尖峰平谷各阶段的工作状况来看，此台设备在平时能耗最多，在尖时能耗最少。从整个时间段来看，无法直观看出各个时段的工作能耗状况，下面对各时间段每小时的平均能耗进行分析，如图 3-4-8 所示。

由图 3-4-8 可以看出，设备在谷时的每小时平均能耗最低，在峰时段和平时段的平均能耗较高，根据电费标准，可以考虑加强谷时段的工作强度，适当调低峰时段的工作强度，来达到降低成本的目的。同时，也需要结合设备人员的工作状态判断来做出决策。

216

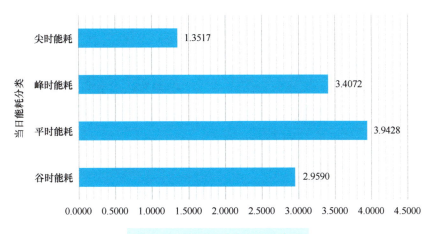

图 3-4-7　尖峰平谷能耗状况分析

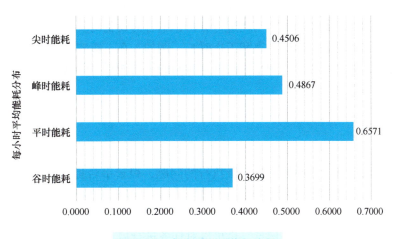

图 3-4-8　每小时平均能耗分析

同样地，可以以周、月为单位进行分析，根据工业设备在尖峰平谷各时段的能耗状况，分析在一天各个时段设备状态能耗的分布情况，以便加强设备在各时段的工作管理。

5. 电费分析

以天为单位对电费的变化状况进行分析。根据工业设备在某一天内的各时段的电费状况，分析在一天各个时段设备电费的分布情况，如图 3-4-9 所示，以便加强设备在各时段的能耗管理。

从图 3-4-9 所示的电费分布饼图来看，峰时电费占比较大，不同时段的电费与各时段的电价及能耗相关，结合在尖峰平谷各时段的能耗（折线图）来看，尖峰时段的能耗较高，因此调整在尖峰平谷的工作能耗分布对降低电费有很大意义。例如，在不影响产出的状况下，对设备工作时间进行调整，提高在谷时段和平时段其余时间的平均能耗，降低在尖时段和峰时段的平均能耗。

同样地，可以以月为单位，对电费的变化状况进行分析。根据工业设备在某一月份内的各时段的电费状况，分析在一段时间内各个时段设备电费的分布情况，以便加强设备在各时段的能耗管理。

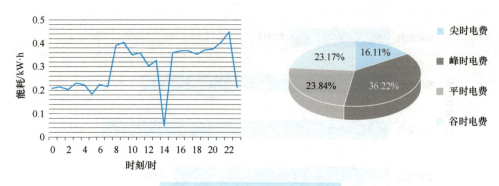

图 3-4-9　一天内设备的电费分布

6. 结论与建议

本任务从能耗管理的业务目标出发，在能耗数据、尖峰平谷数据和电费消耗数据三个方面进行分析，从设备的能耗状态监测、能耗与设备状态关系、尖峰平谷的能耗分布、电费监测等角度对设备的工作状态和电费消耗进行分析，结合对设备的实际工作状态的分析，可调整在不同工作时间的设备的运行状态和工作时长。例如，在不影响产出的状况下，对设备工作时间进行调整，提高在谷时段和平时段其余时间的平均能耗，降低在尖时段和峰时段的平均能耗，以有效降低生产成本。

3.4.4　拓展资料

实时任务运维

为了方便数据运维工程师排查任务流执行的问题，根云平台提供了实时任务运维功能，如图 3-4-10 所示，运维工程师能够查看在数据计算中已经完成数据开发且已经启动任务的执行状态。实时任务运维是对任务的统一管理，可以查看任务名称、任务 ID、运行状态、开始时间和状态更新时间等任务信息，也可以对任务进行启动、停止、撤回、查看任务详情等操作。运维工程师能够对运行状态及实时任务名称进行搜索。

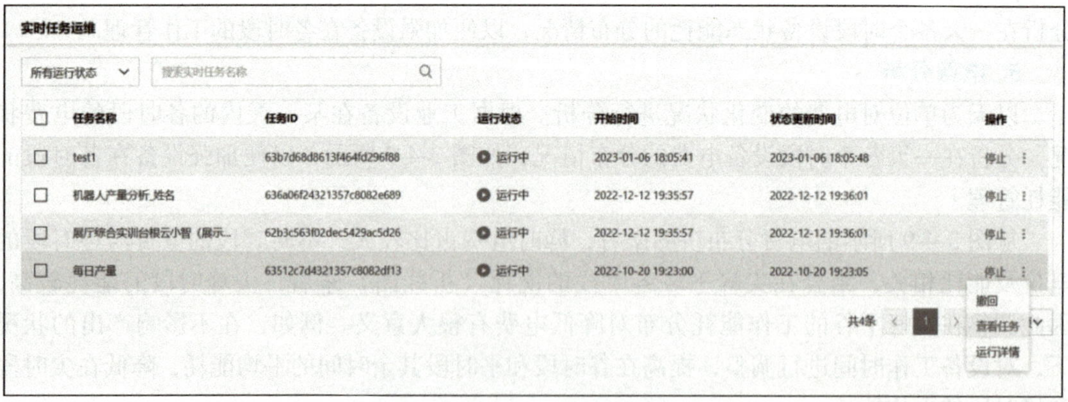

图 3-4-10　查看实时任务运维页面

对实时任务的操作包括①停止：可停止任务发布即停止生成运行的实时任务；②启动：可重新启动运行状态为已停止的实时任务；③撤回：对实时任务执行撤回操作后，该任务回到未发布的实时数据开发状态;④查看任务:查看实时任务的开发情况。

(1)运行状态　实时任务运维中的任务运行状态有4种:初始化中、运行中、停止中和运行失败,见表3-4-2。

表 3-4-2　实时任务运维中的运行状态

运行状态	初始化中	运行中	停止中	运行失败
图标	初始化中	运行中	停止中	运行失败

(2)运行详情　对于运行中的实时任务,可查看其运行详情,包括运行概况和异常日志。当实时任务运行正常但出现数据丢失或数据库中不存在数据时,可以使用运行详情对数据的输入/输出进行排查,确认出现问题的具体节点。

通过实时任务运维详情中的运行概况能实时看到每个节点的数据接收、发出以及运行时长等基本信息,如图3-4-11所示,方便判断和排查问题。如果是任务上线、停止、撤回的异常信息,可以在异常日志中查看,如图3-4-12所示。

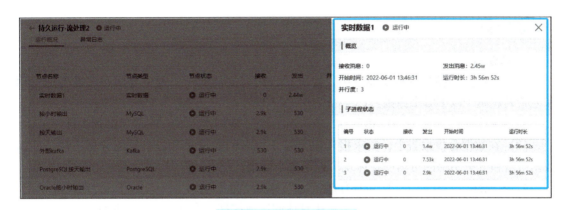

图 3-4-11　任务运行详情

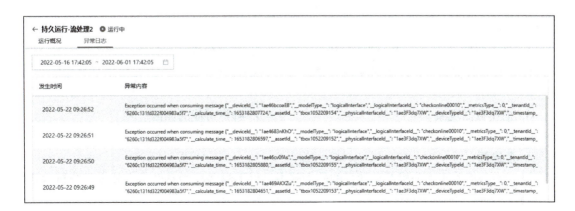

图 3-4-12　任务异常日志

(3)批量撤回　如图3-4-13所示,可以在实时任务运维中批量撤回正在运行的实时计算任务。

图 3-4-13　批量撤回任务

【任务训练】

1. 单选题

（1）数据分析报告的重要原则中，要求报告内容简洁明了，避免使用过多的专业术语和复杂表述属于以下哪个原则？（　　）

A. 准确性　　　　B. 透明性　　　　C. 清晰性　　　　D. 相关性

（2）在数据分析报告中，要求报告应当基于可靠的数据来源和有效的分析方法，确保数据质量和分析结果的可信度，体现了以下哪个原则？（　　）

A. 客观性　　　　B. 可操作性　　　　C. 可靠性　　　　D. 持续改进

（3）下列分析类型中，主要用于解决具体问题或挖掘潜在问题根源的是什么？（　　）

A. 日常监控　　　　B. 问题分析　　　　C. 专题分析

（4）哪种分析类型通常针对某一特定主题或业务需求展开深入分析，以全面了解相关信息和特征？（　　）

A. 日常监控　　　　B. 问题分析　　　　C. 专题分析

（5）在报告文案中，以下哪项内容是涉及对数据描述、解释原因和提出具体策略建议的？（　　）

A. 描述数据现象　　　　　　　　B. 解释可能的原因
C. 提出结论并给出具体的策略建议　　D. 分享业务场景案例

2. 多选题

（1）在分析前明确分析对象和目的的步骤中，以下哪些行为有助于有效定义分析内容？（　　）

A. 直接提供已有的报告供其参考

B. 要求业务方进一步澄清想要达到的具体结果和目标

C. 提供不相关的数据以拓展业务方的思路

D. 补充并完善分析的维度和内容

（2）在分析过程中，主要的分析方法有哪些?（　　）
A. 对比分析　　　　　B. 聚类分析　　　　　C. 时序分析　　　　　D. 相关分析
（3）数据分析报告的前提包括以下哪些内容?（　　）
A. 清晰的问题定义　　B. 可靠的数据来源　　C. 数据处理方法　　D. 数据质量
（4）数据分析报告的重要原则包括（　　）。
A. 清晰性　　　　　　B. 可操作性　　　　　C. 准确性　　　　　　D. 透明性
（5）下列关于数据分析报告的原则描述正确的是（　　）。
A. 报告内容应当客观公正，不受主观因素影响
B. 结果可以夸大其词以提高吸引力
C. 报告内容越复杂越好，以显示专业性
D. 提供具体的结论和建议，以指导决策或行动

附 录

附录 A　概念术语

词汇	概念
工业 4.0	工业 4.0（Industry 4.0）是基于工业发展的不同阶段做出的划分。按照共识，工业 1.0 是蒸汽机时代，工业 2.0 是电气化时代，工业 3.0 是信息化时代，工业 4.0 则是利用信息化技术促进产业变革的时代，也就是智能化时代 工业 4.0 的概念最早出现在德国，在 2013 年的汉诺威工业博览会上被正式推出，其核心是为了提高德国工业的竞争力，在新一轮工业革命中占领先机。随后由德国政府列入《德国 2020 高技术战略》中所提出的十大未来项目之一
ETL	Extract-Transform-Load，用来描述将数据从来源端经过抽取（Extract）、转换（Transform）、加载（Load）至目的端的过程 ETL 一词较常用在数据仓库，但其对象并不限于数据仓库
Hadoop	Hadoop 是一个由 Apache 基金会开发的分布式系统基础架构。用户可以在不了解分布式底层细节的情况下，开发分布式程序
CAD	Computer Aided Design，是目前国内最流行的辅助制图软件系统，广泛应用于土木建筑、装饰装潢、城市规划、园林设计、电子电路、机械设计、服装鞋帽、航空航天、轻工化工等领域
CAM	Computer Aided Manufacturing，计算机辅助制造，主要是指利用计算机辅助完成从生产准备到产品制造整个过程的活动，即通过直接或间接地把计算机与制造过程和生产设备相联系，用计算机系统进行制造过程的计划、管理以及对生产设备的控制与操作的运行，处理产品制造过程中所需的数据，控制和处理物料（毛坯和零件等）的流动，对产品进行测试和检验等
CAE	Computer Aided Engineering，工程设计中的计算机辅助工程，指用计算机辅助求解分析复杂工程和产品的结构力学性能，以及优化结构性能等，把工程（生产）的各个环节有机地组织起来，其关键就是将有关的信息集成，使其产生并存在于工程（产品）的整个生命周期。CAE 软件可进行静态结构分析和动态分析，研究线性、非线性问题，分析结构（固体）、流体、电磁等
CAPP	Computer Aided Process Planning，计算机辅助工艺规划或设计，是指借助于计算机软硬件技术和支撑环境，利用计算机进行数值计算、逻辑判断和推理等来制定零件机械加工工艺过程。借助于 CAPP 系统，可以解决手工工艺设计效率低、一致性差、质量不稳定、不易达到优化等问题，也是利用计算机技术辅助工艺师完成零件从毛坯到成品的设计和制造过程

（续）

词汇	概念
PDM	Product Data Management，产品数据管理是一门用来管理所有与产品相关信息（包括零件信息、配置、文档、CAD 文件、结构、权限信息等）和所有与产品相关过程（包括过程定义和管理）的技术。PDM 是从管理 CAD/CAM 系统的高度上诞生的先进的计算机管理系统软件。它管理的是产品整个生命周期内的全部数据。工程技术人员根据市场需求设计的产品图样和编写的工艺文档仅仅是产品数据中的一部分。PDM 系统除了要管理上述数据外，还要对相关的市场需求、分析、设计与制造过程中的全部更改历程、用户使用说明及售后服务等数据进行统一有效的管理
CRM	Customer Relationship Management，客户关系管理，是指企业为提高核心竞争力，利用相应的信息技术以及互联网技术协调企业与客户间在销售、营销和服务上的交互，从而提升其管理方式，向客户提供创新式的、个性化的客户交互和服务的过程。其最终目标是吸引新客户、保留老客户以及将已有客户转化为忠实客户，增加市场份额
BPM	Business Process Management，业务流程管理，是一种以规范化地构造端到端的卓越业务流程为中心，以持续地提高组织业务绩效为目的的系统化方法，常见商业管理教育如 EMBA、MBA 等均将 BPM 包含在内。通常，BPM 也指针对流程管理的信息化系统，其特点是注重以流程驱动为核心，实现端到端的全流程信息化管理
PLM	Product Lifecycle Management，产品生命周期管理。根据业界权威的 CIMDATA 的定义，PLM 是一种应用于企业内部在单一地点的和分散在多个地点的，以及在产品研发领域具有协作关系的企业之间的，支持产品全生命周期的信息的创建、管理、分发和应用的一系列应用解决方案，它能够集成与产品相关的人力资源、流程、应用系统和信息
APS	Advanced Planning System，高级计划系统，也称高级计划与排程（Advanced Planning and Scheduling）
MES	Manufacturing Execution Systems，即制造执行系统。MES 系统的定义：MES 是在公司的整个资源按其经营目标进行管理时，为公司提供实现执行目标的执行手段，通过实时数据库连接基本信息系统的理论数据和工厂的实际数据，并提供业务计划系统与制造控制系统之间的通信功能
ERP	Enterprise Resource Planning，企业资源计划。它是一个对企业资源进行有效共享与利用的系统。ERP 通过信息系统对信息进行充分整理和有效传递，使企业的资源在购、存、产、销、人、财、物等各个方面能够得到合理地配置与利用，从而实现企业经营效率的提高。从本质上讲，ERP 是一套信息系统，是一种工具
SCM	Supply Chain Management，供应链管理，是一种集成的管理思想和方法。它执行供应链中从供应商到最终用户的物流的计划和控制等职能。从单一的企业角度来看，SCM 围绕核心企业，通过改善上、下游供应链关系，整合和优化供应链中的信息流、物流、资金流，以获得企业的竞争优势
MQ	Message Queue，消息队列，是一种进程间通信或同一进程的不同线程间的通信方式，软件的贮列用来处理一系列的输入，通常来自用户。消息队列提供了异步的通信协议，每一个贮列中的记录包含详细说明的数据、发生的时间、输入设备的种类以及特定的输入参数，也就是说，消息的发送者和接收者不需要同时与消息队列交互
Redis	Remote Dictionary Server，远程字典服务，是一个开源的、使用 ANSI C 语言编写、支持网络、可基于内存也可持久化的日志型、Key-Value 数据库，并提供多种语言的 API（应用程序编程接口）。Redis 是一个 Key-Value 存储系统。与 Memcached 类似，它支持存储的 value（属性）类型相对更多，包括 string（字符串）、list（链表）、set（集合）和 zset（有序集合），适用于对读写效率要求都很高，数据处理业务复杂和对安全性要求较高的系统

（续）

词汇	概念
Memcached	一个专为动态 Web 应用设计的高性能分布式内存对象缓存系统，旨在显著减轻数据库负载。该系统通过智能地在内存中缓存数据和对象，有效减少了直接访问数据库的次数，进而大幅度提升了数据库驱动网站的响应速度和整体性能，特别适用于需要处理读操作远多于写操作且数据量庞大的动态系统场景。Memcached 作为理想的缓存解决方案，能够显著提升应用性能并优化用户体验
EMQ	Erlang/Enterprise/Elastic MQTT Broker，是基于 Erlang/OTP 平台开发的开源物联网 MQTT（Message Queuing Telemetry Transport，消息队列遥测传输协议）消息代理服务。它可保障双向实时数据顺畅移动，灵活分发至其他企业系统，满足物联网业务中的各类数据需求
TCP	Transmission Control Protocol，传输控制协议，是一种专为确保数据在传输层上可靠传输而设计的面向连接的、基于字节流的通信协议。它旨在兼容并支撑多样化的网络应用，通过分层协议体系结构实现高效运作。TCP 在连接不同但彼此互联的计算机通信网络中的主计算机间，为成对的进程提供稳定的通信服务。该协议建立在假设之上，即能够从低层协议中获取基础但可能不完全可靠的数据报服务。理论上，TCP 具备跨多种通信系统的操作能力，包括从直接的硬线连接到复杂的分组交换或电路交换网络，确保了其在广泛网络环境下的适应性和可靠性
Apache Flink	由 Apache 软件基金会开发的开源流处理框架，其核心是用 Java 和 Scala 编写的分布式流数据流引擎。Flink 以数据并行和流水线方式执行任意流数据程序，Flink 流水线运行时系统可以执行批处理和流处理程序。此外，Flink 运行时本身也支持迭代算法的执行
Paas	Platform as a Service，平台即服务，是一种把服务器平台作为一种服务提供的商业模式。通过网络进行程序提供的服务称为 SaaS（Software as a Service），而云计算时代相应的服务器平台或者开发环境作为服务进行提供就成了 PaaS（Platform as a Service）
PostgreSQL	一种特性非常齐全的自由软件的对象-关系型数据库管理系统（ORDBMS），是以加州大学计算机系开发的 POSTGRES 4.2 版本为基础的对象关系型数据库管理系统。POSTGRES 的许多领先概念只是在比较迟的时候才出现在商业网站数据库中 PostgreSQL 支持大部分的 SQL 标准并且提供了很多其他现代特性，如复杂查询、外键、触发器、视图、事务完整性、多版本并发控制等。同样，PostgreSQL 也可以用许多方法扩展，例如，可以增加新的数据类型、函数、操作符、聚集函数、索引方法、过程语言等。另外，因为许可证的灵活，任何人都可以以任何目的免费使用、修改和分发 PostgreSQL
Oracle	Oracle Database，又称 Oracle RDBMS，或简称 Oracle，是甲骨文公司的一款关系数据库管理系统。它是在数据库领域一直处于领先地位的产品。可以说 Oracle 数据库系统是世界上流行的关系数据库管理系统，系统可移植性好、使用方便、功能强，适用于各类大、中、小微机环境。它是一种高效率的、可靠性好的、适应高吞吐量的数据库方案
Kafka	由 Apache 软件基金会开发的一个开源流处理平台，由 Scala 和 Java 编写。Kafka 是一种高吞吐量的分布式发布订阅消息系统，它可以处理消费者在网站中的所有动作流数据。这种动作（网页浏览，搜索和其他用户的行动）是在现代网络上的许多社会功能的一个关键因素。这些数据通常是由于吞吐量的要求而通过处理日志和日志聚合来解决。对于像 Hadoop 一样的日志数据和离线分析系统，但又要求实时处理，它就是一个可行的解决方案。Kafka 的目的是通过 Hadoop 的并行加载机制来统一线上和离线的消息处理，也是为了通过集群来提供实时的消息

（续）

词汇	概念
DFS	Depth First Search，深度优先遍历，是一种用于遍历或搜索树或图的算法。深度优先遍历的主要思路是从图中一个未访问的顶点 V 开始，沿着一条路一直走到底，然后从这条路尽头的节点回退到上一个节点，再从另一条路开始走到底……不断递归，直到所有的顶点都遍历完成。它的特点是"不撞南墙不回头"，先走完一条路，再换一条路继续走
Topological Ordering	拓扑排序。对一个有向无环图（Directed Acyclic Graph，DAG）G 进行拓扑排序，是指将 G 中的所有顶点排列成一个线性的序列，该序列满足：对于图中任意存在边 $(u,v) \in E(G)$ 的两个顶点 u 和 v，u 都将在该线性序列中出现在 v 之前。这样的线性序列被称为满足拓扑次序（Topological Order）的序列，简称拓扑序列。简而言之，拓扑排序是将图中的一个偏序关系（由有向边定义）扩展为全序关系的过程，即对一个顶点集合进行排序，使得图中所有有向边都从前一个顶点指向后一个顶点

附录 B 平台内置函数一览表

函数表达式	说明	举例
$ udf( )	实例化用户在 IoT Hub-API 服务上注册的自定义函数（udf）所在的容器类	$udf("some.test.Class").invoke($input) 返回：将当前工况输入作为参数调用用户自定义 some.test.Class 的 invoke 方法执行的结果
$ sum( )	累加不特定多个浮点数，得到一个浮点数（整形会自动转换为浮点数）	$sum(1,1.5,2) 返回：4.5

$ location( )	将经纬度转换为省市区信息（根据给定坐标系）	$location(114.000863,22.598430)
		返回：{
		  "country":"中国",
		  "city":"深圳市",
		  "latitude": 22.598430,
		  "district":"南山区",
		  "districtCode": 440305,
		  "locationSource": "GPS",
		  "state":"广东省",
		  "longitude": 114.000863
		}

$ gprmcLocation( )	将 GPRMC 格式的地理信息字符串转换为省市区信息（根据给定坐标系）	$gprmcLocation('$GPRMC,092927.000,A,2235.9058,N,11400.0518,E,0.000,74.11,151216,,,D*49')
		返回：{
		  "country":"中国",
		  "city":"深圳市",
		  "latitude": 22.598430,
		  "district":"南山区",
		  "districtCode": 440305,
		  "locationSource": "GPS",
		  "state":"广东省",
		  "longitude": 114.000863
		}

$ position( )	将连接变量__raw_loc__的地理信息 JSON 转换为省市区信息（根据给定坐标系）	$position(__raw_loc__)
		返回：{
		  "country":"中国",
		  "city":"深圳市",
		  "latitude": 22.598430,
		  "district":"南山区",
		  "districtCode": 440305,
		  "locationSource": "GPS",
		  "state":"广东省",
		  "longitude": 114.000863
		}

（续）

函数表达式	说明	举例

$online()	根据给定布尔值，计算设备在线状态	$online(true)
		返回：{
		  "connected": "true"
		}

$connect()	参考当前计算上下文，计算设备在线状态，若工况中包含参数中的属性，认为设备在线	$connect("_online_")
		返回：当前设备为直连设备且工况中包含_online_的连接变量
		{
		  "connected": "true"
		  "directlyLinked": "true"
		}

$recent()	返回目标属性的当前有效值，参数为目标属性名 如果目标属性当前工况有值上报，则取上报值，反之则取目标属性上一个非空值 如果目标属性从未被赋值，则返回null 不支持复合物子节点属性，例如：$recent("node.property")	$recent("speed") 返回：speed属性的当前有效值
$recentWithDefault()	返回目标属性的当前有效值，参数为目标属性名 如果目标属性当前工况有值上报，则取上报值，反之则取目标属性上一个非空值 如果目标属性从未被赋值，则返回默认值defaultValue 不支持复合物子节点属性，例如，$recentWithDefault("defaultValue","node.property")	$recentWithDefault(60,"model.speed") 返回：model属性下的speed字段的当前有效值
$lastStateWithDefault()	返回目标属性的上一个有效值，参数为目标属性名 无论目标属性当前工况是否有值，都取目标属性上一个非空值 如果目标属性从未被赋值，则返回默认值DefaultValue 不支持复合物子节点属性，例如：$lastStateWithDefault("defaultValue","node.property")	$lastStateWithDefault(60,"model.speed") 返回：model属性下的speed字段的上一次上数的有效值

(续)

函数表达式	说明	举例
$lastState()	返回目标属性的上一个有效值，参数为目标属性名 无论目标属性当前工况是否有值，都取目标属性上一个非空值 如果目标属性从未被赋值，则返回null 不支持复合物子节点属性，例如，$lastState("node.property")	$lastState("speed") 返回：speed属性的上一次上数的有效值
$timestamp()	获取设备本次上数的时间，返回值为以长整型表示的时间戳	$timestamp() 返回：设备本次上数的时间，例如，1599475541447，表示2020-09-07T10:45:41.447Z
$createTime()	获取设备本次上数的生成时间，返回值为以长整型表示的时间戳	$createTime() 返回：设备本次上数的生成时间，例如，1599475541447，表示2020-09-07T10:45:41.447Z
$cloudTime()	获取设备本次上数的入云时间，返回值为以长整型表示的时间戳	$cloudTime() 返回：设备本次上数的入云时间，例如，1599475541447，表示2020-09-07T10:45:41.447Z
$printf()	根据给定格式，用于在表达式试运行中调试打印属性值，实时计算时忽略	$printf("属性a的值为:%s",a) 返回：在调试控制台上显示一个字符串，该字符串按照上述格式包含a的取值
$print()	用于在表达式试运行中调试打印属性值，实时计算时忽略	$print(a) 返回：在调试控制台上返回a取值的字符串
$lastStamp()	获取设备上一次上数的时间，返回值为以长整型表示的时间戳	$lastStamp() 返回：设备上一次上数的时间，例如，1599475541447，表示2020-09-07T10:45:41.447Z
$max()	计算同类型可比较的不确定参数中最大的一个，对象类型可以是数值型或字符串	$max(1,1.5,2) 返回：2
$min()	计算同类型可比较的不确定参数中最小的一个，对象类型可以是数值型或字符串	$min(1,1.5,2) 返回：1
$child()	返回复合物多设备节点属性聚合值，仅适用于复合物模型多设备节点	$child("max","node","speed") 返回：当前复合物node节点下所有实例中speed的最大值
$pointInCircle()	根据上下文中的设备地理位置经纬度坐标，判断设备是否在给定圆形区域内	$pointInCircle(16.412924,39.947918,100) 返回：true（给定设备的经纬度坐标为[16.412007,39.947545]） $pointInCircle(16.412924,39.947918,50) 返回：false（给定设备的经纬度坐标为[16.412007,39.947545]）

（续）

函数表达式	说明	举例
$ pointInPolygon( )	根据上下文中的设备地理位置经纬度坐标，判断设备是否在给定的多边形区域内	$pointInPolygon（16.312924,39.987918,16.422007,39.987918,16.422007,39.927545,16.312924,39.927545） 返回：true（给定设备的经纬度坐标为[16.412007,39.947545]） $pointInCircle（16.412924,39.987918,16.422007,39.987918,16.422007,39.927545,16.412924,39.927545） 返回：false（给定设备的经纬度坐标为[16.412007,39.947545]）
$ utcToTime( )	将UTC（Universal Time Coordinated）时间戳 timestamp 转换成形式为"yyyy-MM-dd HH：mm：ss" 时区为指定时区 timezone 的字符串，若时区 timezone 未输入，默认根据系统时区进行转换	$utcToTime（1603266321838L） 返回：系统默认0时区时："2020-10-21 07：45：21" $utcToTime（1603266321838L,"Asia/Shanghai"） 返回：系统默认0时区时："2020-10-21 15：45：21"

$ dateFromTimestampString( )	将给定的时间字符串按照给定的格式，转换为日期结构的JSON	$dateFromTimestampString（"2021-05-07 09：48：39","yyyy-MM-dd HH：mm：ss"）
		返回：{
		　"dayOfWeek": 5,
		　"hour": 9,
		　"month": 5,
		　"dayOfMonth": 7,
		　"year": 2021,
		　"second": 39,
		　"minute": 48
		}

$ dateFromTimestamp( )	将UTC（Universal Time Coordinated）时间戳 timestamp 转换为日期结构的JSON
	若时区 timezone 未输入时，默认根据系统时区进行转换
		$dateFromTimestamp（1620352119000L）
		返回：系统默认0时区时，{
		　"dayOfWeek": 5,
		　"hour": 9,
		　"month": 5,
		　"dayOfMonth": 7,
		　"year": 2021,
		　"second": 39,
		　"minute": 48
		}
		$dateFromTimestamp（1603266321838L,"Asia/Shanghai"）
		返回：{
		　"dayOfWeek": 5,

（续）

函数表达式	说明	举例
$ dateFromTimestamp()	将 UTC（Universal Time Coordinated）时间戳 timestamp 转换为日期结构的 JSON 若时区 timezone 未输入时，默认根据系统时区进行转换	"hour": 9, "month": 5, "dayOfMonth": 7, "year": 2021, "second": 39, "minute": 48 }

$ hourFromTs()	获取 UTC（Universal Time Coordinated）时间戳 timestamp 的小时部分
	若时区 timezone 未输入时，默认根据系统时区进行转换
		$ hourFromTs（1620352119000L）
		返回：系统默认 0 时区时：1
		$ hourFromTs（1603266321838L,"Asia/Shanghai"）
		返回：9

$ minuteFromTs()	获取 UTC（Universal Time Coordinated）时间戳 timestamp 的分部分 若时区 timezone 未输入时，默认根据系统时区进行转换	$ secondFromTs（1620352119000L） 返回：48
$ secondFromTs()	获取 UTC（Universal Time Coordinated）时间戳 timestamp 的秒部分 若时区 timezone 未输入时，默认根据系统时区进行转换	$ secondFromTs（1620352119000L） 返回：39
$ utcToIso8601()	将 UTC（Universal Time Coordinated）时间戳转换成 ISO8601 标准的时间字符串	$ utcToIso8601（1603266321838L） 返回："2020-10-21T07:45:21.838Z"
$ hasProperty()	判断当前计算上下文中是否有目标属性	$ hasProperty（"node","targetProperty"） 返回：true 如果输入中的 node 节点包含 targetProperty 属性，等价于 node?.targetProperty!=null

$ getBit()	按位取值	$ getBit（input,0,1）
		返回：从最低位起的第 0 位
		$ getBit（input）
		返回：input 原始值（默认 startPosition=0,endPosition=32）
		$ getBit（input,startPosition）
		返回：从最低位起的第 startPosition 位

(续)

函数表达式	说明	举例
$checkFence()	根据上下文中的设备地理位置经纬度坐标，判断设备是否符合围栏定义	$checkFence(1)，当前设备第1个电子围栏定义：圆形围栏（圆心经纬度坐标［16.412924, 39.947918］，半径为100m，进栏告警） 返回：true（给定设备的经纬度坐标为［16.412007,39.947545］） $checkFence(0)，当前设备第0个电子围栏定义：圆形围栏（圆心经纬度坐标［16.412924, 39.947918］，半径为50m，进栏告警） 返回：false（给定设备的经纬度坐标为［16.412007,39.947545］）

附录 C 机器人复合物属性计算规则

属性名称	属性 ID	数据类型	计算来源/计算规则
温度传感器	io4_adc	Number	连接变量
互感器	io5_adc	Number	连接变量
开机信号	io1_sta	Number	连接变量
作业信号	io2_sta	Number	连接变量
当前设备电流	temp_Current	Number	(io5_adc−4)×3.1
当前设备温度	temp_T	Number	(io4_adc−4)×12.5
设备状态	working_sta	Integer	0：停机；1：工作；2：待机；3：工作状态不等于 0 且温度大于 60℃ 或电流大于 5A，判定设备故障
今日作业时长	running_hour	Number	单台设备今日作业时长
今日开机时长	open_hour	Number	单台设备今日开机时长
今日待机时长	waiting_hour	Number	单台设备今日待机时长
今日故障时长	fault_hour	Number	单台设备今日故障时长
设备今日作业率	eqp_working_rt	Number	今日作业时长/今日开机时长
设备今日开机率	eqp_ope_rt	Number	今日开机时长/自然时间
设备今日故障率	failure_rate	Number	今日故障时长/今日开机时长
设备今日待机率	eqp_waiting_rt	Number	今日待机时长/今日开机时长
设备数	device_count	Integer	单台设备的数量为 1
设备待机状态	waiting_status	Integer	设备状态的数值为 2，即为待机；设备待机状态的数值为 1，否则，设备待机状态的数值为 0
设备故障状态	fault_status	Integer	设备状态的数值为 3，即为故障；设备故障状态的数值为 1，否则，设备故障状态的数值为 0
设备停机状态	stop_status	Integer	设备状态的数值为 0，即为停机；设备停机状态的数值为 1，否则，设备停机状态的数值为 0
设备工作状态	work_status	Integer	设备状态的数值为 1，即为作业，设备工作状态的数值为 1，没有工作为 0
设备在线状态	online_status	Integer	设备在线时，设备在线状态的数值则为 1，没有在线为 0
设备今日待机率	eqp_waiting_rt	Number	今日待机时长/今日开机时长
设备数	node1_device_count	Integer	总设备数量
设备待机总数	node1_waiting_status	Integer	状态为"待机"的设备数量求和

（续）

属性名称	属性 ID	数据类型	计算来源/计算规则
设备故障总数	node1_fault_status	Integer	状态为"故障"的设备数量求和
设备停机总数	node1_stop_status	Integer	状态为"停机"的设备数量求和
设备工作总数	node1_work_status	Integer	状态为"作业"的设备数量求和
设备在线总数	node1_online_status	Integer	在线状态为"true"（在线）的设备数量求和
所有设备当日作业时长	node_1_running_hour	Number	所有设备当日作业时长之和
所有设备当日开机时长	node_1_open_hour	Number	所有设备当日开机时长之和
所有设备当日待机时长	node_1_waiting_hour	Number	所有设备当日待机时长之和
所有设备当日故障时长	node_1_fault_hour	Number	所有设备当日故障时长之和
所有设备当日开机率	node_1_open_rate	Number	所有设备开机时间之和/（N×自然时间）×100%
所有设备当日作业率	node_1_work_rate	Number	所有设备作业时间之和/（∑开机时间）×100%
所有设备当日待机率	node_1_waiting_rate	Number	所有设备待机时间之和/（∑开机时间）×100%
所有设备当日故障率	node_1_failure_rate	Number	所有设备故障时间之和/（∑开机时间）×100%

附录 D　冲压机属性计算规则

属性名称	属性 ID	数据类型	计算规则
液压垫报警	io_alarm	Integer	当采集数据液压垫通信状态或液压垫同步状态发出报警时，即产生液压垫报警
滑块状态次数（1h 内）	block_count	Number	统计滑块 1h 状态变化数，信号从 0→1→0 变化记一次
离合器油箱液位报警标识	liquid_flag	Integer	当离合器压力报警标识或油箱液位报警标识发出报警时，发出离合器报警
主电动机报警	motor_alarm	Integer	当主电动机温度报警标识、主电动机转速报警标识、主电动机电流报警标识中发出任一报警时，发出主电动机报警
今日液压垫报警次数	io_dac	Number	通过监测今日液压垫报警，累加获得今日液压垫报警次数
今日液压垫健康度	io_health	Number	今日液压垫报警次数得分×0.3+今日液压垫报警时长得分×0.7
离合器报警	clutch_alarm	Integer	当离合器压力报警标识或油箱液位报警标识发出报警时，发出离合器报警
今日离合器报警次数	clutch_dac	Number	通过监测今日离合器报警，累加获得今日离合器报警次数
今日离合器健康度	clutch_health	Number	今日离合器报警次数得分×0.5+今日离合器报警时长得分×0.5
今日滑块报警次数	block_dac	Number	通过监测滑块报警，累加获得所有时段滑块报警总次数
报警总次数	TAC	Number	主电动机报警总次数+液压垫报警总次数+离合器报警总次数+滑块报警总次数
主电动机报警总次数	motor_tac	Integer	通过监测主电动机报警，累加获得所有时段主电动机报警总次数
液压垫报警总次数	io_tac	Integer	通过监测液压垫报警，累加获得所有时段液压垫报警总次数
离合器报警总次数	clutch_tac	Integer	通过监测离合器报警，累加获得所有时段离合器报警总次数
滑块报警总次数	block_tac	Integer	通过监测滑块报警，累加获得所有时段滑块报警总次数
今日主电动机报警时长得分	motor_dah_df	Number	设今日主电动机报警时长为 y_1，今日主电动机报警次数分数满分为 100，实际分数为 F，本书示例 y_1 与 F 的关系为 $$F(y_1)=\begin{cases}100-y_1/60, & 0 \leqslant y_1 \leqslant 60 \\ 99-2(y_1/60-1), & 60<y_1 \leqslant 360 \\ 89-5(y_1/60-6), & 360<y_1 \leqslant 1428 \\ 0, & y_1>1428\end{cases}$$

（续）

属性名称	属性ID	数据类型	计算规则
主电动机转速报警标识	motor_speed_flag	Integer	主电动机转速超过3000r/min则返回1（报警），否则返回0（正常）
主电动机电流报警标识	motor_current_flag	Integer	主电动机电流不在10~20A则返回1（报警），否则返回0（正常）
主电动机温度报警标识	motor_temp_flag	Integer	主电动机温度超过130℃则返回1（报警），否则返回0（正常）
离合器压力报警标识	clutch_flag	Integer	离合器压力不在65~78MPa之间则返回1（报警），否则返回0（正常）
今日主电动机报警次数得分	motor_dac_df	Number	设今日主电动机报警次数为x_1，今日主电动机报警次数分数满分为100，实际分数为T，本书示例x_1与T的关系为 $$T(x_1)=\begin{cases}100-x_1, 0 \leqslant x_1 \leqslant 1\\ 99-2(x_1-1), 2 \leqslant x_1 \leqslant 5\\ 91-5(x_1-5), 6 \leqslant x_1 \leqslant 23\\ 0, x_1 \geqslant 24\end{cases}$$
今日主电动机健康度	motor_health	Number	今日主电动机报警次数得分×0.6+今日主电动机报警时长得分×0.4
今日液压垫报警次数得分	io_dac_df	Number	设今日液压垫报警次数为x_2，今日液压垫报警次数分数满分为100，实际分数为T，本书示例x_2与T的关系为 $$T(x_2)=\begin{cases}100-x_2, 0 \leqslant x_2 \leqslant 1\\ 99-2(x_2-1), 2 \leqslant x_2 \leqslant 5\\ 91-5(x_2-5), 6 \leqslant x_2 \leqslant 23\\ 0, x_2 \geqslant 24\end{cases}$$
今日液压垫报警时长得分	io_dah_df	Number	设今日液压垫报警时长为y_2，今日液压垫报警次数分数满分为100，实际分数为F，本书示例y_2与F的关系为 $$F(y_2)=\begin{cases}100-y_2/60, 0 \leqslant y_2 \leqslant 60\\ 99-2(y_2/60-1), 60 < y_2 \leqslant 360\\ 89-5(y_2/60-6), 360 < y_2 \leqslant 1428\\ 0, y_2 > 1428\end{cases}$$
今日离合器报警次数得分	clutch_dac_df	Number	设今日离合器报警次数为x_3，今日离合器报警次数分数满分为100，实际分数为T，本书示例x_3与T的关系为 $$T(x_3)=\begin{cases}100-x_3, 0 \leqslant x_3 \leqslant 1\\ 99-2(x_3-1), 2 \leqslant x_3 \leqslant 5\\ 91-5(x_3-5), 6 \leqslant x_3 \leqslant 23\\ 0, x_3 \geqslant 24\end{cases}$$

（续）

属性名称	属性 ID	数据类型	计算规则
今日离合器报警时长得分	clutch_dah_df	Number	设今日离合器报警时长为 y_3，今日离合器报警次数分数满分为 100，实际分数为 F，本书示例 y_3 与 F 的关系为：$$F(y_3)=\begin{cases}100-y_3/60, & 0\leqslant y_3\leqslant 60\\ 99-2(y_3/60-1), & 60<y_3\leqslant 360\\ 89-5(y_3/60-6), & 360<y_3\leqslant 1428\\ 0, & y_3>1428\end{cases}$$
今日滑块健康度	block_health	Number	设今日滑块报警次数为 x_4，今日滑块报警次数分数满分为 100，滑块健康度实际分数为 T，本书示例 x_4 与 T 的关系为$$T(x_4)=\begin{cases}100-x_4, & 0\leqslant x_4\leqslant 1\\ 99-2(x_4-1), & 2\leqslant x_4\leqslant 5\\ 91-5(x_4-5), & 6\leqslant x_4\leqslant 23\\ 0, & x_4\geqslant 24\end{cases}$$
滑块报警	block_alarm	Number	当滑块状态变化次数（1h 内）超过 15 次则返回 1（报警），否则返回 0（正常）
今日主电动机报警时长	motor_dah	Number	通过监测今日主电动机报警，利用时间戳累加获得今日主电动机报警时长
今日主电动机报警次数	motor_dac	Number	通过监测今日主电动机报警，累加获得今日主电动机报警次数
今日液压垫报警时长	io_dah	Number	通过监测今日液压垫报警，利用时间戳累加获得今日液压垫报警时长
今日离合器报警时长	clutch_dah	Number	通过监测今日离合器报警，利用时间戳累加获得今日离合器报警时长

附录 E　Navicat 软件安装

Navicat MySQL 是一个强大的 MySQL 数据库服务器管理和开发工具。它可以与任何 MySQL 3.21 或以上版本一起工作，支持触发器、存储过程、函数、事件、视图、管理用户等，对于新手来说易学易用。其精心设计的图形用户页面（GUI）可以让用户用一种安全、简便的方式来快速、方便地创建、组织、访问和共享信息。Navicat 支持中文，有免费版本提供，下载地址：http://www.navicat.com/，安装步骤如下。

1）进入 Navicat 官网，找到对应的 Navicat Premium 版本进行下载，本书示例版本为 Navicat Premium 16。

2）下载完成后，双击文件进行安装，如图 E-1 所示，单击"下一步"按钮。

图 E-1　安装 Navicat

3）如图 E-2 所示，进入"许可证"页面，选择"我同意"，单击"下一步"按钮。

图 E-2　同意许可条款

4)如图 E-3 所示,可以安装到默认路径;也可单击"浏览"按钮,选择安装文件夹的路径,单击"下一步"按钮。

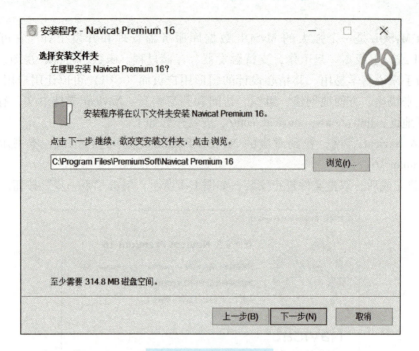

图 E-3　选择安装路径

5)如图 E-4 所示,勾选创建桌面快捷方式,单击"下一步"按钮。

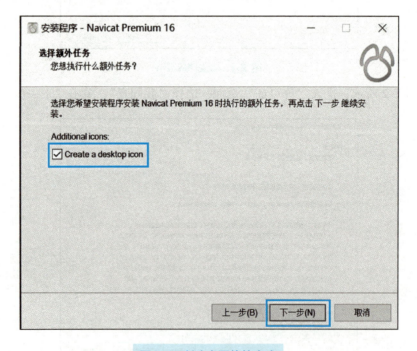

图 E-4　创建桌面快捷方式

6）如图 E-5 所示，单击"完成"按钮，完成该软件的安装。

图 E-5　完成软件的安装

7）如图 E-6 所示，打开安装好的软件，单击"连接"按钮，选择"MySQL"，新建连接。

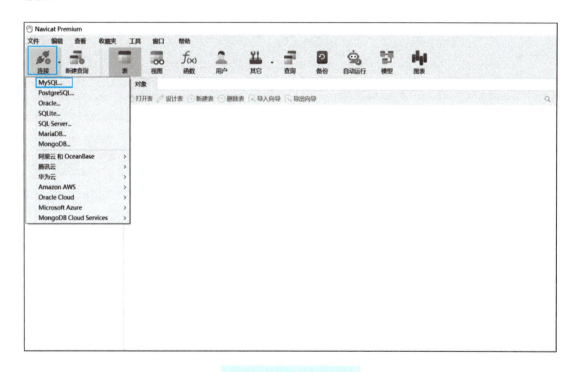

图 E-6　连接"MySQL"

8）如图 E-7 所示，填写 MySQL 数据库相关信息。
9）双击新建的连接，连接到对应的数据库。

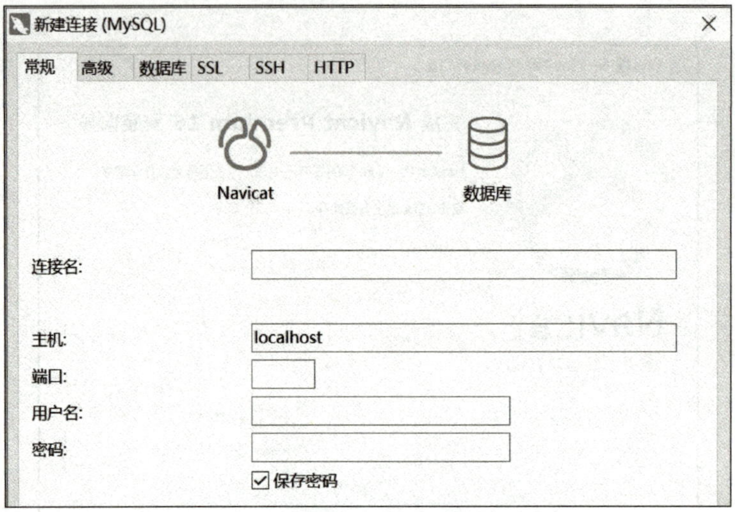

图 E-7 填写 MySQL 数据库相关信息

参考文献

[1] 孙文龙. 工业大数据白皮书（2019版）[R]. 中国电子技术标准化研究院，2019.
[2] 罗立辉. 工业大数据的应用和实践研究 [J]. 信息记录材料，2022，23：167-169.
[3] 范学军. 工业大数据发展现状及前景展望 [J]. 现代电信科技，2017，47（4）：4.
[4] 王建民. 工业大数据技术综述 [J]. 大数据，2017，3（6）：12.
[5] 丛力群. 工业4.0时代的工业软件 [J]. 冶金自动化，2016，40（1）：8.
[6] 姚震球. 数字化赋能实现镇江制造业转型 [J]. 镇江社会科学，2021（4）：2.
[7] 郑银巧，施灿涛. 基于OSM模型和金字塔原理构建钢铁企业数据驱动指标体系研究 [J]. 冶金经济与管理，2022（3）：4.
[8] 芭芭拉·明托. 金字塔原理 [M]. 海口：海南出版社，2019.
[9] 韩晓阳. 工业数据分类分级完善治理体系建设 [J]. 区域治理，2020；（13）：3.
[10] 曹明路，胡钢，沈航，等. 面向工业设备故障预测与健康管理系统的信息物理系统架构设计 [J]. 工业技术创新，2020，7（4）：5.
[11] 年夫顺. 关于故障预测与健康管理技术的几点认识 [J]. 仪器仪表学报，2018，39（8）：14.
[12] 王斌. X单位基于全员生产维修（TPM）理论的设备管理研究 [D]. 西安电子科技大学，2019.
[13] 王宁，高军军，常莹. 浅谈虚拟仿真技术 [J]. 大观周刊，2011（38）：1.
[14] 沈佳林，张琦，向婷. 中国钢铁行业低碳发展趋势及路径选择 [J]. 冶金经济与管理，2021（5）：4.
[15] 魏子清，陈旭东，魏俊卿. 钢铁能源管理系统发展现状与展望 [J]. 冶金能源，2017，36（A02）：2.
[16] 刘昌. 峰谷分时电价的分析与建模 [J]. 电力需求侧管理，2005，7（5）：4.
[17] 张刚刚. 钢铁企业能耗指标体系的研究与应用 [D]. 东北大学，2013.